CRASH:
UMA BREVE HISTÓRIA DA ECONOMIA

CRA

SH:

ALEXANDRE VERSIGNASSI

UMA BREVE HISTÓRIA DA ECONOMIA

HarperCollins
Rio de Janeiro, 2023

Diretora editorial: **Raquel Cozer**
Editora: **Diana Szylit**
Copidesque: **Débora Tamayose Lopes e Alexandre Boide**
Revisão: **Iraci Miyuki Kishi e Laila Guilherme**
Capa, projeto gráfico e diagramação: **Anderson Junqueira**

Dados Internacionais de Catalogação na Publicação (CIP)
Angélica Ilacqua CRB-8/7057

V618c
Versignassi, Alexandre
Crash : uma breve história da economia / Alexandre Versignassi. – 1. ed. – Rio de Janeiro : HarperCollins Brasil, 2019.
352 p.

Bibliografia
ISBN 978-85-95085-06-0

1. História econômica I. Título.

19-1545 CDD 330.9
CDU 339(09)

HarperCollins Brasil é uma marca licenciada à Casa dos Livros Editora LTDA.
Rua da Quitanda, 86, sala 218 – Centro
Rio de Janeiro, RJ – CEP 20091-005
Tel.: (21) 3175-1030
www.harpercollins.com.br

Impresso no Uruguai - Printed in Uruguay
Impressão e encadernação: Arcángel Maggio Uruguay
Casanello s/n Manzana E – Edifício 7, Colonia del Sacramento,
República Oriental do Uruguai.

Para ***Luciana Farnesi****, por ter me mostrado que a economia pode ser tão divertida quanto o futebol – só que bem mais violenta.*

AGRADECIMENTOS

A todos os que ajudaram a tornar este livro realidade: Alda Palma, Ana Carolina Leonardi, André Luiz Queiroz, Brenda Fucuta, Bruno Garattoni, Bruno Vaiano, Carolina Melo, Cláudia Leão Fracalanza, Diana Szylit, Dimalice Nunes, Emiliano Urbim, Fernanda Satie, Fernando Badô, Flavia Szylit, Gabriel Gianordoli, Guilherme Castellar, Jorge Luís de Oliveira, José Sérgio Osse, Karin Hueck, Larissa Santana, Leandro Narloch, Luiz Fernando Brito, Marcílio Vidotti, Maurício Horta, Michele de Oliveira, Osvaldo Queiroz, Pascoal Soto, Raquel Cozer, Renata Sturm, Rodrigo Rezende, Sérgio Gwercman, Sueli Carvalho e Tainã Bispo.

SUMÁRIO

O UNIVERSO EM UM BOTÃO DE TULIPA

Na Holanda do século 17, uma flor podia custar o preço de uma casa. Veja como isso explica as insanidades do século 21.

ERA UMA BELEZA: você aplicava o que tinha guardado para dar entrada numa casa e, em pouco tempo, já tinha o suficiente para *comprar* a casa. À vista. Nunca tinha sido tão fácil fazer dinheiro. Todo mundo queria entrar nessa. Tinha até gente largando o trabalho para ficar só especulando no mercado financeiro e dava certo.

Isso parece alguma coisa que você já viu. Mas trata-se de um mercado diferente: o da compra e venda de tulipas, que floresceu (*rs*) na Holanda do século 17. Essas flores caíram no gosto dos endinheirados da Europa logo que foram trazidas da Turquia. E os holandeses, que sabiam fazer dinheiro tão bem quanto faziam moinhos, começaram a plantá-las a rodo para abastecer esse povo.

Aí apareceu um elemento surpresa nessa história: um vírus. Quando ele contaminava uma tulipa, deixava a flor fraquinha e danificava o pigmento dela. Péssimo para a planta, ótimo para os humanos: o que era um dano para o vegetal deixava a flor mais bonita, com listras brancas, leitosas, entremeando a pigmentação da flor. Esse vírus, porém, só atacava as plantas de vez em quando, o que tornava essa variedade um tipo raro, exclusivo. Tão exclusivo que ganhou um nome pomposo, *Semper Augustus*, e um preço estrondoso. Em 1624, um botão custava, em florins holandeses, o mesmo que uma casa em Amsterdã – ou, para ficar só nos artigos de nome pomposo e preço estrondoso, valia basicamente o que um Rolex Platinum Diamond Pearlmaster custa hoje: um apartamento de R$ 800 mil.

Desse jeito, a *Semper Augustus* logo deixou de ser um mero luxo para virar *simplesmente* um luxo. Seu preço alto também puxou para cima a cotação das outras tulipas – a mera existência de um Rolex de R$ 800 mil faz um de R$ 30 mil parecer barato, certo? Então. Com as tulipas ordinárias foi a mesma coisa. Bastava ser tulipa que já estava bom: não faltaria gente a fim de pagar caro por qualquer uma.

Os floristas só faziam negócios na primavera, quando os bulbos (as raízes das quais nascem as tulipas) floresciam. Mas, conforme os preços foram aumentando, isso deixou de fazer sentido. Se você fosse um florista e precisasse de dinheiro no meio do inverno, meses antes de ter como vender as plantas, não teria problemas para levantar capital. Era só vender o próprio bulbo sem a flor e deixar o cliente esperando a tulipa surgir.

Um mercado novo foi nascendo. Especuladores passaram a comprar bulbos aos montes na esperança de revender mais caro quando as flores dessem as caras. Convenhamos, um investimento bem esperto, já que os preços não paravam de subir. Na verdade, os especuladores nem precisavam levar o bulbo para casa. Ficavam só com um contrato (um "título", no jargão financeiro) que lhes dava direito ao dinheiro que a flor rendesse mais tarde.

Não demorou, e passaram a comercializar os próprios contratos. Quem tivesse pagado 1.200 florins[1] por um desses títulos, esperando que o bulbo subisse de preço até a primavera, às vezes preferia vender a algum interessado por 1.300 e embolsar o lucro na hora a ficar esperando. Esse outro sujeito podia encontrar alguém a fim de pagar 1.400 e vender de uma vez, levando 100 florins para casa sem fazer força. A coisa era tão tiro certo que os mais espertos começaram a fazer um malabarismo financeiro: pegar, digamos, 1.400 florins emprestados para comprar o bulbo e vendê-lo no mesmo dia por 1.500. Isso é mais do que dinheiro fácil. É lucrar sem ter investido nada – coisa que os especuladores chamam de "alavancagem". Um holandês qualquer que acordasse sem um tostão no bolso podia fazer o empréstimo de manhã, comprar a tulipa ao meio-dia, vender mais caro à tarde, pagar o que devia com juros e ir dormir com o lucro.

Dava para viver disso, até. E ainda dá. Tanto que os bancos fazem dinheiro exatamente assim até hoje. Eles pegam emprestado pelo menos o triplo do que têm e usam o dinheiro para investir. Depois pagam tudo e vão dormir com o lucro. O Lehman Brothers, maior banco de investimentos dos Estados Unidos até 2008, chegava a tomar empréstimos de US$ 30 bilhões para cada US$ 1 bilhão que tinha nas mãos. É como se alguém que ganha R$ 5 mil por mês hoje pegasse empréstimos de R$ 2 milhões todo ano. Pagar tudo isso e ir dormir mais rico não é para qualquer um – nem para o Lehman, que faliu, levando a economia mundial junto. Mas essa é uma história para o capítulo 13.

Por enquanto, vamos voltar a falar de flores. A especulação com os bulbos de tulipa crescia, e o preço ia na mesma toada. No auge do *boom*, em 1636, a *Semper Augustus* subiu 300%, de 2 mil para 6 mil florins. Com as flores menos caras, foi mais ainda. A tulipa do tipo Gouda, mais comum, subiu de 20 para 225 florins – mais de 1.125%.

O mercado das tulipas tinha pegado fogo: se você adquiria um título de bulbo, pelo preço que fosse, sempre aparecia alguém para comprá-lo por um valor maior. Só que fogo não é eterno, posto que é chama. "Mas que seja infinito enquanto dure", torciam os especuladores. Não foi.

Esse mercado só se sustentaria se os preços continuassem subindo para sempre. Mas os valores ali já não tinham mais nada a ver com a demanda pelas flores como artigos de luxo. Não havia tantos nobres dispostos a gastar o preço de uma mansão numa florzinha para mostrar aos amigos. A quantidade de gente assim é um recurso finito. Àquela altura, não havia mais um consumidor final para valer. As pessoas só compravam os títulos por valores extorsivos na esperança de que surgisse alguém "mais otário" lá na frente disposto a pagar mais ainda por eles. Mas otários também são um recurso finito. Uma hora começaram a faltar compradores.

Para piorar, descobriram um monte de fraudes: floristas estavam vendendo mais contratos do que a quantidade de bulbos que tinham em estoque. Era como imprimir dinheiro falso. Outra: ninguém sabia que o responsável pela existência da *Semper Augustus* era um vírus (nem se fazia ideia do que era um vírus, já que a vida microscópica era desconhecida na época). Se o vírus não infectasse o bulbo, nascia uma tulipa normal. E o investidor via que tinha comprado gato por lebre. Quando tudo isso veio à tona, a desconfiança reinou. E o mercado minguou. De vez.

Quem tinha vendido casa e carruagem para investir no dinheiro fácil das tulipas se viu com as calças na mão de uma hora para a outra. Os contratos tinham virado "títulos podres", como dizem os economistas. Não valiam mais nada.

A PIZZA DE US$ 100 MILHÕES

Quando saiu a primeira edição deste livro, em 2011, a mania das tulipas estava prestes a completar quatrocentos anos no posto de evento mais insólito da história da economia. O que ninguém esperava era que ela perderia esse posto para outro evento: a mania do bitcoin.

Um caso particular ilustra bem o que aconteceu. Em 2010, um certo Laszlo Hanyecz, um programador americano de ascendência húngara, fez aquela que é considerada como a primeira transação comercial envolvendo bitcoins. Comprou pizza. Não de uma pizzaria, mas de um amigo, Jeremy Sturdivant. Jeremy topou pagar duas pizzas a serem entregues na casa de Laszlo em troca de 10 mil bitcoins – que na época não tinham valor nenhum, por pura falta de gente interessada. Sete anos depois, no final de 2017, 10 mil bitcoins valiam US$ 200 milhões. Ou seja: cada pizza saiu pelo preço de um Boeing 737.

O maior pico do bitcoin antes desse de 2017 tinha acontecido no final de 2013, quando ele chegou a US$ 1.000. Depois veio uma queda lenta e constante, e a criptomoeda passou a maior parte de 2015 relativamente estável, com um preço médio de US$ 250. No ano seguinte a escalada começou de novo, e no início de 2017 o bitcoin já tinha quadruplicado de valor, voltando ao patamar de mil dólares. Aí a porteira abriu de vez. Uma manada de investidores entrou na onda, e o preço subiu até desaparecer de vista. No meio do ano estava a US$ 2.500. Em setembro, US$ 4.500. E tocou para foi US$ 8.000 em novembro de 2017.

E sim: também não havia "consumidor final" aí – até porque um bitcoin é algo até mais abstrato que uma flor, como vamos ver mais adiante neste livro. Cada comprador de bitcoin, então, estava só esperando que houvesse alguém "mais otário" lá na frente. Pagava caro na esperança de que amanhã haveria gente a fim de desembolsar ainda mais pela coisa. Como a esperança, naquele momento, era universal e tendia ao infinito, o mercado pegou fogo. Era a mais completa reencarnação da mania das tulipas.

Sem exagero. Lá atrás, um bulbo de Gouda subiu de 20 para 225 florins em questão de meses, certo? Bom, 20 florins era mais ou menos o equivalente a um mês do salário médio da época. Quem tinha comprado a coisa pelo equivalente a um mês de salário, então, podia vender agora por um ano de salário.

Com o bitcoin foi a mesma coisa. Em outubro de 2016, ele valia um mês do salário médio brasileiro da época (R$ 2.230). Claro que o preço do bitcoin não tem a ver com a média salarial do Brasil, mas vale a comparação para entendermos o grau de "tulipagem" da criptomoeda. E o fato é que, no dia 19 de novembro de 2017, ela chegou a R$ 26.400. Doze meses do nosso salário médio. Igual à Gouda – com uma diferença: enquanto esse foi o auge dessa variedade de tulipa, o bitcoin seguiu subindo. No dia 17 de dezembro de 2017, bateu em quase R$ 70 mil. Isso dá 3.300% em pouco mais de um ano. E rendeu ao bitcoin o título de maior bolha da história da humanidade – que você vê em detalhes no capítulo 14.

MERCADO DE AÇÕES

A insanidade, de qualquer forma, não está restrita a histórias que beiram o folclore. O mundo dos investimentos convencionais também é bipolar. Também vive entre euforias e depressões.

Na bolsa de valores brasileira, por exemplo, os primeiros anos deste século foram tão animados quanto o início da mania das tulipas. Inclusive, boa parte das ações subiu tanto quanto as flores de trezentos anos atrás. Sem exagero, nos três anos anteriores à crise de 2008, os papéis da Vale se valorizaram quase tanto quanto a *Semper Augustus* nos três anos de pico da bolha holandesa: 200%. Os da Gerdau foram no mesmo pique das tulipas Gouda: 1.000%.

E a onda não afetou só quem operava diretamente na bolsa. As 312 mil pessoas que optaram por deixar uma parte de seus fundos de garantia em ações da Petrobras quando o governo criou esse programa, em 2000, viram seu dinheiro dar cria. Quem separou R$ 50 mil do FGTS para investir nisso, por exemplo, chegou a ter mais de R$ 500 mil na conta em 2008 – e fazendo menos esforço do que se tivesse ganhado esse dinheiro no *Big Brother*; ou na Holanda do século 17.

A diferença é que esse não foi um jogo entre malandros e otários. Os lucros dessas empresas estavam subindo no mesmo ritmo que o preço das ações – às vezes até mais rápido. Isso deixa tudo mais concreto.

Se você tem uma ação da Vale, por exemplo, significa que é dono de 0,2 bilionésimo da empresa. Como proprietário de uma parte da mineradora, você tem direito a um pedaço dos lucros dela – os "dividendos", no jargão financeiro. E esse dinheiro pinga na sua conta de tempos em tempos. É para isso que serve uma ação: pagar dividendos.

Se os lucros estão altos, o dinheiro que entra para você também é alto. Ter esses papéis nas mãos é um bom negócio quando a empresa é lucrativa. Tão bom que outras pessoas vão querer comprá-los de você para ficar com o direito de receber um naco dos lucros da companhia. Aí é a lei da oferta e da procura: se muita gente está interessada nelas, o preço sobe. E você pode vender na bolsa por mais do que pagou. Básico.

É para isso também que serve uma ação – lucrar sobre as expectativas dos outros. Quem compra, em tese, é um sujeito interessado em ficar com o papel para que a grana dos dividendos caia na conta dele. Mas, como tem muita gente nesse mercado, na prática o comprador típico é alguém que só espera vender a ação por um preço maior no futuro, igual ao mercado de tulipas lá de trás, ou ao de criptomoedas de agora.

Os ganhos entre a compra e a venda de uma ação podem ser tão grandes que, na prática, a bolsa gira em torno disso. Quase todo mundo que compra papéis faz isso na esperança de vendê-los por mais dinheiro um dia. E os dividendos acabam vistos como meros adicionais, só um dinheirinho que chega de vez em quando. O que vale mesmo é a expectativa de vender as ações por um valor duas,

QUER PAGAR QUANTO?

Em 2001, o valor das cinco maiores empresas do Brasil juntas era de US$ 68 bilhões (em dólares de 2019, corrigidos pela inflação americana).

Em 2019, só a quinta colocada já valia quase isso. E a soma das top 5 passava dos US$ 400 bilhões.

TOP 5 EM 2001 (EM US$)		TOP 5 EM 2019 (EM US$)	
1. Petrobras	24,3 bilhões	1. Petrobras	100 bilhões
2. Vale	8,8 bilhões	2. Itaú	95 bilhões
3. Itaú	8,6 bilhões	3. Ambev	78 bilhões
4. Ambev	7,8 bilhões	4. Bradesco	77 bilhões
5. Eletrobrás	7,6 bilhões	5. Vale	67 bilhões

três, dez vezes maior. Mas isso é uma inversão de valores que só atrapalha na hora de entender a lógica do mercado acionário.

Para começar, o que faz o preço de uma ação subir? O óbvio: quanto mais pessoas estiverem interessadas no papel, mais caro ele vai ficar no mercado. Normal. Mas o que faz com que muita gente decida comprar ações de alguma empresa em especial, levando o preço lá para cima? O potencial de lucros dessa empresa. Quanto mais a companhia faturar, maior será a capacidade de ela pagar dividendos polpudos. Ou seja, os dividendos não são meros extras. Eles formam a essência do mercado financeiro. Se existe a expectativa de que uma empresa vai dar mais lucros, de que vai pagar dividendos melhores lá na frente, mais investidores correrão para as ações dela. E o preço vai subir.

Mas tem um problema aí: expectativa é só expectativa. Ninguém tem como dizer se uma empresa vai dar mais ou menos lucro no futuro. E, se ela começar a viver no prejuízo e acabar falindo, o destino das ações será o mesmo dos títulos de tulipas: não valer mais nada.

É por causa dessa incerteza que o mercado financeiro está cheio de analistas pagos para estudar a saúde financeira das empresas. Eles fuçam os balanços e escarafuncham o mercado em busca de indícios sobre a capacidade de uma companhia continuar dando lucro. Mas não é o suficiente.

Por exemplo, você compraria ações de uma empresa que aumentou seu faturamento de US$ 13 bilhões para US$ 100 bilhões em cinco anos? Para completar, imagine que essa mesma companhia ainda afirmasse por A mais B que iria dobrar esses US$ 100 bilhões logo ali, no ano seguinte. Adicione o fato de que ela já era tão grande e aparentemente segura como uma Vale da vida. Não comprar ações de uma empresa dessas seria rasgar dinheiro.

E essa companhia existiu de fato: era a Enron, a maior distribuidora de energia elétrica dos EUA no fim do século 20. Depois de quase multiplicar seu faturamento por dez, ela foi para a confortável posição de segunda companhia que mais faturava no mundo, atrás apenas da Exxon Mobil, a maior petroleira da Terra. Não podia haver investimento mais seguro. Era a empresa responsável por iluminar boa parte do território da maior economia do mundo. Para a Enron deixar de ganhar, só se os americanos abdicassem da eletricidade para viver sob luz de velas.

Por isso mesmo, as companhias de energia elétrica geralmente são garantia de um fluxo constante de dividendos. Um negócio quase sem risco. Tanto que, em épocas de vacas magras, muita gente corre para as ações delas – enquanto a Bovespa derretia na crise de 2008, por exemplo, os papéis de várias empresas dessa área ficaram imunes.

Mas claro: se fosse só por isso, todo mundo só compraria ação de companhia de energia elétrica. Mas tem uma questão aí. Se, por um lado, essas ações garantem dividendos faça chuva ou faça sol na economia, por outro, elas dificilmente sobem grande coisa.

O potencial de lucro dessas empresas está restrito ao consumo de energia das pessoas. E isso nunca dá grandes saltos de uma hora para a outra. Então, as expectativas de lucro nunca batem no teto. Ficam sempre ali, numa zona morna. E o preço das ações nunca sobe um absurdo do dia para a noite. Se você tem papéis da Petrobras, por exemplo, e ela anuncia que o pré-sal tem o dobro do petróleo previsto, o potencial de lucro dela vai para a estratosfera, e o preço das ações sobe junto. Com uma empresa de energia elétrica é virtualmente impossível acontecer algo assim.

E é isso que torna o caso da Enron especial. Se uma elétrica desse porte começa a apresentar lucros absurdos, é o mundo perfeito: uma ação com um potencial enorme de subir e que não tem como descer. Era bom demais para ser verdade. Mas *era* verdade. Aí não deu outra: as ações dispararam. Para variar, quase naquele ritmo da *Semper Augustus*, a rainha das tulipas: 200% em três anos – entre 1999 e 2001, a ação da Enron foi de US$ 30 para US$ 90.

Bom para os investidores que compraram essas ações na bolsa; melhor ainda para os executivos da Enron. Eles ganhavam toneladas desses papéis de graça, como parte de seus bônus anuais. Um prêmio merecido, diga-se, se você levar em conta que a Enron recebeu o Prêmio de Empresa mais Inovadora da América, da revista *Fortune*, por seis anos consecutivos.

Depois que o preço dos papéis triplicou, alguns executivos fizeram o que qualquer um faria: venderam as centenas de milhares de ações que tinham ganhado de bônus, embolsaram o lucro todo e saíram para curtir a vida.

Um deles foi Lou Pai, um americano de origem chinesa. Aos 52 anos, ele controlava uma das divisões da Enron e resolveu se aposentar. Lou conseguiu US$ 268 milhões numa tacada só e foi viver tranquilo numa fazenda de 310 km^2 no Colorado – a segunda maior propriedade daquele estado. Também tinha uma menorzinha, no Texas, para abrigar seu haras.

Um fim de carreira mais do que feliz. Só que a história estava longe de acabar. Para quem tinha comprado ações da Enron, ela estava apenas começando. Pouco mais de um ano depois de o valor de cada ação ter chegado a US$ 90, a Enron estava falida. E quem tinha apostado suas economias nela também. Perda total. Um investimento que deveria ser à prova de risco – e que já tinha enriquecido muita gente – se mostrava furado. O que aconteceu?

Um crime. Os executivos estavam mentindo sobre os lucros. Eles colocavam valores falsos nos balanços para garantir seus *próprios* ganhos, na forma de bônus pelo bom desempenho da companhia. Uma hora, porém, as autoridades que fiscalizam empresas com ações na bolsa acabaram descobrindo as fraudes. Refizeram, então, os balanços e constataram que a Enron estava dando prejuízo.

A notícia se espalhou, e as ações despencaram para perto de zero. E em questão de meses foram a zero mesmo: a Enron entrou com um pedido de falência. A tulipa estava morta.

Esse foi um caso extremo em que uma mentira estava por trás da escalada nos preços das ações. E que terminou com a empresa fechando as portas. Mas o mercado vive situações parecidas o tempo todo. Não precisa haver uma fraude para que uma ação suba a um valor muito maior do que deveria. Basta que as expectativas sobre os lucros que ela possa dar no futuro sejam exageradas.

Na maioria das vezes, inclusive, a irracionalidade reina não só em relação a uma única empresa, mas no mercado inteiro. Centenas de companhias diferentes podem ver o preço de suas ações subir ao mesmo tempo por conta de expectativas fora da realidade. Se houver uma esperança muito grande de que a economia vá crescer, por exemplo, isso vai se refletir no mercado acionário. Claro: uma boa economia oferece mais empregos. Mais empregos = mais consumidores. Mais consumidores = mais possibilidades de lucro para as empresas. Aí as ações sobem e...

Opa! Espera um pouco. Primeiro, o que significa exatamente uma "boa economia"? Segundo: um mundo com muito emprego, muito consumo e muito lucro para muita gente é causa ou consequência de "uma boa economia"? A resposta é uma só: "Sim". Um mundo ok é causa *e* consequência de uma economia nos trinques. Mas, para entender exatamente o que essa resposta quer dizer, você precisa compreender outra coisa: *o que é* o dinheiro.

E isso os chimpanzés podem explicar. Vamos ver o que eles têm a dizer.

1 A ORIGEM

Couro, penas, peixe seco, sal grosso, pinga, tabaco. Tudo isso já foi moeda corrente. Mas a que deu certo mesmo foi outra: o dinheiro falso – uma criação da Grécia Antiga que você carrega na carteira até hoje.

DINHEIRO É UM MECANISMO ENGENHOSO: permite que uma manicure compre seis pãezinhos sem ter de fazer as unhas do padeiro. E dá para resumir sua essência em uma palavra: fé. Basicamente a fé de que você vai conseguir trocar os papéis que estão na sua carteira ou os números que aparecem no site do seu banco por coisas para comer, vestir e morar. Mas essa é uma noção incompleta.

Dinheiro só é algo digno desse nome quando obedece a dois critérios:

1. Ser uma coisa que todo mundo queira.

2. Não ser algo muito abundante. Se não for escasso, não vale nada. E, se não vale nada, não é dinheiro.

Pense numa coisa que todo mundo quer o tempo todo. Água, por exemplo. Não dá para viver sem, então ela cumpre muito bem o critério 1. Só que ela não obedece ao item 2 – é só ir à beira do rio ou ao filtro da cozinha e pegar o quanto quiser. Muita abundância para que ela sirva como dinheiro.

Agora pense em comida. Aí é diferente. Por boa parte da história da humanidade, ela se encaixou perfeitamente nos dois critérios. Primeiro, todo mundo aprecia comida, claro. Segundo, nunca foi simples produzi-la a partir da terra. Caçar, então, pior ainda. Comida sempre foi algo relativamente raro.

Por isso mesmo, foi a primeira coisa a servir como dinheiro. E não só antes da invenção da moeda. Mas antes do surgimento do ser humano. Os chimpanzés estão aí para provar. Os machos dão carne para as fêmeas em troca de sexo. Não é exatamente um comércio, no estilo toma lá dá cá. Dividir o resultado de uma caçada com as macacas é um dos agrados que os machos fazem para tentar conquistá-las. Trata-se da comida, a moeda mais antiga do mundo, pagando pelo serviço mais antigo do mundo.

E quando o ser humano apareceu na Terra as coisas não mudaram muito. Isso que chamamos de humanidade começou há 2 milhões de anos. Foi quando um animal bípede, de cérebro grande, capaz de usar armas e dominar o fogo se multiplicou pelo mundo. Era o *Homo erectus*, um humano de feições amacacadas que deixaria dois descendentes antes de acabar extinto. Alguns dos *erectus* que saíram da África, sua terra natal, e foram viver no frio da Europa evoluíram até virar neandertais. Os que ficaram onde tinham nascido acabaram dando origem a outra espécie de grande macaco: nós, *Homo sapiens*.

Foi há 200 mil anos. O fato de estarmos aqui até hoje não é grande coisa se comparado aos 2 milhões de anos que o *erectus* sobreviveu e mesmo aos 400 mil anos que o neandertal aguentou. Mas, ainda assim, não foi fácil chegar aqui. E isso só aconteceu por um motivo: aprendemos a sobreviver a uma das maiores crises econômicas de todos os tempos. E ela aconteceu há cerca de 12 mil anos, bem antes de o próprio dinheiro surgir. Pois é, não precisa ter dinheiro no meio para que aconteça uma crise econômica. Existem vários jeitos de definir uma, mas vamos focar na mais essencial: elas acontecem quando não conseguimos produzir tudo o que precisamos para manter nosso modo de vida.

Um pouco antes de essa crise começar, estávamos em pleno aquecimento global. E isso era ótimo. Tratava-se do fim da última Era Glacial, que tinha deixado meio mundo sob temperaturas abaixo de zero por 100 mil anos. Geleiras deram lugar a rios, paisagens brancas ficaram verdes, a quantidade de animais aumentou... Era um paraíso para grandes predadores. E esse era precisamente o nosso caso: armado até os dentes com lanças, atiradeiras, facas de marfim e um cérebro gigante, o *Homo sapiens* se firmava como o maior predador que já tinha existido. Havendo o que caçar, crescíamos e nos multiplicávamos à vontade. E agora havia bem mais caça do que na Era do Gelo.

A abundância de vegetais também ajudava. Antes, catávamos as frutas e os grãos que apareciam de vez em quando e pronto. Agora, com solos mais férteis, o ser humano foi percebendo que podia ele mesmo plantar alguma coisa para ter o que comer nas épocas de caças magras. Não que fosse fácil. Continuávamos obrigados à mesma vida nômade dos tempos glaciais. Montávamos acampamento, ficávamos até que os animais começassem a rarear, e aí era ir embora e tentar a sorte em outro lugar. Claro que não era bom viver sempre sob a ameaça da escassez, por isso começamos a usar a cabeça para mudar as coisas, para fincar o pé em um lugar só.

O arroz com feijão de certos povos dessa época que viviam no Oriente Médio era carne de gazela. Mas eles não saíam matando qualquer uma que encontrassem: preocupavam-se em caçar só os machos da espécie. Fazia todo o sentido. Num bando de cem gazelas, bastava meia dúzia de machos para inseminar todas as fêmeas. Depois nascia uma nova geração inteira, e o estoque de comida continuava lá, bonitinho, mesmo depois de uma matança deslavada. Nobel de caça para eles.

Só teve um problema: faltou levar em conta a teoria da evolução. Esses povos, que os cientistas de hoje batizaram de natufianos, preferiam os machos maiores, já que eles tinham mais carne. Burrada. Sobravam só os mirradinhos para as fêmeas – justamente os que elas rejeitariam em condições naturais (elas têm esse comportamento instintivo porque machos menores geram filhotes pequenos, mais vulneráveis). Mas tudo bem: as fêmeas acabavam transando com eles mesmo assim. Aí vinha a geração seguinte, os natufianos chegavam lá e caçavam os menos miudinhos. Ficavam só os nanicos. Em poucas gerações, o que sobrava eram minigazelas, que não davam conta de alimentar os bandos de humanos.

Esse é só um exemplo de como nossa sofisticação trabalhou contra nós. O fato é que a presença humana levou espécies à extinção, ou perto disso, em várias partes do mundo. Mas o problema mesmo começou depois, quando, por volta de 10 mil a.C., a temperatura do planeta oscilou de novo. O clima ficou mais frio e seco por séculos.

Plantas e animais morreram. Nem bem nossa espécie tinha aproveitado o fim da Era Glacial e já estava numa gelada mais uma vez. A saída? Usar a cabeça de novo: que tal, em vez de deixar as gazelas se reproduzirem livremente, aprisionar algumas na aldeia e fazer com que produzissem seus filhotes ali? Também seria uma boa abater os machos menores primeiro e deixar os grandes viverem tempo o bastante para procriar à vontade. Assim, as gazelas ficariam maiores a cada geração, certo? E plantar sementes? Por que não tentar isso em grande escala para garantir tudo o que era preciso de uma vez?

Desnecessário dizer que ninguém saiu pensando coisas assim do dia para a noite. Mas ideias como essas foram borbulhando entre vários povos. Cada um desenvolveu sua agricultura e sua pecuária a seu tempo. Com o perrengue do resfriamento global, as técnicas criadas nos tempos de bonança foram se desenvolvendo. Com o turbo ligado. Plantar sementes e tentar criar animais não eram mais um luxo (se é que um dia foram). Agora, fazer isso ou não fazer equivalia a escolher entre viver ou morrer de fome.

Mas outra surpresa estava a caminho: essa época de vacas magras durou pouco, pelo menos geologicamente falando. Coisa de mil anos. Depois disso, o clima melhorou de novo, com terras mais férteis e montes de animais pastando por aí. E agora? Acabar com essa chatice de plantar capim-guiné, ver boi abanar rabo e voltar aos tempos mais aventurosos das caçadas? Nem a pau.

Cultivar sementes e criar animais já valia bem mais a pena àquela altura. As técnicas de agricultura tinham evoluído nos tempos duros. E, agora que o clima estava bom, em se plantando, tudo dava. A oportunidade e o talento se tornaram aliados: para aqueles sujeitos, cultivar uma horta era como imprimir comida direto da terra. Algo mágico. E as criações de animais, então? Depois de gerações de cruzamentos entre os bichos mais carnudos, elas forneciam uma quantidade de calorias que a caça jamais teve como prover – um boi ou um porco doméstico, por esse ponto de vista, são entidades tão artificiais quanto um computador. Depois de milênios reproduzindo só as crias mais gordas, esses animais viraram espécies bem diferentes de seus ancestrais selvagens. Transformaram-se em usinas de carne. Se a mesma seleção artificial fosse feita com pessoas, os bebês chegariam a cem quilos aos dois anos de idade – é indigesto pensar nisso, mas foi graças a essas técnicas de criação que conseguimos comida para chegar até aqui.

Com os vegetais não foi diferente. Trigo, cevada, milho, arroz – os pilares alimentícios da nossa espécie – nunca existiram na natureza, pelo menos não da forma como você os conhece. Esses vegetais são tão domesticados quanto bois e porcos, fruto de seleção genética, de colocar só as plantas que melhor produziam grãos para se reproduzir, numa tentativa de obter mais comida em menos espaço. Tudo por tentativa e erro, terminando num grande acerto.

Claro que isso também não aconteceu de uma vez só. Cada população foi desenvolvendo sua agricultura e sua pecuária de um jeito particular. Devagar e sempre. Mas nos lugares mais férteis as coisas foram bem rápidas. A região em torno das margens dos rios Tigre e Eufrates (onde hoje ficam partes da Turquia, do Iraque e da Síria) era uma delas. Formava a parte principal do Crescente Fértil, local onde o cultivo de sementes e a criação de animais explodiram para valer entre 10 mil a.C. e 9 mil a.C. Era a China da época. Numa parte do Crescente, tinha alguém plantando uvas e azeitonas. Cem quilômetros rio abaixo, uma criação de porcos. Mais para cá, uma de ovelhas e cabras. Mais para lá, uma de bois. Ao norte, fazendeiros cruzavam duas espécies de trigo-selvagem, quase sem valor nutritivo, e obtinham trigo de pão, o cultivo mais importante da história. "Essa diversidade toda convivendo bem perto permitia acesso rápido a basicamente tudo o que eles precisavam: carboidrato, proteína, óleo, leite, tração animal, fibras para tecer roupas", diz Jared Diamond, geógrafo e biólogo da Universidade da Califórnia.[1]

Você conhece o resto da história: sem ter de passar o dia caçando, a humanidade arrumou tempo livre para criar a escrita, a matemática, construir cidades... Mas essa é uma explicação simplista. O legado mais profundo da agricultura foi outro. Ela criou o dinheiro.

DINHEIRO DE ARGILA

A imagem bonitinha de cada um produzindo em sua horta para a sociedade é um tanto ordinária. Não tem a ver com a realidade. O que a agricultura fez foi levar as desigualdades sociais a um patamar inédito. Numa tribo de caçadores, os homens mais fortes e os líderes mais astutos obtinham vantagens, mas um sujeito não tinha como estar tão acima do outro. Eles praticamente não estocavam comida – caçavam de dia, comiam à noite e acordavam para caçar de novo. Até dava para acumular uma certa riqueza, na forma de armas melhores, prioridade na divisão de comida e de mulheres – isso acontece em todas as sociedades que mantiveram o modo de vida caçador-coletor até hoje, como tribos na Amazônia e na África; por isso os antropólogos deduzem que no passado não foi diferente. Esse grau de desigualdade poderia ser péssimo para quem acabasse mal armado, mal-amado e mal alimentado. Só que, ainda assim, estavam todos mais ou menos no mesmo barco. Se a caça fosse boa, todo mundo comia. Se fosse ruim, todo mundo morria. Se você conseguisse mais carne que os outros, até podia usá-la como dinheiro para pagar algum favor, seguindo o exemplo dos chimpanzés. Mas no dia seguinte começaria do zero novamente. Sem que haja a possibilidade de acumular uma quantidade razoável de riqueza, a ideia de dinheiro não se aplica.

Mas as plantações mudaram essa história. Quem possuía terras férteis tinha o poder. Comia, bebia e vestia o que quisesse. E estava em condições de produzir muito mais do que precisava. Quem não era dono de seu pedaço de chão estava numa pior. Eram cada vez mais territórios ocupados pelas fazendas, e praticamente não havia mais o que caçar em certas regiões. O que fazer, então? Trocar trabalho por comida. Isso tinha dois lados.

Primeiro, o ruim: um grande fazendeiro podia facilmente ter dúzias de escravos fermentando seu vinho, assando seu pão e construindo sua mansão de pedra em troca de migalhas – bastava manter um exército de seguranças bem alimentados para evitar um motim e estava tudo certo.

Agora, o lado bom: homens que antes viveriam correndo atrás de gazelas por aí estavam fermentando vinho, assando pães e construindo casas. Surgiam os primeiros trabalhos altamente especializados. Deu tão certo que nunca deixamos de viver assim, fosse sob o sistema de governo que fosse.

Era trabalho em troca de comida? Era. Mas tudo bem: a comida acabou desempenhando exatamente o mesmo papel que o dinheiro tem hoje. Se você fosse um padeiro ou um construtor de casas melhor que os outros, tendia a receber um naco maior do excedente de grãos e de carne do seu patrão, o latifundiário (figura que com o tempo ganharia o nome de "rei"). Desse jeito, você poderia acabar com mais alimentos do que poderia consumir. Teria seu excedente particular. Aí, se quisesse ter seu próprio padeiro e vestir casacos de pele, trocaria um pouco desse excedente por serviços e produtos assim. Quem fizesse casacos de pele melhores poderia vender tantas peças que teria seu excedente também. E a coisa não acabaria mais – como de fato não acabou.

Você pode imaginar que carregar sacos de comida por aí para trocar por outros produtos não era lá muito prático. Mas os babilônios, povo que viveu no Crescente Fértil há 4 mil anos, criaram uma forma de driblar isso. E, de quebra, inventaram duas coisas que você conhece melhor ainda: as cédulas e os bancos.

Bom, não eram exatamente cédulas nem exatamente bancos. Você depositava os sacos de grãos que recebia em silos de armazenamento mantidos pelo rei (os "bancos") e ganhava em troca um tablete de argila em que vinha gravada a quantidade de mercadorias deixada lá. Esses tabletes podiam ser considerados "cédulas". Cédulas porque as pessoas passaram a pagar por serviços e a comprar coisas com eles. Era dinheiro puro. Se tivesse montes desses tabletes no cofre de casa, você seria rico. Poderia comer, beber e vestir o que quisesse.

Os mais abonados, inclusive, aprenderam a fazer com que tabletes gerassem mais tabletes sem ter de fazer força: emprestavam a juros. Se você precisasse de dez tabletes para comprar uma vaca, um desses banqueiros da Antiguidade poderia emprestar, mas exigindo que você pagasse 12 tabletes lá na frente, com uma parte dos lucros que conseguisse com o leite da nova Mimosa.

Era um esquema sofisticado. Até juros compostos eles já cobravam. Juro composto, vale lembrar, é aquilo de pagar uma taxa de 1% ao mês que, ao fim de um ano, não terá somado 12%, mas 12,7%. E que, ao fim de vinte anos, não vai dar 240% (o número de meses em duas décadas), mas 989% (!). Quase dez vezes o valor financiado.

Funciona assim: se você deve 100, o 1% incide só sobre os 100. No mês seguinte, será 1% sobre 101. E por aí vai. Parece pouco, mas, depois de um bom tempo, você está com uma dívida de lascar. Qualquer semelhança com o que acontece quando você financia um carro ou compra um apartamento não é mera coincidência. No fundo, nunca deixamos de ser babilônios.

OURO, PRATA E TABACO

Os tabletes da Babilônia podiam até ser uma ideia genial. Mas não foi a que vingou. É que o lastro do dinheiro acabava estragando. Grãos, uma hora, apodrecem. Aí os tabletes de argila não valiam mais nada. Para que o dinheiro virasse dinheiro mesmo, era preciso que ele estivesse sob a forma de algo que durasse muito e que, de quebra, respeitasse aqueles dois pré-requisitos que a comida preenchia: ser algo relativamente raro e que todo mundo quer.

O sal cumpria esse papel. Seu valor intrínseco era o seguinte: num mundo sem geladeiras, o que fazer para preservar a carne? Salgá-la. Então era um produto com demanda praticamente tão garantida quanto a comida em si. E relativamente raro também, já que o processo para extraí-lo do mar ou de minas não é simples.

Além de não apodrecer, ele tinha uma bela vantagem sobre os grãos: era fácil de transportar. Desse modo, era tão natural que assumisse o papel de dinheiro que isso acabou mesmo acontecendo em várias culturas da Antiguidade. Deu tão certo que até hoje seu patrão paga você em sal, pelo menos etimologicamente falando. "Salário" era a remuneração que legionários romanos recebiam na forma de sal, e a palavra ficou.

Couro, peixe seco, penas de certas aves, conchas bonitas, pinga. Praticamente qualquer coisa que muita gente quisesse e não fosse fácil de obter já foi usada como dinheiro. Até depois da invenção do dinheiro. E até no tempo e no espaço em que o nome dele já era "dólar".

No estado americano da Virgínia, por exemplo, o tabaco foi a moeda corrente mais usada desde a sua fundação como colônia, em 1607, até duzentos anos depois, quando os Estados Unidos já eram um país rico e estabelecido. Era com tabaco que as pessoas faziam compras, pagavam impostos... E compravam suas esposas: "Os galantes rapazes da Virgínia corriam para o porto quando um barco chegava de Londres, cada um carregando um rolo do melhor tabaco nos braços, e traziam de volta noivas jovens e virtuosas", descreveu um cronista da época, o reverendo Parson Weems. "Além de galantes, os jovens deviam ser fortes, já que os rolos pesavam mais de cinquenta quilos", comentou Robert Chalmers, um economista do século 19.[2]

Mas as formas exóticas de dinheiro só vingaram em situações bem específicas (no caso da Virgínia, nem valia a pena trocar a mercadoria por moedas. Como tabaco era praticamente a única coisa que eles não importavam, ficava até mais fácil pagar direto com fumo mesmo). O que viraria o grande veículo universal de troca era outra coisa. Como ensina Eduardo Dussek naquela música politicamente incorreta dos anos 1980: "Troque seu cachorro por uma criança pobre/ Sem parente, sem carinho, sem rango, sem cobre". Esses versos traçam involuntariamente a história do dinheiro. Depois do rango – a comida, primeiro meio universal de troca –, vem um metal. Foi basicamente o que aconteceu na vida real. E Eduardo Dussek acertou em outro ponto também: o primeiro metal usado em grande escala pela humanidade, aquele que acabaria fazendo o papel que as suas notas de R$ 50 fazem hoje, foi justamente o cobre.

Como ele derrete a uma temperatura relativamente baixa (mil graus) e não é tão raro assim, foi o primeiro metal a substituir pedras e marfim na confecção de armas, por volta de 5 mil a.C. Essas armas eram bem mais eficientes que as antigas, então quem tinha o cobre tinha o poder. Você não possuía seu pedaço de chão? Era só juntar uma gangue com espadas e lanças de cobre e roubar as terras de alguém. Precisava defender sua gleba? Arranjasse seu cobre.

Em tempos de paz, ele também era valioso, fosse na forma de caldeirões e panelas, fosse na de enfeites. Era o mais comum, até. A humanidade produziu mais colares e brincos do que armas.

Então você tinha algo difícil de produzir (vai minerar uma montanha de cobre para ver o que é bom...) e que todo mundo queria. Muito. Com uma vantagem sobre os sacos de grãos, o sal ou qualquer outra mercadoria: durava bem mais. Dava para acumular cobre à vontade, e ele continuaria ali, sem estragar. Se você fosse um so-

Todo o ouro minerado ao longo da história caberia num prédio de nove andares. São 190 mil toneladas – é o que a Vale extrai de minério de ferro em oito horas.

berano antigo e trocasse grãos de seu reino por cobre para fazer espadas e colares, não perdia nada. Num momento de escassez, podia derreter uma parte do metal, transformá-lo em barras e usá-lo para comprar mercadorias de outros reinos (os sujeitos que roubam fios de cobre de cabos elétricos para derretê-los e criar novos fios fazem mais ou menos isso). Desse jeito, não deu outra: a posse de cobre se tornou algo tão seguro quanto a posse de terras. Era algo que podia ser passado de mão em mão por gerações.

Aí deu a lógica. As barras de cobre viraram a primeira moeda universal e, quando começaram a misturar cobre com estanho para fazer um metal mais resistente, bem melhor para a forja de armas, esse derivado também virou moeda: o bronze.

Mas quando falamos em dinheiro o fator raridade é mais importante que o fator utilidade. O ouro não serve para nada além de deixar claro para todo mundo que você possui algo extremamente raro em casa, no pulso ou no pescoço. Ele é tão escasso que, se você reunisse todo o ouro minerado na história da humanidade e juntasse num bloco maciço, teria só um cubo com vinte metros de lado. Isso dá a área de um prédio de nove andares,[3] ou 190 mil toneladas – é o que a Vale extrai de minério de ferro em oito horas.

Parte desse ouro se perdeu – em naufrágios, por exemplo – ou virou algo mais útil que joias, como partes de peças industriais ou componentes de circuitos. A estimativa é de que 122 mil toneladas do metal continuem circulando na forma de investimento ou de joias. Um Rolex da vida pode ter um pouco de ouro que um dia esteve numa moeda do Império Romano mais outro tanto que já foi o dente de ouro de um minerador do século 19 – que teve o cadáver violado no cemitério por ladrões...

Até as barras de ouro que o nosso Banco Central mantém como uma parte de suas reservas podem ter metal que já esteve na taça Jules Rimet. Mesmo com essa rotatividade toda, sempre foi pouco ouro para a economia do planeta viver em função dele, mas foi precisamente o que aconteceu. E que, de certa forma, continua acontecendo. Em 2010, uma empresa alemã instalou *vending machines* de barrinhas de ouro no Emirates Palace, um hotel de luxo de Abu Dhabi, e no aeroporto de Frankfurt. São como máquinas de refrigerante em que você pode comprar peças de dez pesos diferentes, entre um grama e uma onça (31,1 gramas). O ouro não só sempre foi dinheiro como ainda vale "mais do que dinheiro", no sentido de que tende a valorizar acima de qualquer índice de inflação. Só nos dez anos entre 2009 e 2019, o preço do grama de ouro em dólar subiu 49%, contra 17% de inflação da moeda americana.

As amostras do quanto os metais foram importantes no papel de dinheiro continuam em todo canto. Várias moedas de hoje carregam nomes que têm a ver com eles. A libra esterlina, por exemplo. Libra (*pound*, no original) é meio quilo; e esterlina, o nome de uma liga de prata com 92,5% de pureza. Uma libra esterlina, então, é literalmente "meio quilo de prata da boa".

Hoje, esse tanto de prata custa bem mais que uma libra esterlina – sai por mais ou menos R$ 150. Mas a referência ancestral continua ali. E põe ancestral nisso. Uma libra esterlina, no sentido de meio quilo de prata pura, era a multa que um cidadão de Eshunna, um reino da Mesopotâmia que existiu 4 mil anos atrás, tinha de pagar se fosse condenado por ter mordido o nariz de um semelhante. Dar um tapa na cara de alguém saía mais barato: um sexto disso – ou um *shekel*, na linguagem da época. Não por coincidência, a moeda de Israel hoje ainda se chama shekel (mais exatamente, shekel novo – cortaram três zeros em 1986).

Outra vantagem dos metais é que tudo passou a ter preços bem claros. Um documento egípcio de 1000 a.C. que registra a transação financeira para a compra de um boi ilustra isso bem. O animal valia 50 debens (4,5 quilos) de cobre. O comprador, porém, só tinha 5 debens. Então completou o resto em alimentos e vestimentas, como o pessoal fazia antes da ascensão dos metais, só que no documento esses produtos aparecem cotados em debens de cobre também: banha (30 debens), óleo (5 debens) e mais 10 debens em roupas fechavam os 45 que faltavam.[4]

Cada coisa passou a ter um valor traduzido para uma unidade monetária. Então, do mesmo jeito que temos os reais e os dólares hoje, tínhamos os debens de cobre lá, certo? Não.

A maior revolução ainda não tinha acontecido: a criação do dinheiro de mentira. Exatamente o que está na sua carteira hoje.

A MOEDINHA NÚMERO 1

É difícil saber se você está com uma embalagem de 100 gramas ou de 125 gramas de presunto na mão. Se o objeto em questão é presunto, 25 gramas a mais ou a menos não fazem grande diferença. Mas com ouro, prata ou cobre é outra história. Então, qualquer transação financeira com esses metais tem de envolver uma balança no meio. E aí surgem dois problemas. Um: não é tão simples depender da presença de uma balança sempre que você for comprar alguma coisa. Dois: fica fácil de trapacear, seja na ponta do comerciante, que pode fraudar a balança para ela dizer que o metal do cliente é menos pesado do que é; seja na ponta do consumidor, que pode chegar com metais "sujos", cheios de outros minérios que não valem nada incrustados lá no meio.

O que fazer, então? Dar um jeito de impedir os dois tipos de trapaça. E um reinado conseguiu fazer isso com uma cajadada só. Foi a Lídia, uma cidade-Estado que ficava na atual Turquia. Por volta de 600 a.C., o governo de lá resolveu acabar com a confusão fundindo metais preciosos na forma de pepitas com peso e grau de pureza predeterminados e imprimindo uma gravura em cada uma das peças, como um selo de autenticidade. Bom, pode ter sido outro o reino pioneiro, mas as moedas mais antigas que os arqueólogos encontraram até hoje são as de lá (quando você receber um troco grande em moedas, já sabe com quem reclamar). A princípio, foi ideia dos lidianos. Uma ideia que mudaria tudo.

Quando o dinheiro era comida, você podia plantá-lo ou criá-lo na forma de gado. Quando era sal, dava para filtrar o cloreto de sódio a partir da água do mar. Quando eram peças simples de ouro e prata, tinha como ir minerar para conseguir mais. Mas o ponto é que agora existia uma moeda corrente controlada pelo governo. Isso, de cara, aumenta a confiança das pessoas na hora de fazer negócios. Se você não precisa nem de uma balança, nem de nada, fica bem mais fácil comprar e vender. E, quanto mais negócios, mais rica a sua nação. Bom para todo mundo.

Só que o grande papel das moedas na economia foi outro, bem mais importante. Para entender como a moeda serviu de solução, temos de começar pelo problema que ela trouxe.

Imagine um governo que depende de ouro e prata para cunhar suas moedas. Imaginou? Então. Ele precisa minerar o ouro e a prata para fazer dinheiro. Mas, se a mina se esgota, vai um tempão até encontrar outra e extrair metal precioso de novo. Nisso, o suprimento de moedas no mercado diminui com o tempo.

Natural: isso acontecia porque nem todas as moedas ficavam para sempre no mesmo lugar. Se eles comprassem alguma coisa de fora, como o carregamento de vinho do navio de um comerciante estrangeiro, as moedas iam parar em outro país e ficavam por lá mesmo, circulando na forma de metal precioso (já que ouro é ouro em qualquer lugar).

Quando o suprimento de moedas diminui, a economia interna também míngua, já que a população, com menos dinheiro no bolso, compra menos coisas. Se as pessoas vão menos às compras, os produtores ficam com a colheita encalhada (e estragando), os tecelões fazem menos roupas... Em suma, o país fica mais pobre.

E tem mais: quem contraiu dívidas não consegue pagar nunca. Como há menos dinheiro em circulação, o devedor nunca consegue ganhar o que precisava para saldar uma dívida feita quando o dinheiro era abundante. Mas quem emprestou não quer nem saber. Vai atrás do que é dele até as últimas consequências. Daí para o caos é um pulo.

Para evitar uma desgraça, o governo vai lá, minera mais ouro e prata, cunha moedas novas e lança dinheiro virgem na economia. Não é difícil fazer isso. Basta sair comprando coisas – a produção agrícola encalhada, por exemplo. Pronto. O governo enche alguns bolsos, os favorecidos passam a gastar o dinheiro novo na praça e, quando você vai ver, a economia tomou fôlego. De uma hora para outra já começa a circular mais moeda do que antes. Isso reaquece a produção de riquezas. Os devedores conseguem juntar o dinheiro para limpar o nome na praça... Tudo volta ao normal.

Mas quem garante que sempre vai haver alguma mina de onde tirar mais ouro e prata? Ninguém. Mais hora menos hora, as minas se esgotavam. Era o fim. Ou você, governante, começava uma guerra com o país vizinho para saquear ouro dele e colocar suas contas em dia, ou esperava até ver seu povo regredir à barbárie. Mas o fato de as moedas serem cunhadas pelo governo abria perspectiva para uma terceira via. Uma sacada genial, na verdade, que os gregos de Atenas tiveram.

Vinte anos depois de os lidianos começarem a imprimir suas moedas, várias cidades-Estados do mundo grego já tinham copiado a ideia e criado seu próprio dinheiro. Só que na mais importante delas, Atenas, havia uma pedra no meio do caminho da economia. No século 6 a.C., ela vivia o auge de uma crise financeira.[5]

O problema, a princípio, não era dinheiro, mas falta de organização. Desde sempre, uma parcela dos atenienses vivia de plantar trigo e outra de produzir azeite de oliva e vinho. O solo da região, porém, nunca tinha sido bom para produzir grãos. Sempre faltava. No começo, era uma situação confortável para quem plantava trigo. Se alguma coisa é escassa, fica mais cara. Lei da oferta e da procura. Simples. Mas o problema de um começou com a sorte do outro. Os produtores de azeite e trigo estabeleceram comércio com fazendeiros do Leste Europeu (onde hoje fica a Rússia). E lá o chão era outro: em se plantando grãos, tudo dava. Como os camaradas do Leste tinham trigo à vontade, os produtores de azeite e vinho de Atenas exportavam um pouco do óleo e do cobiçado entorpecente que produziam em troca de muitos grãos – e de um ourinho extra, claro. Nisso, quem vivia de grãos ficou sem ter para quem vender. E a sociedade acabou dividida: com os plantadores de oliveiras e videiras lá em cima, ricos, e os de grãos embaixo, vivendo no cheque especial.

No cheque especial mesmo. Fazendeiro que não vende a produção acaba sem capital para plantar de novo e tentar a sorte na colheita seguinte. Então faz o quê? Pede emprestado. Para quem? Para quem tem. Ou seja, para os agora ricos e nobres fazendeiros do outro lado. Mas aí começa aquela história que todo mundo já conhece: o de cima sobe, e o de baixo... afunda.

Os nobres botaram os juros lá em cima. Cruel, mas fazia sentido. Muitos fazendeiros de trigo estavam atrás de financiamento justamente para começar a produzir azeite e vinho e vender essas maravilhas do mundo antigo (e do moderno) no mercado internacional. Se os produtores tradicionais iam financiar seus futuros concorrentes, que cobrassem caro por isso.

Só que foi mais caro do que Atenas podia suportar. As dívidas dos agricultores pobres cresceram a ponto de ficar impagáveis. Quitar débitos dando uma parte das próprias terras virou algo comum. Os de cima se aproveitaram da situação. Quem devesse demais tinha de dar as mulheres e os filhos como escravos. E foi o que aconteceu. Mas aí já era demais. Embora a escravidão fosse parte da vida no mundo grego, o comum era manter servos estrangeiros, capturados em guerras. Para um ateniense que nasceu livre, nada poderia ser mais degradante do que virar escravo.

Era uma bomba-relógio. Os nobres que governavam Atenas começaram a temer uma revolução popular. A massa de endividados, com medo de ver seus filhos fazendo trabalhos forçados para os ricos e suas mulheres nas camas deles, poderia se levantar contra o Estado e colocar um tirano no trono. Para salvar o pescoço, apontaram um aristocrata conhecido pela inteligência fora do comum para assumir o poder e tentar resolver o problema: Sólon.

A primeira medida, em 594 a.C., foi proibir a escravidão como forma de pagamento de dívidas. Ele inclusive usou dinheiro público para comprar de volta os parentes dos devedores vendidos como escravos para outras cidades-Estados. Isso acalmou os ânimos, mas a essência do problema continuava na mesa: desigualdade acentuada e dívidas. Os agricultores pobres queriam o perdão total dos débitos e uma reforma agrária – um pedaço das terras produtoras de vinho e azeite para eles. Mas tirar dos mais ricos o que de fato era propriedade deles só passaria a revolta para o outro lado, e a estabilidade do governo ateniense continuaria em perigo. Sólon, então, resolveu tratar o perrengue do ponto de vista estritamente econômico.

Em tese, ele poderia usar dinheiro do Estado para comprar a produção dos mais pobres. E eles pagariam suas dívidas com esse dinheiro. Não seria a salvação completa da lavoura, mas faria as coisas voltarem aos eixos. O problema era que o Estado não tinha esse dinheiro todo. Nem o Estado, nem as minas de prata de onde Atenas tirava a matéria-prima para a confecção de suas moedas.

Mas Sólon foi por esse caminho mesmo assim. Como? Com algo que parece malandragem, mas que foi, isso sim, uma sacada tão importante para a economia quanto a teoria da gravidade foi para a física ou a da evolução para a biologia. Pode chamar de teoria da desvalorização. Se bem que nem teoria ela teve tempo de ser, porque foi posta em prática na hora.

A essência da ideia: as pessoas acreditavam nas moedas cunhadas pelo governo justamente porque o Estado garantia que elas eram de ouro ou de prata puros, certo? Sólon desprezou isso. Se o povo confiava nas moedas cunhadas, elas não precisariam ser tão puras assim. O que o Estado dissesse que era dinheiro seria aceito como tal. Mas como colocar mais dinheiro no mercado? Usando moedas falsas.

Mais ou menos falsas, para falar a verdade. Sólon passou a misturar metais mais baratos na matéria-prima das moedas para ter como produzir mais dinheiro. Uma moeda de prata, agora, tinha só 73% do minério.[6] O resto era cobre. Se estava cunhado ali que a moeda pesava 1 óbolo (1,05 grama) de prata, ou 1 dracma (6 óbolos), tudo certo. Aquilo era uma moeda de 1 e pronto. A quantidade de prata que havia *mesmo* lá dentro não seria tão importante.

Se a população não engolisse o plano econômico de Sólon, seria o fim da moeda. E provavelmente de Atenas. Mas aconteceu o que nenhum analista econômico da época apostaria (caso existisse algum): deu certo. Sólon passou a usar os dracmas com cobre no meio das compras do governo, injetando dinheiro na economia inteira. Com mais dinheiro na praça, mais gente podia comprar coisas. Inclusive trigo. E os agricultores de grãos ganharam um motivo para produzir mais. A moeda nova também serviu para financiar novas plantações de oliveiras e videiras e para fortalecer o comércio exterior. Quem antes estava sem nada saía da lama. E finalmente podia pagar suas dívidas. Atenas seguiria mais forte e rica do que antes, e o próprio Sólon deixaria pavimentado o caminho para outra medida sua: a criação da democracia.

Tudo graças ao dinheiro falso.

Essa história parece tão sem lógica que seria difícil de acreditar à primeira vista. Mas a maior prova de que aconteceu mesmo está na sua carteira. Não tem nenhuma moeda de prata ali. Nem de cobre, nem de nada que valha alguma coisa por si só. Seu dinheiro é feito de papel sem valor e, mesmo assim, pode motivar você a trabalhar tantas horas quanto um agricultor de trigo ateniense.

A MOEDA IMAGINÁRIA QUE VOCÊ RECEBE COMO SALÁRIO

Somos iguais aos gregos do século 6 a.C. Acreditamos que o dinheiro vale o que está impresso nele. Uma nota de R$ 50 é uma nota de R$ 50 e pronto. O fato de o Banco Central, o emissor da coisa, não dar cinquenta gramas de prata nem uma saca de trigo se você aparecer com uma delas na boca do caixa não tem a menor importância. O que vale é que *alguém* vai estar interessado em vender para você a quantidade de prata ou de trigo que R$ 50 pagam. Se, por algum motivo, faltarem notas de R$ 50, e as mineradoras de prata e os produtores de trigo estiverem a ponto de perder todos os seus clientes, o governo vai injetar mais notas de R$ 50 no mercado antes que tudo regrida à barbárie.

Isso acontece o tempo todo. No fim de 1994, havia R$ 10 bilhões em notas e moedas circulando no Brasil. Era a quantidade total nas carteiras das pessoas e nos cofres dos bancos. Na virada do século, já eram R$ 22,7 bilhões. No fim de 2018, R$ 218 bilhões.

E olha só: entre 1994 e 2019, os preços subiram, em média, 450%. Quintuplicaram. O que custava R$ 100 foi para R$ 550. Parece muito, mas essa impressão some diante do fato de o suprimento de moeda ter crescido vinte vezes.

A diferença entre o crescimento da quantidade de moeda em circulação e o aumento dos preços, na prática, mostra quanto a produção do país cresceu. Os brasileiros de 2019 podiam comprar mais coisas que em 1994, mesmo com tudo custando mais caro.

Aconteceu aqui o mesmo que na Atenas de Sólon. Com mais dinheiro no mercado, a produção de bens e serviços aumentou. O dinheiro extra serviu de estímulo. Com todo mundo produzindo mais, as pessoas, pelo menos em média, passaram a comer melhor, trocar de carro mais cedo, comprar casas...

R$ 200 BILHÕES EM AÇÃO

Quantidade de dinheiro em circulação no Brasil,
na forma de cédulas e moedas, em poder das pessoas e dos bancos

FIM DE 1994	FIM DE 2018
R$ 10 bilhões	R$ 218,6 bilhões

Desde a criação do real, nosso PIB quadruplicou em dólares. Imagine que você ganhou de presente tudo o que o Brasil produziu em um ano. Tudo. Cada barril de petróleo, cada carro que saiu da fábrica, cada hambúrguer que saiu da chapa e, de quebra, cada nota que entrou nas caixas registradoras de cada papelaria, lava-rápido, barbearia e o que mais for. Em 1994, tudo isso junto dava US$ 550 bilhões. Era o nosso Produto Interno Bruto (PIB). Vinte anos depois, ele estava em US$ 2,2 trilhões. Quatro vezes mais. Haja caneta, sabão e cabelo cortado.

Ou seja, a ilusão de que o dinheiro tem valor – seja feito de prata batizada, seja de papel higiênico com uma holografia em cima – cria coisas concretas. E nunca foi tão simples usar dinheiro novo para incentivar a produção de riquezas. Se você olhar bem, vai ver que nem de papel o dinheiro de hoje é feito. O que circula mesmo pela economia são números em telas de computador. Imagens que não têm nem dinheiro de papel como lastro. Existiam R$ 218 bilhões na forma de cédulas e moedas no início de 2019, certo? Mas o total de dinheiro no país era bem maior. Se você somasse todos os depósitos em conta-corrente, poupanças, rendas fixas, CDBs... daria R$ 6,7 trilhões.[7]

Tudo tão virtual quanto uma música em mp3. São só *bits*. Mas isso não deve ser uma surpresa para você. Seu salário é o quê? Provavelmente você só vê a cara dele na forma de números no site do banco. A empresa em que você trabalha transfere os números da conta dela para a sua. Aí você pega e usa esses números para pagar o cartão de crédito e as contas do mês pela internet – ou deixa que um software faça isso por você quando deixa tudo no débito automático. Pronto. O dinheiro mal precisa se materializar – e, se fosse para isso acontecer, não haveria cédulas para todo mundo. Mesmo assim, continua sendo dinheiro. E por um motivo básico: esses *bits* são mantidos como um recurso escasso, tão escasso quanto metal precioso ou sacas de trigo.

É quase tão impossível entrar no sistema de um banco e digitar zeros a mais na sua conta quanto seria fabricar ouro ou comida a partir do nada. Como o sistema é confiável, os números virtuais são realmente difíceis de obter. Você precisa trabalhar para alguém ou abrir um negócio, igual a qualquer babilônico ou membro das primeiras sociedades agrícolas no Oriente Médio.

Isso é o suficiente para que um restaurante em Paris aceite como pagamento um naco dos números que você obteve trabalhando no Brasil, o bastante para que os *bits* do sistema bancário sejam vistos como um meio universal de troca – um meio tão bem recebido quanto as barras de cobre e as sacas de trigo já foram um dia. Se fosse fácil para qualquer um obter a quantidade de *bits* de dinheiro que quisesse, eles não seriam dinheiro. Seriam só *bits* mesmo, sem valor nenhum.

Mas e aí? Como o governo coloca dinheiro novo na praça para fazer a economia girar? Pagar por obras públicas com dinheiro novo, do mesmo jeito que na Antiguidade, pode ser uma forma. Mas isso é pouco relevante hoje, numa realidade em que a iniciativa privada gasta e emprega mais que o governo. Agora, a injeção de dinheiro tem de ser mais direta, mais na veia.

Você já acordou, entrou no site do banco e viu que tinha um depósito de R$ 5 mil do Banco Central na sua conta? Depois abriu o e-mail e viu uma mensagem dizendo: "Meu caro, essa é a sua cota do dinheiro extra que estamos usando para irrigar a economia. Gaste à vontade. E crie empregos enquanto se diverte! Assinado: Presidente do BC"? Pois é. Eu também não. Também não há

O QUE A SUA VIDA TEM A VER COM O PIB

A diferença entre um PIB crescer 5% ou 7% ao ano parece pífia. Mas não é. No caso de um aumento de 7% ao ano, o PIB duplica depois de dez anos. Num ritmo de 5%, isso demora quinze anos.

Diminuindo esse número para o ritmo moroso com que o Brasil crescia nos anos 1980, a diferença fica ainda mais clara.

Naquela época, o PIB aumentou, em média, 1,7% ao ano. Ficando para sempre nessa toada mansa, levaria quase meio século até o PIB dobrar. Faz toda a diferença para a sua vida: quando a economia dobra de tamanho, a tendência é que você se veja com um carro e uma casa que, lá atrás, custavam duas vezes o que cabia no seu bolso.

notícias de que aviões do governo sobrevoem as cidades jogando notas de R$ 50 no ar.

Mas, sim, o Estado joga notas no ar. Não literalmente, mas joga. Isso acontece quando o Banco Central força uma baixa nos juros. No capítulo 10, vamos ver qual é o mecanismo que o governo usa para fazer isso. Mas o que importa agora é o seguinte: o efeito de derrubar os juros hoje é exatamente o mesmo de colocar mais moedas na praça por meio de gastos públicos, como faziam lá atrás. Isso porque os juros são o preço do dinheiro.

A ideia de "preço do dinheiro" parece redundante num primeiro momento. E é mesmo. Apesar de pagar juros quando financia uma passagem de avião, uma TV de LED ou quando entra no cheque especial, você geralmente não paga para ter o dinheiro do pão e do leite. Só vai lá, trabalha, recebe o dinheiro e gasta. Mas o dono da empresa onde você trabalha provavelmente paga por dinheiro o tempo todo. É comum nas grandes empresas pegar emprestado a juros até para ir tocando despesas do dia a dia, como folha de pagamento.[8] Se o lucro que a companhia conseguir lá na frente for bem maior que o que ela gastou com juros, tudo certo. Valeu a pena.

Um corte de juros, então, irriga a economia com dinheiro nas duas pontas: a do consumo e a da produção. Com juros menores, o consumo cresce, e o gasto das empresas para produzir os bens de consumo diminui. Depois uma coisa alimenta a outra: quanto maior a produção, menor o preço; quanto menor o preço, maior a produção. Se tudo der certo, os lucros engordam, e os salários sobem. Aumentam os salários, o consumo cresce junto. A produção sobe para atender aos novos consumidores... E o ciclo começa de novo. As engrenagens da economia vão girando.

O efeito visível disso é que os preços diminuem ao longo do tempo. Não os preços em dinheiro. Por um mecanismo inerente ao modelo econômico que se firmou no mundo depois da Segunda Guerra, esses sobem sempre (vamos ver isso no capítulo 9). Mas o número de dias que você precisa trabalhar para comprar alguma coisa diminui – pelo menos quando a economia cresce.

Um engenheiro civil que ganhasse a média salarial da categoria em 1989 precisava trabalhar dezessete meses para comprar um Monza basicão – já um Classic, o Monza top de linha, custava 28 meses de trabalho. Alguém da mesma profissão hoje compra um Toyota Corolla com doze meses de contracheque. Isso pela média salarial dos engenheiros do país todo – os mais bem remunerados compram um carro desses com dois meses de salário ou menos.

Sem a possibilidade de irrigar um país com dinheiro novo, esse tipo de fenômeno seria impossível. O problema é saber a dose certa, porque, se chover dinheiro demais, danou-se. Mais hora menos hora, as pessoas perdem aquela crença fundamental: a de que o dinheiro vale dinheiro. Essa fé pode ser grande, mas não move montanhas.

Tanto que ela acabou muitas vezes. O fim da crença no valor do dinheiro destruiu o Império Romano, serviu de escada para Hitler, quase rebaixou o Brasil do terceiro para o quarto mundo e pode estar em gestação agora mesmo, em qualquer lugar. No próximo capítulo, o fundo do poço.

2

EM ROMA, FAÇA COMO OS BRASILEIROS

Os romanos vivem a primeira hiperinflação da história. Os alemães batem a marca de 1.000% ao mês. Os húngaros, a de 1.000.000%. Mesmo assim, só existe um Pelé no mundo da inflação: o Brasil.

A ECONOMIA É BURRA. Ou, pelo menos, mais simples do que parece. Tão simples quanto um aquário de um peixe só. Se você jogar ração de menos ali, o bichinho morre de fome; se der de mais, a ração rouba oxigênio da água, e o peixe sufoca. O dinheiro é a ração da economia. Se o governo imprimir de menos, ela morre de fome – ninguém produz mais nada, porque ninguém vai ter dinheiro para comprar mais nada. Só que, se você der de mais, ela afoga de tanta moeda. A inflação sufoca a economia.

Na Grécia Antiga, souberam manter o peixinho da economia saudável. Na hora em que a economia deu sinais de fome, eles aumentaram a quantidade de dinheiro. O Estado cortou um pouco a quantidade de prata em cada moeda para ter como produzir mais moeda. Se exagerassem na dose, o remédio seria tão ruim quanto a doença. Mas souberam segurar as pontas.

Em Roma, porém, a história foi diferente. Quando tentaram a mesma solução por lá, o peixe da economia acabou sufocado, e a consequência desse assassinato foi trágica: um período de estagnação econômica que você conhece como Idade Média.

E tudo tinha começado tão bem... Roma nasceu no século 8 a.C. como uma aldeiazinha. Em 500 a.C. já era uma república, com senado e tudo. Mas ainda não usavam moedas por lá. Barras de cobre, sacas de trigo e pepitas de sal grosso faziam o papel de dinheiro. A ideia de cunhar discos de metal só chegaria por volta de 300 a.C. Foi mais uma coisa que eles copiaram dos gregos, além do Panteão divino e da ideia de ter um governo mais ou menos democrático. Era natural: cidades bem próximas de Roma, como Nápoles e outras do sul da Península Itálica, eram gregas antes de serem anexadas pelos romanos. Então já usavam dracmas, a moeda helênica. Como ideia boa pega, não deu outra: Roma começou a cunhar seu próprio dinheiro.

Foi a melhor atitude que poderiam ter tomado. A introdução do dinheiro serviu de combustível para a expansão das fronteiras daquele que viria a se tornar o império mais importante da história. Você vai ver por quê.

A primeira moeda romana foi o "ás", um disco de bronze meio disforme feito à imagem e semelhança das moedas gregas de Nápoles. Hoje não dá para saber exatamente o que era possível comprar com 1 ás – se valesse o quanto pesava, devia ser bastante coisa: o ás era um moedão de 350 gramas.

Mas, se você leu o capítulo anterior, sabe que a graça do dinheiro é justamente *não* valer o que pesa, mas aquilo que as pessoas *acham* que ele vale. Afinal, dá para diminuir a quantidade de metal precioso que existe ali e cunhar mais moedas – o milagre da desvalorização forçada. Com mais dinheiro na praça, as pessoas se animam a produzir mais, o comércio vibra, e aí é aquela história toda.

Roma, porém, nasceu com sangue nos olhos. Sua vocação não era o comércio. Não era dar e receber. Era ir lá e pegar. Anexar territórios e, com eles, o ouro, a comida e as mulheres que o lugar produzisse. Roma vivia para a guerra.

E logo descobriu que a ideia da desvalorização era uma mão na roda para as atividades bélicas. Coisa de vinte anos depois da introdução do ás, Roma entrou na maior de suas guerras até então: a Primeira Guerra Púnica, contra Cartago, uma cidade-Estado ao norte da Tunísia de hoje, não muito longe da Sicília. Cartago era a sede de um império diferente.

Um império do avesso. Olhando no mapa, ele não tinha uma grande extensão territorial. O negócio deles era o mar. O Império Cartaginês dominava boa parte das bordas do Mediterrâneo – o Norte da África quase inteiro, o sul da Península Ibérica, as ilhas da Córsega e da Sardenha, mais um pedaço da Sicília. Isso significava um monopólio. Cartago controlava o fluxo do comércio no Mediterrâneo, algo tão interessante na época quanto ser dono de todas as linhas aéreas que passam por cima do Atlântico hoje. Bom, nem todo o Mediterrâneo era deles. No século 3 a.C., o litoral da bota italiana já estava todo dominado por Roma. Cedo ou tarde, Cartago invadiria a praia dos romanos. Ia dar briga de cachorro grande...

E deu. Em 264 a.C., começava a guerra. O palco desse primeiro clássico Roma x Cartago foi a Sicília, que marcava a fronteira entre o Império Cartaginês e a República Romana, dona da Península Itálica. O exército de Cartago desembarcou na Sicília com 50 mil homens (um Itaquerão), 6 mil cavalos (uma fila de quinze quilômetros, se você colocar um atrás do outro) e, para fechar, sessenta elefantes (uma imagem que dispensa analogias). Nota: são números de historiadores da época, que gostavam de exagerá-los para chamar a atenção – mas tudo bem, coisa pouca não era.

Tanto não era que os romanos precisaram se mobilizar de forma inédita para se defender. Foi aí que entrou o dinheiro. Mais precisamente, a desvalorização do dinheiro. Roma precisava pagar dezenas de milhares de soldados para segurar Cartago. Não só pagar como também fabricar armas e transportar comida para os homens. Para um esforço desses, a produção precisaria aumentar bastante de uma hora para outra, coisa como fazer o PIB crescer 20%, 30% em um ano, quando 5% já seria muito.

O caminho foi seguir a receita grega. Os romanos aumentaram a produção de asses a toque de caixa. Tão a toque de caixa que nem se preocuparam em adicionar metal vagabundo ao bronze para manter o mesmo tamanho de antes. Eles foram diminuindo as moedas mesmo, na cara dura.

Esse Roma x Cartago, que se tornaria um clássico dos confrontos bélicos da Antiguidade, com mais duas edições décadas depois, durou dezessete anos. Os romanos ficaram com a taça, mas o maior vilipendiado ali não foi Cartago, e sim a moeda. No fim da guerra, o ás tinha só um quinto do seu peso original.[1] Ou seja, os romanos estavam colocando cinco vezes mais moeda na praça para pagar pela guerra.

Isso foi fundamental para a vitória. Não daria para vencer um império tão maior e mais rico como Cartago sem incentivar a produção do país, da mineração de metais para as armas ao transporte de comida para os batalhões. E isso só foi possível com a cunhagem em massa de moedas. De novo, a força do dinheiro virtual, de mentira, produzia coisas reais.

Deu tão certo que Roma não parou mais de brincar de Banco Imobiliário, mesmo em tempos de paz. Se o governo precisasse de qualquer coisa, ia lá e cunhava moedas novas para pagar. Mas foi ração demais para o peixe da economia... Ele já estava começando a sufocar.

Se você tem claro na cabeça o que a inflação tem a ver com a quantidade de moedas que o Estado coloca em circulação, pode pular a próxima parte. Se não tem, fique com este interlúdio. Sem sair de Roma.

COMO A INFLAÇÃO FUNCIONA

Você é um soberano de Roma e resolve construir um aqueduto gigante, da capital até Pompeia, lá longe, para deixar seu nome gravado na história. O dinheiro do Estado não dá conta da obra, mas tudo bem, porque você sabe, por experiência própria, que é só fazer dinheiro novo para que o povo se mobilize. Aí você vai lá e manda cunhar 10 milhões de moedas – usando pouco metal e do mais barato possível, claro, porque é o que dá para fazer com pouco ouro nos cofres.

Esse dinheiro vai para bancar os blocos de mármore do aqueduto e o salário dos pedreiros. Assim que os produtores do material e os operários recebem o dinheiro novo, iniciam a construção, mas também começam a gastar o dinheiro. E isso é bom. Se as pessoas vão comprar vinho, a demanda pela bebida aumenta, e o vinicultor tem uma motivação para produzir mais bebida. Com ele plantando mais uvas e produzindo mais vinho, o PIB de Roma cresce. Ótimo. Mas e se houver mais dinheiro circulando no mercado do que a capacidade dos vinicultores de produzir mais vinho?

Eles vão leiloar as garrafas. Não num leilão propriamente dito, mas aumentando o preço. O valor de uma garrafa de vinho não é o quanto ela custou para ser produzida. É o máximo que as pessoas estão dispostas a pagar por ela. E, se muita gente estiver com muito dinheiro na mão, esse valor máximo vai subir.

Agora que o preço do vinho aumentou, e o vinicultor está faturando bem mais, o que acontece? Vamos dizer que ele resolve aproveitar o momento bom nos negócios e vai construir uma casa nova, linda, toda de mármore, e sai para comprar o material de construção.

Só tem uma coisa. Não foi apenas o vinicultor quem ganhou mais dinheiro. Foram todos os envolvidos na construção do aqueduto e todos os que venderam algo a esses sujeitos. O que não falta é gente com os bolsos mais cheios. Esse povo também pode ter a ideia de ampliar suas casas. Natural.

As pedreiras de Roma, então, vão receber mais pedidos do que podem dar conta. Diante disso, dá para atender a todo mundo sem aumentar os preços? Aí depende. Se contratarem mais gente para quebrar mais pedra, ok: mais dinheiro = mais produção. E todo mundo ganha com a equação. Mas muitos podem responder a esse aumento na demanda com algo do tipo: "Melhor eu não contratar agora, não. E se não aparecer tanto assim no mês que vem? Como é que eu vou pagar os caras?".

Com vários clientes novos e sem ter como aumentar a produção de mármore, o vendedor de material de construção vai botar o preço lá em cima, porque não é besta. E o vinicultor, a fim de construir a casa nova dele, ouvirá: "Quer mármore? Tá o dobro". É a lógica.

Mas espera um pouco. O Estado não tinha cunhado mais dinheiro para fazer um aqueduto gigante? E agora? Ainda não fizeram nem quinhentos metros de obra, e o material de construção já ficou mais caro? Lembre-se de que o mármore subiu justamente por causa das moedas novas. Mas o Estado não costuma juntar A com B nessas horas. "Que se dane. Manda cunhar mais 100 milhões de asses e pague esses ladrões", diria o governo. E tome mais dinheiro circulando. Nisso, os fornecedores de material e seus funcionários saem para comprar vinho. A remarcação de preços começa de novo... E a garrafa sobe mais ainda.

Para quem está no bonde, recebendo dinheiro novo na mão, tudo segue na mesma. O vinho ficou mais caro, mas eles também estão recebendo mais moedas. Para quem ficou de fora, porém, a situação se complica. É o caso dos trabalhadores da construção do aqueduto. O salário deles continua igual, mas agora eles têm de trabalhar mais horas para comprar a mesma quantidade de vinho.

A desigualdade social aumenta. Esse é um dos primeiros sintomas de uma economia inflacionada, mas não o pior. O mais grave é quando os comerciantes passam a aumentar os preços por medo de que... os preços aumentem. O dono da marmoraria já coloca os preços lá no alto porque tem certeza de que o vinho vai ficar mais caro de novo. O vinicultor faz a mesma coisa, porque tem certeza de que no mês que vem o material de construção vai custar mais. Se o cidadão não aumenta o preço do vinho, como é que ele termina de construir a casa nova, poxa? Começa um círculo vicioso.

Ao prever que todos os preços vão aumentar, as pessoas se sentem mais pobres. Então passam a consumir menos. Baixa o consumo, baixa a produção. Todo mundo perde. E dá para piorar mais um pouco.

O governo pode detectar essa freada da economia e tentar colocá-la de novo nos eixos, tomando a medida mais simples: jogar mais dinheiro ainda no mercado para estimular o consumo e a produção. Mas, quando o vírus da inflação já está instalado, esse remédio é inócuo. Só serve para alimentar a doença.

Os acadêmicos de hoje chamam esse cenário de "estagflação" (estagnação econômica + a dita-cuja). O conceito só foi criado nos anos 1960, pelo Nobel de Economia Milton Friedman, mas explica bem o que aconteceu lá atrás, em Roma. Nesse contexto, o da estagflação, o dinheiro deixa de criar coisas concretas. Perde sua razão de existir.

Hoje, quando nem de papel mais a moeda é feita, e sim de números registrados nos computadores do sistema bancário, exagerar na injeção de dinheiro é bem mais simples. E perigoso.

Para entender como a inflação funciona usando a realidade de hoje como base, o mais simples é imaginar um cenário de realismo fantástico: o que aconteceria se cada brasileiro acordasse amanhã com um zero a mais na poupança?

Vamos lá: quem tinha R$ 5 mil ficou com R$ 50 mil, quem tinha R$ 100 mil, se viu com R$ 1 milhão... Assim, curto e grosso. O que acontece? Bom, é provável que uma parcela gorda da população não espere nem a hora do almoço para correr até a concessionária e comprar o carro que sempre quis.

Carros novos, porém, são entidades complexas. A produção deles envolve boa parte dos setores de uma economia moderna, da mineração à educação.

Por isso mesmo, existe uma quantidade limitada de carros que podem sair das montadoras. De cara, elas não vão ter nem matéria-prima, nem máquinas, nem pessoal para aumentar a produção da noite para o dia. Dá para as empresas que fabricam carros comprarem mais chapas de aço, mais robôs soldadores e contratar mais funcionários? Dá. Mas, se todas as montadoras do país encomendarem muito mais aço do dia para a noite, as companhias que extraem minério de ferro vão ter de aumentar a produção. Só que para isso elas têm de explorar minas novas e comprar dúzias de máquinas de extração para instalar em cada uma – estamos falando de escavadeiras do tamanho de prédios de trinta andares, cuja fabricação demanda 10 mil toneladas de aço. Cada uma.

Nem é preciso dizer que leva tempo para arranjar tanto aço para escavar tanto minério para fazer tanto aço. No auge do crescimento chinês, um terço do aço que saía das siderúrgicas ia para a construção de novas siderúrgicas.[2] Haja trabalho.

Na real, aconteceria mais ou menos o seguinte: as montadoras tentam produzir mais para ver o que acontece, para não perder a maré aparentemente boa da economia. Então elas pedem mais aço para as siderúrgicas. Essas companhias vão e encomendam mais minério de ferro... Nesse ponto, o gargalo de produção começa para valer. Quem vai avisar que não dá conta é a mineradora, a base de tudo. E ela vai começar o leilão de preços. É na matéria-prima que a sirene toca primeiro, já que produzir muito mais de uma hora para outra nessa ponta do processo é impossível. Aí começa o leilão. Só quem pagar mais caro vai levar minério – as mineradoras do mundo real costumam mesmo promover reajustes de mais de 100% no preço do minério numa tacada só quando a demanda esquenta.

Bom, hoje uma alta de 100% no minério faz o aço subir automaticamente 20%. O preço do aço é 8% do valor de um carro. Fazendo as contas, o custo do possante sobe pouco mais de 1% numa situação dessas. Parece pouco. Mas um carro não é feito só de aço.

Eles também são feitos de gente. Você precisa de mais profissionais nas montadoras – e nas fábricas de baterias, nas de freios, nas de para-brisa, nas de robôs que apertam parafuso. Aí é que não dá para fazer milagre mesmo. Não de um dia para o outro. Nem de um ano para o outro. De todos os recursos da Terra, pessoas altamente especializadas são o mais escasso.

Engenheiros são o exemplo mais recorrente. Se a indústria cresce a ponto de esgotar os bons engenheiros disponíveis no mercado em alguma área (e isso acontece), formar milhares de novos profissionais leva mais tempo do que extrair um Everest de minério de ferro. E isso não vale só para profissões top. O economista Gustavo Ioschpe dá um exemplo de como a falta de mão de obra, e de cabeça de obra, pode servir como freio de mão para o crescimento.

> *Quando voltei ao Brasil, depois de anos no exterior, queria montar meu escritório rapidamente. Contratei, então, um desses serviços de secretariado virtual para me ajudar enquanto iniciava o processo de busca por uma equipe permanente. Notei que a secretária virtual não era um gênio, mas achei que quebraria o galho. Certo dia, mandei um e-mail a ela pedindo que me conseguisse a informação de contato do cônsul brasileiro em Houston (EUA). Informação encontrável na internet em poucos minutos. Passaram-se cinco minutos, cinco horas, e nada. Três dias depois, recebi um e-mail da fulana: "Sr. Gustavo, procurei na Cônsul e até na Brastemp, mas ninguém conhece esse tal de Houston". Achei que era piada. Reli. Não era.*[3]

Se não dá para tirar da cartola nem a matéria-prima, nem a educação, o que é o mais racional? Não jogar tanto dinheiro na economia de uma vez. Acrescentar um zero a mais na conta-corrente de cada cidadão é só um exemplo absurdo, mas um governo pode colocar excesso de dinheiro no mercado tomando atitudes bem mais brandas, como manter os juros do Banco Central baixos demais por tempo demais (no capítulo 10 vamos ver esse mecanismo em detalhes). O ponto é que dinheiro é como vinho: na medida certa, faz bem para o coração. Na errada, destrói o fígado. E o resultado pode ser o que acabaria acontecendo com os romanos.

O ESTADO FALSIFICA A PRÓPRIA MOEDA

Não deu outra. O excesso de dinheiro engatilhou a inflação em Roma. E mais um conflito contra Cartago estava a caminho. Era a Segunda Guerra Púnica, em 218 a.C. Foram outros dezessete anos de quebra-pau – e de muita tensão, amigo da Globo: o cartaginês Aníbal Barca, um Telê Santana da estratégia militar antiga, venceu uma série de batalhas e chegou com suas tropas quase até as portas de Roma. Dramático!

Mas isso não abalou aquela tática de guerra romana de botar a prensa de moedas para fazer hora extra. Criaram tanto dinheiro novo que o ás ficou agonizante. Acabou tão desvalorizado que perigava não aceitarem mais a pobre moeda na praça. O passo seguinte foi a população perder a confiança no ás e só usar coisas que tivessem valor intrínseco como moeda de troca – ouro, prata, sal, escravos... Mau negócio para o governo, que não tinha como tirar ouro, prata, sal ou escravos do nada para bancar a produção extra de mais uma guerra.

Então, depois de sete anos do novo conflito com Cartago, a República tomou uma providência militar: instituiu uma nova moeda, chamada "dinheiro". Ou quase isso. A moeda se chamava "denário" (de "dez", porque valia o equivalente a dez asses), mas o fato é que foi desse nome que saiu a palavra "dinheiro".

Na prática, foi como se cortassem um zero da moeda, do mesmo jeito que cortaram três zeros do cruzeiro em 1986 e passaram a chamar a moeda nova de cruzado.

Bom, não exatamente do mesmo jeito. Para que as pessoas acreditassem no valor da moeda nova, aceitando-a em qualquer tipo de transação, o governo pre-

UMA MOEDA CHAMADA DINHEIRO

Lançado em 211 a.C., o denário romano, que ficou por mais de quinhentos anos em circulação, deu origem ao equivalente à palavra "dinheiro" nas línguas latinas: *dinero* (espanhol), *denaro* (italiano)... E em algumas línguas não latinas também, como o dinar árabe, que tem a mesma raiz. *Money* não tem a ver com "denário", claro, mas a palavra também vem de Roma, do latim *moneta* ("moeda"). Por sinal, recorremos ao latim sempre que usamos a palavra "monetário". Conclusão: a Roma Antiga continua bem viva quando o assunto é dinheiro.

cisava contar com a fé da população. E o povo, àquela altura, acreditava que só uma moeda feita de metal realmente precioso valeria alguma coisa. Então o denário surgiu como um clone dos dracmas gregos, que mantiveram seu valor bem estável ao longo dos séculos: uma moeda que era 73% prata pura.

Mas a tradição de dilapidar o dinheiro para fabricar mais dinheiro venceu de novo. As moedas, dessa vez, continuaram do mesmo tamanho, mas a porcentagem de metal precioso caiu de 70% para 60%. Pior: em momentos de desespero, o governo chegou a cunhar denários de bronze, só banhados com prata. O economista José Júlio Senna, da Fundação Getulio Vargas, definiu bem o nível da falcatrua: "Era o Estado falsificando sua própria moeda".[4]

A cidade-Estado de Cartago, capital do Império rival, só cairia de vez em 146 a.C., depois de uma Terceira Guerra Púnica. *Delenda Cartago Est* (Cartago deve ser destruída) era a frase mais falada no Senado. E a cidade rival acabaria mesmo varrida do mapa. Deletada. O problema é que, enquanto destruíam Cartago, os governantes romanos faziam a mesma coisa com o dinheiro da nação. Depauperaram tanto o denário que a moeda acabou com minguados 5% de prata. O ás, que continuava em circulação, ficou tão fino que a efígie só podia ser cunhada em um lado da moeda. No outro, ficava o avesso da gravação. Na campanha para conquistar a Gália (França), em 50 a.C., Júlio César levou uma casa da moeda para ir cunhando o soldo de suas tropas à medida que avançava para o norte. Nesse ritmo, as finanças de Roma deveriam ter ido para o espaço bem antes do ano zero. Só não foram por causa daquela velha característica dos romanos: o sangue nos olhos.

Se você tem dez, vinte, cem vezes mais moeda circulando na economia, o seu PIB tem de crescer pelo menos no mesmo pique. Se não, os preços sobem. A diferença é que, em Roma, o PIB subia de um jeito diferente. Hoje um país tem de produzir mais para o PIB aumentar. Das três letras da sigla, a que cresce é a P, de Produto. Em Roma, era a I, de Interno. Ao anexar cada vez mais territórios, os romanos aumentavam seu Interno com o Produto das regiões conquistadas. Isso segurava a inflação. A República romana, que alguns anos depois da morte de Júlio César, em 44 a.C., passaria finalmente a ser chamada de Império, trazia para a capital boa parte do ouro, dos grãos, dos tecidos e da força de trabalho (na forma de escravos) de outras regiões. Desse jeito, mantinha seu crescimento econômico sem fazer força – a não ser na hora de matar os oponentes.

A densidade demográfica de Roma não chega ao dobro da de Manila, a cidade mais apertada do mundo hoje. E quase dez vezes maior que a de São Paulo.

O grande efeito disso era empobrecer as regiões conquistadas enquanto a capital engordava. Roma chegou ao auge, no começo da Era Cristã, como a metrópole em que vivia uma em cada duzentas pessoas do planeta (havia 1 milhão de habitantes na cidade, contra uma população mundial estimada em 200 milhões). Seria como se uma metrópole de hoje tivesse 35 milhões de habitantes.

Todos os caminhos realmente levavam a Roma. Tanto que a densidade demográfica na cidade foi a maior da história *até hoje*: 66 mil pessoas por quilômetro quadrado (em Manila, a cidade mais apertada do mundo, nas Filipinas, são 43 mil; em São Paulo, 7,3 mil).

Bom, Roma precisava manter o tal Interno em crescimento constante para a economia não degringolar. E conseguiu bem. Se na Primeira Guerra Púnica a nação era só a bota da Itália e olhe lá, no século 2 o Império tinha se expandido a ponto de controlar desde o norte da Inglaterra até a Turquia. A fronteira fazia a curva na Palestina, passava pelo Egito, por boa parte do resto do norte da África e chegava à Península Ibérica. Ir mais longe que isso, numa época em que qualquer viagem estava limitada à velocidade de um trote de cavalo, era basicamente impossível. Mas, para a economia, a dificuldade para conquistar mais territórios nem foi o maior entrave.

O problema mesmo estava no Palácio Imperial. Enquanto vivia seu auge em número de territórios conquistados, Roma virou uma anarquia geral. Entre 234 e 284 d.C., era só um imperador assumir o trono para algum grupo da oposição tramar o assassinato dele e colocar um de seus correligionários no lugar. O novo chefe de Estado tomava o poder só para terminar apunhalado pouco tempo depois. Imperador morto, imperador posto, imperador morto... Foram 26 soberanos diferentes em 50 anos. Uma Argentina, praticamente.

Com essa bagunça institucionalizada, o governo perdeu boa parte de sua maior fonte de renda: os impostos dos territórios conquistados. A sucessão de grupos no poder tornava impossível a tarefa de coletar o ouro dos "contribuintes" e fazê-lo chegar ao governo central. Vazava tudo pelos ralos da corrupção.

Acontece que o ouro de fora servia como uma espécie de lastro para as moedas depauperadas. Com ele, Roma podia importar qualquer coisa que não produzisse dentro de suas fronteiras. Especiarias do Oriente, por exemplo, chegavam às toneladas, vindas da Índia para os portos do Egito, de onde seguiam para a capital do Império (para saber mais sobre esse primeiro momento da globalização, veja o capítulo 4). Esses produtos iam parar no mercado interno de Roma, onde podiam ser trocados pelas moedas locais. Conclusão: se dava para comprar algo valioso como especiarias usando moedas feitas de lixo, isso significava que elas ainda valiam alguma coisa. Sem ouro, porém, nem haveria especiarias ou qualquer outra coisa importada no mercado interno. Conforme o metal amarelo se esvaía, então, o fluxo de mercadorias essenciais para Roma, como o trigo do Egito e o azeite da Grécia, decaía.

Aí não tem segredo: com muita moeda circulando e menos mercadorias para comprar, a inflação chegou de verdade.

"NÃO FUI EU!"

O preço da saca de trigo subiu duzentas vezes entre os séculos 2 e 3. Não existiam índices de inflação na época, mas alguns registros, como de que o trigo teve um aumento de 20.000%, deixam claro o tamanho do rombo. A espiral inflacionária tragava o valor do dinheiro – os preços, afinal, sempre correm na frente dos salários quando o vírus da inflação está tomando a economia. Mesmo a elite sofreu. Os altos funcionários públicos viram seu poder de compra diminuir oito vezes nesse período. Imagine, então, o andar de baixo. O que um legionário raso estava ganhando em um ano não pagava dois meses de pão.[5]

Os soldados estavam vivendo do que conseguiam tirar da terra.

O governo combateu isso com a arma de sempre: produzir cada vez mais moeda. Óbvio que isso só retroalimentava a parte podre do sistema, fazendo os preços subirem mais ainda. Mas tudo bem. Tinham em quem pôr a culpa: os comerciantes, é claro. Não eram eles que remarcavam os preços?

A mania de arranjar bodes expiatórios para a inflação, aliás, pode até ter começado em Roma. Mas não acabou ali. Como escreveu Milton Friedman:[6]

> *Nenhum governo aceita que é o responsável por uma inflação. Sempre arranjam alguma desculpa – comerciantes gananciosos, sindicatos turrões, consumidores compulsivos, árabes, a chuva. Sem dúvida que comerciantes são gananciosos, sindicatos são duros, consumidores são compulsivos, árabes aumentam o preço do petróleo e, de vez em quando, chove mesmo. Todos esses agentes têm como produzir preços altos para certos itens; mas não são capazes de fazer isso com tudo o que existe. Eles até podem causar subidas e descidas temporárias na taxa de inflação. Mas não têm como dar início a uma inflação contínua. Por um motivo simples: nenhum desses supostos culpados pela inflação tem as impressoras que produzem aquilo que a gente carrega na carteira.*

SESTÉRCIOS

O sestércio acabou mais conhecido que o denário a partir do século 20, por ser o dinheiro romano que aparece nos quadrinhos do Asterix. Mas se trata de um erro de René Goscinny e Albert Uderzo, os criadores da aldeia gaulesa que resiste a Júlio César. As histórias de Asterix acontecem em 50 a.C. Nessa época, na vida real, o sestércio já existia, mas era uma moeda de prata pouco usada. O sestércio só ganharia as ruas, e as aldeias gaulesas, a partir de 23 a.C. Foi quando o imperador Augusto usou o nome sestércio para batizar novas moedas "populares", de latão, que valiam um quarto de denário – e que eram feitas 100% de metal barato, justamente para que o Estado pudesse cunhar quantas bem entendesse.

> "Nenhum governo aceita que é o responsável por uma inflação. Sempre arranjam alguma desculpa [... Mas] nenhum desses supostos culpados pela inflação tem as impressoras que produzem aquilo que a gente carrega na carteira."
> — MILTON FRIEDMAN

Já quem tem as impressoras ganha um poder inusitado sobre a sua carteira: o de roubar o dinheiro dela sem que você perceba. A inflação funciona como um imposto invisível. Quando o Estado imprime mais moedas do que a economia pode absorver, o que ele faz é desvalorizar o dinheiro que está no seu bolso. Se você tem R$ 100 na mão, e o governo imprime uma quantidade de dinheiro 20% maior do que devia, vamos ter uma inflação de 20%. Seus R$ 100 passam a valer R$ 80. Digamos que o Estado tenha feito essa impressão extra para pagar suas próprias contas. Isso significa que os R$ 20 que você perdeu em poder de compra foram parar na mão do governo. Os economistas chamam isso de "imposto da inflação". Mas é um eufemismo. Significa que você foi roubado mesmo. Tiraram R$ 20 da sua carteira.

Claro que nem todo governo que deixa uma inflação descontrolada tomar conta do país é necessariamente ladrão. A fronteira entre uma injeção saudável de dinheiro novo e uma irresponsável é difícil de delimitar. O que existe na vida real são pessoas a favor de manter a economia sempre bem irrigada de grana para estimular a produção de bens e serviços, mesmo que haja alguma inflação como efeito colateral. Se mais dinheiro circulando significar mais carros, máquinas de lavar e iPads saindo das fábricas e mais gente empregada para consumir tudo isso e gerar mais empregos ainda, então ótimo: vamos manter as comportas de dinheiro novo abertas o tempo todo.

Os economistas chamam essa linha de pensamento de "desenvolvimentismo". Os adeptos dela preferem que o governo mantenha os juros sempre baixos – sinônimo de injetar dinheiro na economia. O time que joga do outro lado nessa história é o "monetarismo". Seus defensores colocam o combate à inflação como prioridade zero, à frente do próprio crescimento econômico. Tipo: melhor o país crescer pouco ou nada do que sofrer uma inflação crônica e tudo ir pelo ralo.

Quem está certo? Não dá para dizer. Às vezes uma equipe econômica monetarista pode fazer com que um país pronto para crescer acabe estagnado por pura falta de dinheiro em circulação. Já um governo desenvolvimentista pode tirar uma nação da pobreza se seu plano de injeção de dinheiro impulsionar a produção, como aconteceu na Grécia Antiga. Mas ele também pode perder a mão e criar uma nova Roma. No Brasil, perderam a mão. E foram ladrões também.

BRASIL, O PELÉ DA INFLAÇÃO

A tradição do Brasil é emitir dinheiro novo como se não houvesse amanhã. Começou com o real, de dom Pedro II.

Não era o real que você conhece. Nem o dom Pedro II das aulas do Ensino Fundamental. As primeiras moedas brasileiras foram cunhadas na década de 1690, depois da descoberta de ouro em Minas Gerais. O nome do dinheiro era "real", já que essa era a denominação da moeda portuguesa da época, e sua emissão teve início por ordem do rei de Portugal dom Pedro II, bisavô do avô do nosso.

A cunhagem só começou porque o ouro de Minas virou a base das moedas de Portugal, e de boa parte do resto da Europa, no século 18. Pura beleza para a Inglaterra, por sinal: eles compravam seda da Ásia com prata e vendiam os vestidos para Portugal em troca de ouro. Mais negócio da China que isso, impossível. Fluiu tanto ouro para a Inglaterra que a expressão "libra esterlina" deixou de significar "meio quilo de prata da boa" para ser traduzida numa certa quantidade de ouro – convocaram Isaac Newton em pessoa para fazer essa conversão e reformar a economia, que passaria a girar em torno do metal amarelo em vez do prateado.

Tivemos taxas de inflação de pelo menos dois dígitos em *todos* os anos entre 1953 e 1995. E em seis ocasiões entramos na casa dos quatro dígitos (1.000%).

Antes da descoberta do ouro mineiro, enfim, os portugueses tinham de trazer seus reais para o Brasil, a fim de colocá-los em circulação. Agora, com a matéria-prima do dinheiro da metrópole vindo daqui mesmo, não havia por que fazer duas viagens. Mais um ponto positivo para Portugal.

Só que, tão logo começou a fazer seu próprio dinheiro, o Brasil começou a depauperá-lo. Em 1822, quando o pai do nosso Pedro II declarou a independência, nossas moedas de ouro já tinham 80% menos ouro.

Desde sempre imprimimos mais dinheiro do que a economia poderia dar conta. "O Brasil talvez tenha o período mais longo de inflação contínua registrado em qualquer país", escreveu o americano Don Paarlberg, assessor econômico de Dwight Eisenhower, Richard Nixon e Gerald Ford. Tivemos taxas de inflação de pelo menos dois dígitos em *todos* os anos entre 1953 e 1995. Para ter uma ideia do que isso significa, saiba que os EUA só tiveram quatro anos de inflação igual ou maior que 10% nesse mesmo período. Já nós chegamos a ter seis anos com inflação de quatro dígitos (mais de 1.000% em doze meses).

O debate sobre por que, afinal, somos assim rende uma enciclopédia – vai de invencionices pseudoacadêmicas, como a "teoria da psicologia inflacionária do brasileiro", a sandices completas, como a influência do clima. A culpa já foi atribuída a uma suposta ganância intrínseca dos brasileiros, que gostam de aumentar preços quando estão do outro lado do balcão. Os problemas de logística sempre estão entre os culpados, afinal, isto aqui "é um país continental, o transporte encarece tudo". A chuva, a falta de chuva e as geadas no Sul também já pagaram o pato como os grandes responsáveis pela nossa inflação. Mas este livro fica com a versão de Milton Friedman: o responsável de fato é quem tem o poder de imprimir aquilo que você carrega na carteira.

E a tradição de quem cuida das impressoras de dinheiro no Brasil sempre foi recorrer a elas para pagar as próprias contas, colocando mais moeda em circulação do que a economia aguenta e criando inflação. Não que fosse algo primário, na linha do "emite aí 10 milhões pra gente fazer uma ponte"... Espera aí. Pensando bem, era exatamente isso que acontecia. O Banco do Brasil tinha o poder de conceder empréstimos sem que precisasse abrir seus cofres. Era só pedir ao Banco Central, o dono das impressoras, que emitisse moeda nova automaticamente e sem dizer por quê. Essa ferramenta se chamava "conta movimento" ("movimento" entre o BB e o BC). Mas pode chamar de "torneira de grana" mesmo.

Essa torneira jorrou muito nos anos 1970, para financiar megaprojetos da ditadura militar. Construíram hidrelétricas, estádios de futebol e o escambau. Depois o pessoal da construção das usinas e das arenas saiu com o dinheiro novo para comprar vinho... E aí você já sabe o fim da história: inflação generalizada. Quem pagou a conta você sabe também: a população, já que foi o dinheiro dela que perdeu valor.

Essa palhaçada de conta movimento acabou em 1986, no governo Sarney, justamente como uma tentativa de combater o aumento dos preços. Mas havia outras torneiras de dinheiro novo. Os bancos estaduais eram uma delas.

E que vazão tinha essa torneira: cada unidade da Federação tinha seu banco público – o Banespa em São Paulo, o Banerj no Rio, o Banrisul no Rio Grande do Sul... Eles foram instituídos pelo governo federal para fomentar o desenvolvimento econômico de cada região, de acordo com a necessidade de cada lugar. Se faltava uma padaria na cidade tal e um empresário pedisse empréstimo para montar uma, ele teria acesso a dinheiro mais barato, pagando menos juros do que se fosse a um banco privado. Era uma forma de o Estado reger a economia. E uma necessidade no caso dos estados menores e mais distantes, onde praticamente não existia acesso ao sistema bancário. Tudo lindo no papel. Mas a realidade sempre vem para estragar tudo.

Cada estado, como dono de seu próprio banco, não tinha pudores de pegar empréstimos dele para tocar despesas do dia a dia depois de ter gastado mais do que tinha arrecadado. Os governadores faziam isso como se estivessem tirando de um bolso para colocar em outro – mas não: o dinheiro do banco deveria servir para financiar empreendedores, não para pagar champanhe em festa no palácio do governo (para bancar o espumante existem os impostos... *rs*). E a falta de uma regulação decente foi tornando a prática endêmica.

Até que nos 1980 a coisa degringolou. "Tais empréstimos ficaram de tal forma desenfreados que muitas dessas instituições ficaram sem liquidez [dinheiro] e tiveram de recorrer ao Banco Central para auxiliá-las", escreveu o economista americano Werner Baer, um dos maiores especialistas em economia brasileira. Acontece que o Banco Central não tinha tanto dinheiro em caixa assim para prestar socorro, então o único jeito de evitar que o banco estadual quebrasse era emitir moeda e dar para ele. Esse dinheiro novo ia para a economia... Inflação. E o governo batia sua carteira sem o incômodo de ter de apontar um revólver para a sua cabeça.

Algumas carteiras acabaram protegidas, na verdade. A parcela mais rica da população tinha acesso a aplicações financeiras que recebiam moeda nova direto da fonte, caso do *overnight* (vamos ver isso no capítulo 10). Na prática, os mais ricos acabavam recebendo sua parcela do "imposto da inflação", sua cota do roubo em massa de carteiras que o Estado estava promovendo. Isso tornava a elite do país tão protegida da inflação quanto o governo. E deixava claro qual é, de fato, o mal da inflação: ela concentra a renda. O acesso às riquezas que o país produz acaba restrito aos privilegiados que têm como se proteger dela mamando ininterruptamente nas tetas gordas do Banco Central. O de cima sobe, e o de baixo desce.

Nada menos capitalista que isso. Com o de baixo descendo, o país fica sem mercado consumidor. Isso destrói o empreendedorismo: numa nação sem consumidores, não dá para abrir nem esfiharia...

Na real, a economia fica mais dependente de exportações, já que só lá fora acaba tendo mercado consumidor para valer. Como resolver isso, então? Tentando planejar uma forma de melhorar a distribuição de renda para que o mercado interno cresça? Não! O que o governo da época decidiu foi dar uma força para as exportações. E pior: de um jeito que produziu mais inflação ainda.

Se fosse o roteiro de um filme, soaria forçado. Mas essa comédia aconteceu de fato. Foi assim: naquela época, o governo mandava no câmbio. O dólar tinha um preço fixo, determinado por lei. Se o Estado dizia que 1 cruzeiro valia 1 centavo de dólar, essa era a cotação oficial: US$ 1 = Cr$ 100. E não se discutia mais isso.

Caso um empresário americano quisesse comprar uma tonelada de café brasileiro, tinha de trocar seus dólares por cruzeiros. Se a tonelada estivesse custando Cr$ 100 mil, ele precisaria de US$ 1 mil. Não que isso tenha mudado. Mas vamos continuar o exemplo.

Se, para comprar a mesma tonelada de café na Colômbia, o empresário americano precisasse só de US$ 900, o Brasil perdia um cliente. O que você faria para ter o freguês de volta se ditasse quantos cruzeiros valia US$ 1?

Provavelmente a mesma coisa que o governo fazia: daria uma mexidinha no câmbio. Mudaria a lei, estabelecendo que US$ 1 agora compraria Cr$ 112, por exemplo. Assim, o gringo conseguia comprar sua tonelada de café aqui gastando menos de US$ 900. Lindo: o país dava uma rasteira na Colômbia e conquistava o freguês de volta.

O esquema era servir bem para servir sempre. De tempos em tempos, então, o governo desvalorizava um pouco a nossa moeda em relação ao dólar para manter o país competitivo no mercado de exportações. Essa política começou nos anos 1960 e continuou firme por muito tempo. E o efeito colateral era gerar inflação. Claro: se antes o governo imprimia Cr$ 100 para dar ao exportador em troca de cada dólar dele, agora estava dando Cr$ 12 a mais. Aí esse dinheiro a mais acabava na mão do cafeicultor, que saía para tomar vinho... Inflação.

Então veio 1979. O governo Figueiredo tinha inventado novos impostos para os exportadores. Eles chiaram. E ganharam um presentão em dezembro daquele ano: um grande corte no valor do cruzeiro. Uma "maxidesvalorização", como diziam na época. Quanto mais cruzeiros os clientes de fora puderem comprar com seus dólares, mais contentes eles vão ficar. Quanto mais fregueses contentes, melhor para os exportadores. E para a balança comercial do país também. Então tascaram 30% de desvalorização. Pelos valores do nosso exemplo, era como se US$ 1 passasse a comprar Cr$ 130, em vez de Cr$ 100.

Na prática, todos os produtos brasileiros ficaram quase um terço mais baratos para os estrangeiros, e o resultado imediato foi bom. A maxidesvalorização veio em dezembro. As exportações, que tinham sido de US$ 15 bilhões em 1979, fecharam 1980 em US$ 20 bilhões.

Mas não existe desvalorização grátis. A medida ajudou a dobrar a inflação, de 55% ao ano para 110%. Mau negócio, certo? Certo. Então por que não promover outra maxidesvalorização para ver se as coisas se ajeitam? Aposto que você não faria isso, mas foi o que o governo Figueiredo fez, em dezembro de 1983, numa medida totalmente contrária à opinião pública da época. Pudera, a inflação já estava passando dos 200% ao ano. O que não precisava naquela hora era alimentá-la mais ainda. Mas não teve jeito. As exportações até cresceram de novo no ano seguinte. Só que a inflação pulou para 223%.

VELOCÍMETRO DOS PREÇOS

A ESCALADA DA INFLAÇÃO NOS ANOS 1980

1981	1982	1983	1984	1985
95%	99%	210%	223%	235%

Esse jogo de controlar ferrenhamente o câmbio, por sinal, acabou no Brasil. O Estado hoje entende que é melhor não se meter tanto nessa seara, para não correr o risco de quebrar o país por bobeira (como as maxidesvalorizações de Figueiredo fizeram). Desde 1999, o real custa tantos dólares quanto o mercado quiser que ele custe. Vale a lei da oferta e da procura: se tiver muita gente atrás de reais, seja para comprar uma tonelada de café ou de sandálias havaianas, seja para picar e fazer confete porque as notas são coloridas, a cotação da moeda nacional sobe. Ela valoriza. Se ninguém mais quiser reais, seja porque acha nosso café ruim, porque nossas sandálias soltam as tiras ou porque os confetes coloridos saíram de moda, ele vai desvalorizar. O dinheiro hoje é visto como um produto, só isso. Um produto cujo valor oscila em função da oferta e da procura, como qualquer outro.

A INCRÍVEL MOEDA QUE ENCOLHEU

A inflação, combinada com as desvalorizações forçadas, fez o dólar virar ouro ao longo da vida do cruzeiro.

1970	U$ 1 = Cr$ 4
1985	U$ 1 = Cr$ 6 mil.
E FEZ O OURO VIRAR DIAMANTE.	
1970	1 g = Cr$ 5
1985	1 g = Cr$ 63 mil

Tradução: o próprio dólar sofreu uma inflação pesada entre 1970 e 1985, então o preço do ouro em cruzeiros dá uma ideia melhor do quanto a inflação brasileira despirocou nesses quinze anos.

Isso não significa que o governo não faça nada para influenciar o câmbio. Uma medida comum é taxar os dólares que entram no país. Por exemplo, cobrar 2% de taxa dos estrangeiros que compram ações na Bolsa de Valores de São Paulo. Isso afugenta uma parcela dos investidores – e os dólares deles (para quem tem dinheiro na bolsa é um lixo). Mas, com menos dólar no mercado, o preço da moeda americana tende a subir. Dólar subindo significa real descendo. Bom para os exportadores. Se o governo entender que é hora de dar uma força para a exportação, é esse tipo de medida que ele vai tomar.

Outra maneira de fazer isso é o Banco Central usar os reais que tem no cofre (ou suas impressoras) para comprar toneladas de dólares no mercado. O efeito é o mesmo: quando os vendedores de dólar veem que tem alguém no mercado comprando de monte (nesse caso, o próprio Banco Central), eles vão subindo o preço para ver se conseguem ganhar um pouco mais. De novo: o dólar sobe de preço, o real desce, e o exportador vende mais. Mas isso é feito de forma contida, para não cutucar a onça da inflação. Esse jeito mais suave de agir sobre a economia foi uma das maiores rupturas dos governos Fernando Henrique e Lula em relação aos vícios que o Brasil tinha. Nossa menor taxa desde 1950, por sinal, foi a de 1998: 1,7%. Em 2019, data da última atualização deste livro, a expectativa era a de que o ano fechasse em plenamente aceitáveis 3,8%.

Mas a economia é sinuosa. A China, por exemplo, controla o câmbio de sua moeda de um jeito nada suave. E tem funcionado. Olha só.

A FORÇA DA MOEDA FRACA NA CHINA

Como a China é o maior exportador do mundo, o Partido Comunista faz o yuan valer o que é bom para as exportações: pouco em relação ao dólar.

O país de onde saem 65% dos calçados, 90% dos brinquedos e quase 100% dos iPhones do planeta mantém sua moeda desvalorizada artificialmente para que os produtos chineses saiam mais baratos no exterior. No início de 2019, ela estava em US$ 0,15 (contra US$ 0,27 do real, por exemplo).

"Artificialmente" por causa do seguinte: o resto do mundo precisa de yuans para pagar pelo que é feito lá. Os salários dos trabalhadores chineses que fazem todos os iPhones do mundo têm de ser pagos em moeda chinesa – então a Apple precisa de yuans o tempo todo. Ela e todo mundo que produz lá (já foi o caso da Embraer, que até 2016 teve uma fábrica na cidade de Harbin, bem ao norte do país, pertinho da fronteira com a Rússia). Como centenas de grandes empresas do mundo todo são compradoras de moeda chinesa, o "produto" yuan deveria estar razoavelmente valorizado, como aconteceu pouco tempo atrás com o real – o mundo precisa de reais para comprar a soja, o minério de ferro e o petróleo daqui, então a moeda brasileira subiu bem na primeira década do século 21. Mas a chinesa não. Lá, o governo não deixa. O que o Partido Comunista faz para manter o valor da moeda baixo é sair comprando qualquer excedente de dólares que aparece em seu mercado interno.

Tipo: um megaexportador de celulares lucra US$ 100 milhões em vendas para o exterior. Agora imagine que o vizinho de porta dele é um empresário fã de Fords Mustang que está a fim de montar uma concessionária em Pequim dedicada exclusivamente ao carrão americano. Vamos dizer que ele precise de US$ 10 milhões para começar o negócio. Se a economia internacional da China fosse formada só por esses dois caras, sobrariam US$ 90 milhões sem destino. Isso aumentaria a oferta de dólares no mercado. Aumentou a oferta, baixou o preço. Se o preço do dólar cai, significa que você vai precisar de menos yuans para comprar moeda americana. Opa, mas aí o yuan acaba valorizado – exatamente o que o governo não quer. O que ele faz, então? Vai lá e compra ele mesmo os US$ 90 milhões que estavam de bobeira ali. Sem os US$ 90 milhões extras, a oferta não aumenta. E tudo continua na mesma: o yuan não valoriza, exatamente o que o governo quer.

No mundo real, só em 2018 "sobraram" US$ 323 bilhões no mercado chinês – é quanto as exportações bateram as importações lá, o superávit comercial deles (o do Brasil, que também é um grande exportador, foi de US$ 58 bilhões, só para dar uma ideia). O que o governo chinês fez, claro, foi comprar boa parte desse excedente. Assim, o dólar não cai, e o yuan não sobe.

Essas compras que o governo faz o tempo todo deixaram o Estado chinês com a maior poupança em dólar no mundo, de longe. São US$ 3 trilhões – duas vezes e meia o PIB do Brasil. Em 2006, era metade disso. O segundo colocado nesse item, chamado "reservas internacionais", é o Japão, com US$ 1 trilhão. O Brasil tem US$ 300 bilhões. O que os países fazem com tanto dinheiro guardado? O grosso eles emprestam para os EUA! Pois é, a economia é sinuosa mesmo; vamos ver os detalhes dessa operação mais para a frente neste livro.

Agora estamos falando de inflação. E, sim, existe um efeito inflacionário nesse aspirador de dólares chinês. Comprando moeda americana dentro da China no volume que eles compram, a economia acaba lotada de yuans – boa parte de yuans novos, saídos direto das impressoras de dinheiro.

Claro que isso pressiona a inflação. Mas não é que ela se manteve sob controle? O país segurou a bronca do aumento da quantidade de moeda produzindo loucamente no mercado interno, ou seja, fazendo com que os yuans novos tivessem como ser usados para comprar coisas novas. Enquanto o Império Romano crescia para os lados, anexando territórios e levando para a capital produtos que podiam ser comprados com denários e sestércios, a China cresce para cima, levantando prédios que podem ser comprados com yuans.

Só Xangai levantou 6.700 prédios de mais de dez andares entre 1990 e 2005. Nova York inteira tem 6 mil. Das vinte cidades do mundo com mais prédios de mais de quarenta andares, nove estão na China. E claro que não é só prédio que sobe ali. Até 2009, nos anos de crescimento mais acelerados, a China inaugurava duas usinas termelétricas *por semana*. Xangai, que até 1995 não tinha metrô, hoje tem o maior do mundo, com 413 estações e 676 quilômetros de linhas – contra os 408 quilômetros de Londres, os 368 quilômetros de Nova York e os 78 quilômetros de São Paulo.

Os dólares para fazer tudo isso vêm dos yuans que a China vende para as Apples da vida. Eles servem para comprar a matéria-prima dessa expansão toda – em 2017, 61% de todo o minério de ferro que o Brasil exportou desembarcou nas siderúrgicas chinesas para virar aço lá (a China consome duas vezes mais aço que , Europa e Japão juntos). Quando os bilhões de dólares da China aportam aqui, o preço da moeda americana cai. Dólar em queda significa real em alta. Na China, deveria acontecer a mesma coisa entre o dólar e o yuan, já que os chineses exportam muito mais do que a gente, recebendo muito mais dólares.

Isso não acontece porque, como já dissemos aqui, o governo imprime yuans novos sem parar. E como eles seguram a inflação? Produzindo num ritmo igualmente frenético, e usando a força da lei para bombar toda a cadeia produtiva. O governo obrigou, por exemplo, que 70% dos equipamentos usados nos trens novos do metrô, das poltronas à iluminação, sejam feitos na China.[7] Isso mantém a produção interna em alta. Ela absorve os yuans novos que chovem na economia. E a inflação fica relativamente sob controle.

Sempre há o perigo de a coisa descarrilar, lógico. Existe um limite para a quantidade de prédios, trens e usinas que a China pode continuar produzindo, pelo menos na velocidade com que faz hoje. E aí a inflação pode se instalar e corroer tudo. Qual é esse limite? Pelo menos até 2019, ninguém sabia.

A MAIOR INFLAÇÃO DO MUNDO

Aconteça o que acontecer com a China, dificilmente será parecido com o que ocorreu na Alemanha dos anos 1920. Se a inflação de Roma foi a primeira bem documentada da história, e a do Brasil, a mais longa, nenhum caso é tão simbólico quanto o dos alemães.

Foi a primeira hiperinflação astronômica – coisa que nem o Brasil teve. Entre 1914, quando a escalada inflacionária começou, e no auge dela, em 1923, os preços subiram 143 *trilhões* por cento. Seria como se uma cesta básica no Brasil que custasse R$ 400 em 2019 chegasse a R$ 971 trilhões em 2028. Para ter uma ideia do que esse valor representa, tenha em mente que o PIB do planeta, a soma de tudo o que cada uma das 224 nações da Terra produz por ano, dá mais ou menos R$ 300 trilhões.

Claro que os salários subiam também. E óbvio que não adiantava nada. No círculo vicioso da inflação, os preços sempre sobem antes dos salários (numa economia saudável, acontece o oposto). Adolf Hitler, que tinha 34 anos em 1923 e ainda era só um agitador de extrema direita, discursava contra o absurdo de a Alemanha ter "bilionários miseráveis". Para o filho do seu Alois Hitler e da dona Klara Pölzl, a culpa era dos comunistas, dos judeus, dos capitalistas, dos judeus, da frouxidão do governo com os judeus. E dos judeus também.

Mas o problema estava no lugar de sempre: na cabeça de quem imprime aquilo que a gente tem na carteira. No caso, os responsáveis pelo Reichsbank, o Banco Central da Alemanha. O país tinha entrado na Primeira Guerra Mundial e precisava de mais dinheiro circulando para manter a economia viva, já que toda nação beligerante precisa aumentar sua produção durante um conflito. O governo, via Reichsbank, injetou grana na praça, concedendo empréstimos a rodo, a juros baixíssimos, de 5% ao ano. Conseguir o dinheiro não era problema para o Banco Central. Era só ligar as impressoras de papel-moeda e mandar ver.

No começo deu certo. O Reichsbank inundou a economia alemã de dinheiro novo, mas a produção respondeu à altura. Ou seja, o governo imprimia papel-moeda para comprar aço a fim de fabricar armas, por exemplo, e as siderúrgicas alemãs produziram quase tanto aço a mais quanto a quantidade de dinheiro extra que foi impressa. Assim deu para segurar as pontas. O resultado foi uma inflação relativamente baixa ao longo da Primeira Guerra, uma média de 14% ao ano entre 1914 e 1918. Na prática, os preços dobraram entre o começo e o fim da guerra. Era do jogo. O problema foi depois.

Quando o conflito acabou, com a Alemanha derrotada, a capacidade de produção do país foi parar na UTI. Os germânicos tinham perdido 10% da população, 15% do território e todas as suas colônias na África e na Ásia. A extração de carvão caiu 30%, e a de minério de ferro, 75%. Para piorar, os Aliados exigiram 100 mil toneladas de ouro a título de reparação pelos danos da guerra – uma soma que hoje estaria na casa dos trilhões de dólares. Por mais que eles parcelassem, seria dureza – economistas respeitados da época, como o inglês John Maynard Keynes, achavam o valor completamente impagável, mas a imposição foi feita mesmo assim.

Com a economia asfixiada, o Reichsbank decidiu bombear oxigênio na forma de dinheiro. Continuou com sua política de emprestar a 5% ao ano. Aí voltou aquela equação do mal: pouca produção + muita moeda = inflação fora do controle.

Em 1921, tudo estava dez vezes mais caro do que no fim da Primeira Guerra, três anos antes. E os salários, que sempre ficam para trás nessas horas, tinham subido nove vezes. O dinheiro comprava 10% menos que antes. Esse foi o primeiro degrau.

Meses depois, veio o segundo: tudo o que custava 100 dinheiros em 1921 valia 2 mil dinheiros em 1922 – 1.900% de inflação numa paulada só. Desnecessário dizer que a renda da população não acompanhou a subida. De um ano para outro, o poder de compra caiu pela metade. Mas os preços mal tinham começado a aumentar.

Entre a virada do ano e junho de 1923, a inflação foi de quase 1.000% ao mês. O poder de compra começava a se aproximar de zero. Uma piada da época tirava sarro da situação: "Um cara levou um carrinho de mão cheio de dinheiro para comprar pão. Aí chegou um ladrão, jogou o dinheiro fora e fugiu com o carrinho de mão!".

Os sindicatos exigiram que os salários dos trabalhadores fossem corrigidos pela inflação, para acabar com as perdas. Conseguiram. Mas foi aí que as coisas degringolaram de vez.

A correção monetária retroalimentou os aumentos de preços. Todo mundo sabia que todo mundo teria mais dinheiro no fim do mês, então todo mundo tentava aumentar os preços antes de todo mundo. E todo mundo se dava mal.

No fim de 1923, um pãozinho de 50 gramas saía por 21 bilhões de marcos; uma passagem de bonde, 150 bilhões; um jornal, 200 bilhões. As impressoras do Reichsbank trabalhavam 24 horas por dia para atender à demanda por dinheiro. Mas não davam conta.

Passaram a fazer notas de bilhões de marcos, de centenas de bilhões e até a de 100 mil bilhões. Não adiantou. Então começaram a alugar impressoras particulares, de donos de jornais, por exemplo, para imprimir mais dinheiro. E nem assim dava.

No dia 25 de outubro de 1923, por exemplo, o Reichsbank produziu 120 mil trilhões de marcos em papel-moeda. Mas a demanda do sistema financeiro tinha sido de 1 milhão de trilhões de marcos. O Reichsbank pediu desculpas e prometeu aumentar a tiragem de dinheiro o mais rápido possível.

Insano. Mas, perto da inflação que atacaria a Hungria mais de vinte anos depois, essa da Alemanha foi café pequeno.

A MAIOR INFLAÇÃO DO UNIVERSO

A economia húngara saiu de pernas e braços quebrados da Segunda Guerra. Botaram as impressoras de dinheiro para trabalhar para ver se dava um alívio. E os preços começaram a subir. Alguma coisa que custasse 100 pengos (a moeda local) em julho de 1945 virou o ano a 41.500 pengos.

O governo até agiu rápido para salvar o poder de compra da população. No comecinho de 1946 instituiu uma correção monetária automática, direto na veia da economia. Se você tivesse 100 pengos no banco, e os preços dobrassem de um dia para o outro, podia sacar 200 pengos que o governo garantia as notas novas. Não poderiam ter feito pior.

A Hungria é um país conhecido pela engenhosidade. "Um húngaro é um sujeito que entra atrás de você na porta giratória e sai na sua frente", diz uma piada antiga do Leste Europeu.[8] Talvez não seja à toa que eles tenham inventado o cubo mágico. Mas a correção monetária instantânea certamente não estava à altura da fama de inteligente daquele povo. O sistema jogou gasolina no fogo do aumento de preços.

Para tentar entender o tamanho da inflação que acometeu a Hungria naqueles meses, pense no tamanho do Universo. A estrela mais próxima da Terra está a quatro anos-luz. Um ano-luz dá 9,4 trilhões de quilômetros. Longe. As galáxias mais distantes ficam a 13,7 bi-

A inflação na Hungria em 1946 foi de 400 *bilhões de trilhões* por cento.

lhões de anos-luz. Aí, sim, longe mesmo: são 128 *bilhões de trilhões* de quilômetros. É o raio do Universo conhecido. O raio de *tudo o que sabemos que existe no Cosmos.*

A inflação na Hungria em 1946 foi de 400 *bilhões de trilhões* por cento. Um número comparável à grandeza do Cosmos em quilômetros, ainda que razoavelmente maior.

E olha que tudo isso aconteceu em menos de um ano. Foi só de janeiro a julho – desde o início da correção monetária na veia até o pico da inflação. E há números maiores ainda. O dólar, por exemplo, tinha começado aquele ano valendo 1 milhão de pengos. Já era mil vezes o valor de seis meses antes. Aí chegou julho, e a moeda americana estava cotada a 4.600.000.000.000.000.000.000.000.000.000 de pengos – 4,6 milhões de trilhões de trilhões.

O tamanho do Universo. Só que agora em décimos de milímetro. Claro que foi a maior inflação de todos os tempos. Provavelmente, no Universo inteiro. O engraçado é que não foi o fim do mundo.

A economia húngara se recuperou durante a inflação. Quando o processo começou, no fim da Segunda Guerra, só metade das ferrovias do país estava funcionando. Em 1946, 90%. A produção de carvão subiu 60% em comparação com o que eles extraíam antes da Guerra, e a de minério de ferro, 75%.[9] Os húngaros são engenhosos mesmo: o tamanho dos números não travou a economia no país do cubo mágico.

Na Alemanha da hiperinflação não foi tão diferente. Nos primeiros anos de inflação mais alta, a taxa de desemprego não passou de 3%. Só no auge, em 1923, ela ficaria preocupante, mas não alarmante, chegando a 10%. No dia 2 de outubro daquele ano, o marco estava cotado a 1,5 bilhão por libra. No dia 9, a moeda britânica comprava 5,7 bilhões de marcos. A inflação saía do trote e entrava no galope. E aceleraria bem mais até o fim do ano, como você viu aqui. Mesmo assim, ladrões de carrinhos de mão à parte, vários setores da economia resistiram bem.

A indústria automobilística, maior símbolo da economia alemã tanto lá atrás como agora, organizou mais uma edição do Salão do Automóvel de Berlim em 1923, com a Mercedes e a Audi expondo seus modelos novos. O poder de compra dos alemães tinha caído para 20% do que era antes da Primeira Guerra. Para os empresários que exportavam, porém, estava tudo certo. No mesmo ano do auge da inflação, a Mercedes disputou pela primeira vez as 500 Milhas de Indianápolis (justamente para fazer publicidade nos EUA, e exportar mais). Quanto pior a moeda local, melhor para quem está no mercado internacional. É aquela lógica do câmbio que a gente acabou de ver. A inflação faz o valor das moedas estrangeiras subir com mais velocidade que os preços internos. Numa economia inflacionada, afinal, a mera posse de moeda estrangeira costuma ser o melhor investimento. A procura por elas aumenta, então a cotação sobe mais ainda.

Um exemplo claro: entre outubro e novembro de 1923, a média dos preços na Alemanha aumentou 103 vezes. Dez mil por cento. No mesmo mês, o dólar aumentou 170 vezes. 16,9 mil por cento. Uma nota de US$ 1 pulou de 25 bilhões de marcos para 4,2 trilhões. É aí que a porca torce o rabo: do ponto de vista de quem vivia nos Estados Unidos (ou em qualquer outro país com moeda forte), os preços na Alemanha não estavam subindo. Não. Estavam era despencando.

Só essa desvalorização em relação ao dólar que você viu aqui significava que o preço de qualquer produto alemão, do carvão aos Audis e Mercedes da época, tinha caído quase pela metade em um mês. Aí não tem erro: os estrangeiros vêm comprar mesmo, e os exportadores se dão muito, muito bem.

Mas quem não pegou essa bocada não estava nada contente. Entre esses excluídos estavam os 3 mil membros do Partido Nacional-Socialista, também conhecido pela abreviação de Nationalsozialist: Nazi.

UMA CRIA DA INFLAÇÃO: HITLER

Em novembro de 1923, a gangue dos nazistas invadiu uma choperia em Munique. Havia membros do governo reunidos ali. Os nazistas entraram, colocaram seus revólveres na cara deles, e Hitler subiu na mesa para avisar que estava tomando posse do lugar. Não da cervejaria, mas da Alemanha inteira.

O evento passaria para a história como o Putsch da Cervejaria, o golpe de Estado do chope. Hitler sairia do bar em marcha pelas ruas de Munique como o novo chefe de Estado alemão. E quem não gostasse da ideia que lidasse com seus cupinchas armados.

Mas não foi daquela vez. A polícia de Munique lidou com os tais sujeitos armados – matou dezesseis deles – e prendeu Hitler. O problema é que a prisão do líder fortaleceria o partido. Meses depois, os nazistas conseguiriam 32 cadeiras no Parlamento alemão (6% do total), amealhando 2 milhões de votos. Era o primeiro passo para o que aconteceria dez anos depois: a tomada de verdade do poder.

Só que o fato de a polícia ter reagido rápido à tentativa de golpe deixava claro que, nada nada, a Alemanha não estava vivendo uma anarquia. Prova disso, inclusive, é que o governo conseguiu frear a espiral inflacionária logo na primeira medida.

Criaram uma moeda nova, o rentenmark, que valia 1 trilhão de marcos a unidade. As notas e as moedas voltaram a ser impressas em valores terráqueos – 1, 5, 10, 50 – e, talvez o mais essencial para o sucesso da reforma, traziam a frase "valor constante", para remeter à ideia de que não, o governo não deixaria o dinheiro virar lixo de novo. Não sairia imprimindo notas feito louco para pagar suas contas ou emprestar quase de graça. Ainda viria a Segunda Guerra, o Holocausto, a destruição de Berlim, o país dividido em dois... Mesmo assim, a Alemanha nunca deixou a austeridade monetária de lado. E hoje são eles que garantem o valor do euro. É como se o rentenmark (que voltaria a se chamar só marco em agosto de 1924) tivesse se fortalecido a ponto de virar a moeda comum da Europa continental. O grande lastro dela, no fim das contas, foi e continua sendo a capacidade de produção da Alemanha, que nunca perdeu os músculos.

Na Hungria, terminar com a inflação foi até mais fácil. A coisa chegou a um grau tão maluco, com tanta rapidez, que só restava mesmo dar risada e recomeçar tudo do zero – até porque o PIB do país já estava crescendo mesmo. Lá também criaram um dinheiro novo, o forint. Era o nome da moeda de ouro que a Hungria usava no século 14, inspirada nos florins cunhados em Florença – a moeda mais forte do fim da Idade Média.

E nenhuma moeda jamais seria tão forte quanto esse novo forint; pelo menos numericamente falando. Ele nasceu em 31 de julho de 1946 valendo 420 mil trilhões de trilhões de pengos. Em dólar, isso dava 11 centavos.

O engraçado é que nem havia 420 mil trilhões de trilhões em circulação. Os registros da época mostram que o total de pengos na economia húngara era de 173 mil trilhões. Ou seja, todo o dinheiro em circulação equivalia a *menos de 1 centavo* da moeda nova. Bem menos. Não faz sentido, certo? Errado. Você tem de pensar dentro da lógica da inflação mais astronômica do Universo. Se não tivesse adotado o forint no dia 31 de julho, o governo húngaro precisaria imprimir mais zilhões de pengos para os clientes que fossem sacar no dia 1º de agosto.

Na verdade, o primeiro sujeito que chegasse a um banco para sacar o salário sairia da agência com notas cujo valor seria bestilhões de vezes maior que a *soma de todo o papel-moeda existente no país naquela manhã*. E no dia seguinte seria a mesma coisa...

No fim das contas, tudo o que começou julho custando 1 pengo terminou o mês valendo 400 trilhões de pengos. Só note que nada começou julho custando 1 pengo – qualquer caixa de fósforos ou cigarro solto já estava na faixa das centenas de bilhões. Dar nomes a esses valores começa a ser um desafio à língua (teste rápido: o que vem depois de octilhão? Bom, seria "enealhão", mas "nonalhão" também pode – ninguém fala mesmo).

Naquele mês derradeiro de ultrainflação, era como se os preços aumentassem mil vezes por semana. Claro que não tinha ninguém remarcando etiquetas nesse ritmo. É só uma média. O fato é que os comerciantes aumentavam os preços todo dia, e o hábito era fazer isso colocando zeros a mais à direita. Muitos zeros.

Mas passou. Não que o forint tenha virado um marco alemão. Se em 31 de julho de 1946 ele começou a vida valendo aqueles US$ 0,11, hoje, na segunda década do século 21, você precisa de 20 forints para comprar os mesmos US$ 0,11. Mas vamos dar um desconto: comparado ao que aconteceu com nossa moeda desde 1946 até os anos 1990, eles estão de parabéns. E valeu também por outras invenções bacanas além do cubo mágico, como a caneta esferográfica, a holografia e os microcarros – que inspirariam a criação do Mini Cooper na Inglaterra e do Fiat 500 na Itália. Falando em Itália, hora de voltar para Roma. E de caminhar entre dois universos paralelos.

3

TODOS OS FOGOS O FOGO*

Duas realidades paralelas se encontram: o congelamento de preços de Sarney, em 1986, e o do imperador Diocleciano, quase 2 mil anos antes. Duas realidades que desembocam no mesmo fim: uma economia em chamas.

* "Todos os fogos o fogo" é um conto do argentino Julio Cortázar. Há duas histórias paralelas ali: uma acontece no Império Romano, outra no século 20. Ambas parecidas e com o mesmo desfecho. É exatamente o que se passa neste capítulo.

A SORTE ESTAVA LANÇADA. Na Roma do século 4, o ralo da inflação tragava a economia. Agora os preços subiam por inércia. "Já que todo mundo está aumentando, tenho de aumentar também", pensava cada comerciante. E aí todo mundo aumentava por medo de que todo mundo aumentasse.

A solução? "Proibir os aumentos", propôs alguém do governo. De fato, parecia o mais lógico. E foi o que aconteceu. Começava um congelamento de preços.

No Brasil de Sarney, a inflação tragava a economia. Agora os preços subiam por inércia. "Já que todo mundo está aumentando, tenho de aumentar também", pensava cada comerciante. E aí todo mundo aumentava por medo de que todo mundo aumentasse.

A solução? "Proibir os aumentos", propôs alguém do governo. De fato, parecia o mais lógico. E foi o que aconteceu. Começava um congelamento de preços.

Em Roma, o primeiro passo foi criar uma tabela de preços máximos, que seria gravada em pedra nos centros comerciais das grandes cidades do império. Ninguém mais poderia aumentar os preços dos produtos listados ali. O governo apresentou essa tabela num edital, um discurso elaborado pelo imperador Diocleciano em 301 d.C. para ser lido em praça pública. Um edital que, de quebra, revela muito sobre a natureza dos discursos políticos: é uma das peças mais demagógicas que sobreviveram para contar a história.

Começava, como de costume na época, com o imperador apresentando suas credenciais de chefe supremo da galáxia, todas anexadas ao seu nome:

> *O imperador César Caio Aurélio Valério Diocleciano Prio Felix Invicto Augusto Pontífice Máximo Germânico Samártico Pérsico Britânico Cárpico Armênico Médico Adiebênico, 18º Tribunício Potestado, 7º Cônsul, 18º Imperador, Pater Pátrias Procônsul, anuncia: Conforme nos lembramos das guerras que lutamos com sucesso, devemos ser gratos à boa fortuna do nosso Estado, que fica atrás apenas da dos deuses imortais. Somos gratos por um mundo tranquilo, que descansa nos braços da mais profunda calma, e pela bênção de uma paz conquistada com grande esforço [...]. E por conta disso devemos proteger a paz que estabelecemos com a defesa da justiça.*[1]

Depois da lenga-lenga toda, o Odorico Paraguaçu aqui apontava os "verdadeiros culpados" pelos aumentos de preços:

> *Se os excessos perpetrados por pessoas infinitamente gananciosas tivessem algum freio, se essa avareza de correr atrás do lucro sem pensar na humanidade tivesse algum freio, a situação poderia ser enfrentada em silêncio. Mas o desejo desses loucos descontrolados vai contra a necessidade pública [...].*

Os "loucos descontrolados" eram os comerciantes, já que eram eles que aumentavam os preços. Os culpados pela inflação eram o próprio imperador e seus antecessores, claro, pois quem cunhava as moedas novas eram eles; mas isso Diocleciano não assumiria. Após eleger seus vilões, enfim, apresentou o que interessava, sua tabela de preços máximos: "Seria um prazer que os preços listados nesta tabela fossem observados em todo o império", disse no edital.

Estava tudo congelado. A tabela estabelecia preços máximos para 900 mercadorias e 130 serviços (pedreiro, professor, carregador de água, advogado...). Para quem não concordasse, era pena de morte. Também sobrou para quem ostentasse riqueza. Se você usasse roupas de seda púrpura (o tecido mais caro, importado das profundezas do Oriente), seria decapitado, a não ser que conseguisse uma autorização pessoal do imperador para vestir o mais diferenciado, digamos assim, dos tecidos. E põe diferenciado nisso: uma roupa de seda púrpura custava 150 mil denários. Com esse dinheiro, dava para comprar 3.750 ânforas de 500 ml de azeite virgem (40 denários cada uma, pela tabela). Atualizando o preço para o de uma garrafa de azeite extravirgem do bom de 2019 (R$ 60), dá para estabelecer uma taxa de câmbio improvisada de R$ 1,50 para cada denário. A roupa de seda púrpura, então, saía pelo equivalente a R$ 225 mil – na faixa de uma bolsa Louis Vuitton de couro de crocodilo ou de um vestido de altíssima-costura em 2019. A segunda roupa mais cara, a de seda branca (12 mil denários), custava R$ 18 mil – um terno Armani de hoje. Conclusão: a distância entre os ricos e os absurdamente ricos era mais ou menos a mesma de hoje, mesmo num tempo em que a variedade de produtos disponíveis para o consumo era pífia. Fazer qualquer esforço para mostrar que está acima da patuleia, afinal, é algo que nunca saiu de moda.

A segunda roupa mais cara, a de seda branca (12 mil denários), custava R$ 18 mil – um terno Armani de hoje. Conclusão: a distância entre os ricos e os absurdamente ricos era mais ou menos a mesma de hoje

Outra coisa que nunca saiu de moda foi o poder da demagogia. A ira de Diocleciano convenceu a massa. A população gostou da ideia de proibir os aumentos de preços na marra e se prontificou a fazer valer a lei. No Brasil foi igual.

Em 28 de fevereiro de 1986, o presidente Sarney leu seu edital num pronunciamento de TV:

Eu, Presidente José Ribamar Sarney de Araújo Costa, Imortal Acadêmico Maranhense Amapaense Udenista Arenista Pedessista Pefelense Peemedebista Máximo Senador, 48º Governador, 31º Chefe de Estado, Pater Roseana Probrastemp anuncio...

Brincadeira, claro. Não foi *tão* parecido com o edital de Diocleciano, mas o que vinha depois saiu da mesma cartilha. Sarney anunciou o congelamento e sua tabela de preços máximos, que não sairia gravada em pedra, mas viria encartada em todos os jornais do país. O estabelecimento que cobrasse mais do que o valor tabelado seria fechado pela polícia.

Na TV, Sarney classificou a inflação como "inimigo número um do povo brasileiro" e disse que combatê-la seria "uma guerra". Uma guerra contra os bodes expiatórios de sempre: o comércio, que era quem ia lá colocar a etiqueta de remarcação de preço – geralmente *depois* de o governo ter imprimido dinheiro demais, como sempre. Como Diocleciano, Sarney precisava de um Judas para malhar.

Colocar a culpa toda nos comerciantes é, sim, se eximir da responsabilidade. Mas também é fato que, quando a cultura de aumentar preços por precaução se espalha, não dá para o Estado ficar de braços cruzados. Senão é a própria inflação que vai causar inflação. Ou seja, o governo acaba obrigado a imprimir mais moeda para as pessoas terem como ir ao supermercado. O nome disso todo brasileiro com mais de quarenta anos conhece bem: correção monetária. Injetava-se dinheiro novo direto nos salários para que o poder de compra não caísse a zero (e a economia, a abaixo de zero).

Sarney finalmente decretou o fim da correção monetária e daquela conta movimento que permitia ao Banco do Brasil emitir moeda por fora da contabilidade do Banco Central. Duas medidas fundamentais. Ponto para ele.

Para fechar, Sarney cortou três zeros do cruzeiro e mudou o nome da moeda para cruzado (era a moeda que Portugal usava na época do descobrimento; a primeira unidade monetária que circulou por estas terras onde, em se plantando, tudo dá). Não era a primeira vez que faziam isso. Em 1942, a moeda da época também tinha perdido três zeros, e fora rebatizada como cruzeiro. O nome antigo era real (veja no boxe). Em 1967, foi a vez de o cruzeiro perder três zeros, mudar de nome brevemente para cruzeiro novo e depois voltar a ser só cruzeiro mesmo. O ponto é que o corte de zeros fez com que as pessoas acreditassem que o dinheiro tinha ficado mais forte. Legal. Como o valor do dinheiro, de qualquer dinheiro, é questão de fé, a crença de que a moeda está firme já é 90% do caminho andado.

E o mais importante: a confiança de que o governo estava fazendo a coisa certa era geral. Não tinha quem entrasse num supermercado sem sua tabela de preços máximos – a tabela da Sunab, sigla da Superintendência Nacional do Abastecimento, o braço do governo que elaborou a lista.

A Sunab também era a encarregada oficial de fiscalizar os estabelecimentos e ver se alguém estava cobrando mais caro que a tabela. Mas o órgão tinha só 65 funcionários para fazer esse trabalho. A população teria de assumir ela própria o papel de fiscal. Se as pessoas se omitissem, o congelamento derreteria. Se fossem para a guerra contra os aumentos, talvez desse certo. "Tem que dar certo", disse Sarney.

E os brasileiros foram para a guerra. Pessoas comuns começaram a acionar a polícia para fechar supermercados e açougues infratores. E conseguiram. Várias dessas mobilizações apareciam na TV à noite. Cada vez mais gente se sentia encorajada a tomar a mesma atitude. Muitos ameaçavam bater no gerente do supermercado se os preços ali estivessem acima da lei. Alguns bateram mesmo.

O REAL DOS ANOS 1940 E OS CONTOS DE RÉIS

O real foi a moeda do Brasil até 1942, quando perdeu três zeros e mudou de nome para cruzeiro. Havia perdido tanto valor em seus últimos anos que a quantia de "mil reais" passou a ser a unidade básica da economia. Ninguém mais dava troco abaixo disso. "Mil reais" já tinha virado "mil-réis" na boca do povo. E ficou a ilusão de que o nome do dinheiro era "réis" mesmo. Por sinal, o hábito de chamar mil unidades monetárias de "um conto" vem daí também. "Um conto" significa "um milhão". Era como as pessoas se referiam a 1 milhão de dinheiros – um conto de réis. Como mil era a unidade básica, qualquer bem saía por mais de 1 milhão. E todo mundo falava em contos de réis o tempo todo. Por algum motivo, a expressão sobreviveu à morte dos réis e de todas as moedas que já passaram pela economia. E hoje uma TV custa 2 contos, um carro, 30 contos...

FISCAIS DO DIOCLECIANO

Aqui estão alguns itens da tabela de preços original imposta por Dioclesiano (valores em denários).

BEBIDAS – PREÇOS POR SEXTÁRIO (546 ML, POUCO MAIS QUE UM PINT)	
Cerveja britânica ou germânica	4
Cerveja egípcia	2
Vinho regional nobre	30
Vinho envelhecido	24
Vinho de segunda classe	16
SAPATOS	
Sandália de couro feminina	50
Bota feminina	60
Bota de trabalho	120
Sapato tipo soldado	75
Sapato tipo senador	100
Sapato tipo nobre	150
ROUPAS	
Túnica militar de inverno	75
Capa africana	500
Veste de seda branca	12.000
Veste de seda púrpura	150.000*
CARNES E PEIXES – PREÇOS POR LIBRA (326 G)	
Peixe de água doce	12
Peixe de água doce de segunda classe	8
Peixe de água salgada	25
Peixe de água salgada de segunda classe	16
Frango	60

SERVIÇOS	
Barbeiro (por corte)	2
Carregador de água (por dia)	25
Escriba (cada cem linhas)	25
Escriba com escrita de segunda classe	20
Professor de grego, literatura ou geometria (por dia)	200
Advogado (para abrir um caso)	250
Advogado (para pedir um recurso)	1.000
* *Uso permitido somente com a autorização do imperador, sob pena de morte.*	

Era um clima de revolução. Multidões de mãos dadas cantando o Hino Nacional enquanto a polícia baixava as portas de ferro de estabelecimentos infratores. Cid Moreira anunciava que "os fiscais do Sarney" (as pessoas comuns que se mobilizavam para fechar supermercados infratores) estavam fazendo história na "guerra contra a remarcação de preços". E o país se unia contra os vilões da nação: os comerciantes. *Supermercado delenda est.*

O Brasil tinha virado uma Roma. E Roma tinha virado um Brasil.

O FIM DA ERA DO GELO

Diocleciano nem precisou impetrar tantas sentenças de morte para que os comerciantes respeitassem sua tabela. A população cuidou disso, linchando mercadores por conta própria.

Os fiscais do Diocleciano conseguiram uma façanha maior do que garantir o congelamento: acabaram com o mercado. Muitos preços acabaram fixados em valores mais baixos do que deveriam. Em muitos casos, não valia mais a pena para os comerciantes renovar o estoque. Eles gastariam mais dinheiro para encher as prateleiras do que ganhariam depois vendendo a preço tabelado.

O resultado foi uma crise de abastecimento. A produção não saía das fazendas. O pouco que chegava à cidade acabava comercializado por baixo dos panos, a preços bem mais altos. Natural: como a punição por vender no mercado negro era a morte, o ganho precisava compensar o risco. O congelamento, na real, fez com que os alimentos ficassem mais caros do que nunca.

Pior: isso serviu de combustível para a inflação – a decadência do comércio formal deixou o governo com menos receitas de impostos; aí tome mais moeda nova. E mais pressão para que os preços subam – mercado negro também é mercado, e, quanto mais moeda estiver circulando, mais os preços aumentam.

Com o comércio clandestino virando o único comércio, os próprios soldados tinham de comprar no mercado negro. Iam fazer o quê? Era isso ou deixar a filharada chorando de fome em casa. Aí não dá. O cara vai matar o sujeito que garante pão na casa dele? Nunca.

Por essas, em questão de meses o congelamento romano deu em água. Ninguém ligava mais a mínima para a tabela. E a inflação saiu desse episódio mais forte e nutrida do que tinha entrado.

É aquela história. Tem lei que pega, e tem lei que não pega. Regras draconianas para o mercado não pegam. Na Itália da Segunda Guerra, o racionamento de comida era tão intenso que o comércio de manteiga dava pena de morte. Mesmo assim, nunca faltou manteiga – pelo menos não na mesa de quem pudesse pagar o ágio da ilegalidade. Em Cuba, os sabonetes são tabelados a um preço irrisório. Mas praticamente não existem sabonetes nas prateleiras. E os altos funcionários do Partido Comunista compram sabonete ilegal no mercado negro para não chegar fedendo às reuniões com Raúl Castro.

Na Roma Antiga não era diferente. Nem no Brasil.

A ideia de controlar os preços é uma utopia. Congelamentos nunca sobreviveram a testes de realidade. O problema é que eles não levam em conta uma lei da natureza: a de que nada no Universo está disponível em um suprimento ilimitado. Os preços só existem porque tudo no mundo existe em uma quantidade finita. Há um suprimento limitado de aparelhos de TV nas lojas, de carros nas concessionárias, de pastéis de queijo nas barracas de feira.

Os preços controlam o suprimento. Se só houver mais três carros à venda na concessionária e dez pessoas querendo comprar, a loja aumenta o preço. Quando tem muita gente a fim de comprar e o preço não pode subir, leva quem chegar primeiro. Ou seja, a fila faz o papel que normalmente é do dinheiro: pode mais quem chega antes.

O pessoal da frente pega o seu, e o resto que se vire – nunca vai ter de tudo para todo mundo o tempo todo. No Brasil dos fiscais do Sarney, tinha da fila da carne à fila do carro. A espera para comprar um zero-quilômetro era de seis meses.

Isso nem parece injusto à primeira vista. Muito pelo contrário: quem se esforça e chega mais cedo à fila tem a vantagem. Bonito. Mas todo mundo cansa logo desse jogo. Sejam os consumidores, sejam os vendedores.

Sempre haverá alguém disposto a pagar um a mais para não ficar de mãos abanando. Também faz todo o sentido. Imagine um médico que ganha mais do que a média da população, mas trabalha doze horas por dia e não tem tempo de pegar fila para comer picanha. O esforço para comer a picanha ele faz salvando vidas. Algo até mais nobre do que chegar cedo à fila.

O ponto é: se o dinheiro é aquela invenção interessante que permite à manicure comprar pão sem ter de fazer as unhas do padeiro, num ambiente de preços congelados, ele deixa de fazer sentido. Leva a picanha quem chegar primeiro. Existe quem ache que um mundo onde o suprimento é controlado por filas, não pela quantidade de dinheiro de cada um, seja mais justo. Ideologia à parte, porém, o que importa é a realidade. E nela não tem erro: sempre haverá alguém oferecendo mais dinheiro para não ter de pegar fila.

Para quem vende, então, vale mais a pena esconder uma parte dos produtos à espera dessas pessoas. Se um açougueiro tem cem quilos de carne, ele pode muito bem separar dez quilos para vender a preço de tabela, aos primeiros da fila, e dizer que acabou.

Aí você chega lá e diz: “Ok. Acabou. Mas ainda tem?”. O açougueiro responde: “Se adiantar um a mais, vai ter”, e vende mais caro do que a tabela. Isso é crime num cenário em que o governo impôs um congelamento, mas a cultura do ágio vai se alastrando tanto pelo mercado que fica impossível controlar. De novo, não há como vencer a realidade.

A raiz do fracasso dos congelamentos está justamente em não enxergar a realidade. Um aspecto do mundo real nunca levado em conta quando resolvem impor um congelamento é este: com ou sem inflação alta, os preços das coisas não sobem todos juntos, bonitinhos. O processo é sempre caótico – um dia o leite está mais caro, no outro é a conta de luz, no outro é o pastel... Agora, raciocine: o governo não pode avisar todo mundo de que, a partir do dia xis, vai congelar os preços por decreto. Se fizer isso, todo mundo vai aumentar tudo loucamente, para ficar com o preço dos seus produtos fixados lá em cima. Então o que o Estado faz? Age de surpresa. Anuncia que, "a partir deste momento", os aumentos estão proibidos. Foi o que aconteceu em 28 de fevereiro de 1986. E isso complicou a vida de muita gente. Os automóveis, por exemplo, tinham subido 28.000% de 1980 até ali. Muito. Só que os tornos mecânicos, as máquinas que fabricam as peças dos carros, estavam 69.000% mais caros que seis anos antes. As montadoras logo reajustariam seus preços, para não ficar sem peças. Mas, como foram pegas de surpresa pelo congelamento, dançaram.

Enquanto os fabricantes de automóveis lamentavam, a população soltava confete. Sarney deu um chorinho de 8% no salário de todo mundo – e de 15% no salário mínimo. Isso foi decisivo para que o congelamento tivesse o apoio popular que teve. E foi justamente o suporte da população que fez o congelamento dar certo, ao menos no início. Em fevereiro, a inflação tinha fechado o mês em 22%. Em março, foi negativa: os preços *caíram* 1%. Em abril, ficou mais uma vez abaixo de zero: -0,6%. Maio e junho tiveram menos de 0,5%. Parecia mentira, mas a inflação estava morta. Pois aí que estava o problema.

Pense comigo. As pessoas estavam acostumadas a ver os preços subirem quase toda semana. Agora, viam seu poder de compra crescer com o chorinho nos salários, que se manteve intacto por meses.

Todo mundo estava se sentindo mais rico. Some isso ao fato de que alguns itens, como os carros, tinham sido tabelados praticamente abaixo do preço de custo. Não deu outra: o consumo aumentou. Ficou desenfreado, na verdade. Para completar, o governo vinha mantendo os juros baixíssimos. Então não valia a pena deixar dinheiro aplicado. O negócio era sair para as compras e tirar o atraso. No fim do semestre, a economia estava crescendo a um ritmo chinês. Sem figura de linguagem: bateu em 11,7% ao ano (*mais* do que a média chinesa do século 21).

Porém, existe aquela lei da natureza: objetos de consumo não existem em uma quantidade infinita. A indústria não tinha capacidade para suprir um crescimento tão grande em tão pouco tempo. Se não houvesse o congelamento, os preços subiriam um pouco. Isso daria uma freada no consumo – e tempo para a indústria produzir mais.

Sem esse tempo, aconteceu o pior.

As prateleiras dos supermercados começaram a ficar vazias, as concessionárias, sem carros, os açougues, sem picanha. Os fiscais do Sarney começavam a não ter mais o que fiscalizar. Mas isso não acontecia só por causa da velocidade do consumo. O mercado negro tinha ficado maior que o oficial. Fazendeiros chegavam a esconder seus bois para vender 100% da carne por baixo do balcão, acima do preço de tabela. As concessionárias não exibiam mais carros. Vendiam exclusivamente para quem pagasse um extra. A coisa ficou tão escancarada que o valor médio do ágio saía no noticiário. E só subia. A inflação estava de volta no subterrâneo da economia.

Era como acelerar um carro com o freio de mão puxado. Você fica parado, mas o giro do motor está lá em cima. A inflação "subterrânea" do ágio era o giro do motor, e o congelamento, o freio de mão.

Para piorar, as tarifas dos serviços públicos, como água e energia elétrica, também tinham sido congeladas abaixo do preço de custo. As empresas estatais que prestavam esses serviços gastavam mais dinheiro para produzir do que o que faturavam no fim do mês. Estavam quebrando. Como o governo não podia deixar todo mundo sem água nem luz, precisou imprimir dinheiro novo para salvar as estatais. Mais dinheiro na economia, mais força para o motor da inflação.

O governo poderia ter soltado o freio, descongelando os preços enquanto o giro do motor ainda não estava tão alto, mas preferiu esperar. Apesar das prateleiras vazias e do ágio, a maioria da população ainda era favorável à tabela da Sunab – tinha sido um baita caso de amor, afinal. Então Sarney esperou até as eleições dos novos parlamentares e dos novos governadores, em 15 de novembro, para fazer alguma coisa. Politicamente funcionou: o PMDB, partido do governo, elegeu 22 dos 23 governadores, além da maioria da Câmara. Menos de uma semana depois, Sarney sucumbiu ao óbvio, soltando o freio dos preços. E o carro da economia bateu.

Com muito dinheiro na mão do povo, e a indústria sem fôlego para produzir e já acostumada à cultura do ágio, os preços foram para a estratosfera. Virou o ano, e 1987 fechou com a pior inflação da história até então: 415%. Em 1988, passou de 1.000%. Veio 1989, cortaram mais três zeros da moeda e lhe deram outro nome: cruzado novo. Mas não adiantou nada. Sarney acabaria passando a faixa para Fernando Collor, deixando de herança uma inflação de quase 2.000% ao ano. E as consequências dessa sucessão você conhece: confisco da poupança, baderna política, pedido de *impeachment*, renúncia de Collor e a nossa inflação recorde, que só viria em 1993: 2.708%, sob Itamar Franco. E agora? Quem poderia nos ajudar? Resposta: Constantino, o Grande, o imperador mais célebre dos últimos séculos da Roma Antiga.

PÓDIO DA INFLAÇÃO

OS ANOS CAMPEÕES EM AUMENTOS DE PREÇOS NO BRASIL (TAXA ANUAL)

1º	1993	2.708%
2º	1989	1.782%
3º	1990	1.746%

O PLANO REAL DA ROMA ANTIGA. E A MOEDA DE OURO QUE DESAFOGOU O BRASIL

Diocleciano não tentou arrumar só a economia. Foi ele quem acabou com aquela sucessão sangrenta de 26 imperadores em 50 anos, com uma solução engenhosa, no fim do século 3. Para não sair da vida sem mal ter entrado para a história, como grande parte de seus antecessores, ele diluiu seu próprio poder. E salvou o próprio pescoço.

Agora, Roma teria quatro imperadores ao mesmo tempo, seria uma "tetrarquia". Assim, Diocleciano ficou como o chefe da parte leste do império, a mais rica na época, que controlava a Grécia mais os territórios onde ficam hoje Turquia, Palestina, Israel e parte do Egito. Maximiano, seu coimperador, ficou com a Itália, a Europa Ocidental e o Norte da África. Nisso, o território sob jugo de Roma acabou dividido em dois: o Império Romano do Oriente e o do Ocidente. Diocleciano também nomeou dois "imperadores-assistentes" – um sob seu comando, o general Galério, e outro sob o de Maximiano, Constâncio, outro general. Para marcar a hierarquia, os dois chefes supremos concederam a si mesmos o mais magnânimo dos títulos de Roma, "Augusto" ("sagrado"). Os juniores ficaram com um nome menor na escala de pompa, mas que satisfaria o ego de qualquer romano: "César" (em referência ao já lendário Júlio). E o império ficaria na mão de Diocleciano Augusto, Maximiano Augusto, César Galério e César Constâncio.

Muito cacique para pouco índio? Sem dúvida. Mas funcionou. Nada nada, Diocleciano se manteve no poder por 25 anos – e na prática era o chefe dos outros três "imperadores". Tudo certo.

Mas não tinha jogada política que sossegasse Roma por muito tempo. Aquilo era um Comando Vermelho, um PCC. Mais hora menos hora, começaria a rolar sangue na luta pela sucessão. Sem falar que Diocleciano e Maximiano estavam chegando perto dos sessenta anos de idade – os urubus de trono começavam a ficar atiçados.

Para acalmar os ânimos dos aspirantes a imperador e garantir uma transição pacífica, os dois abdicaram no início do século 4. Então promoveram seus Césares a Augustos e foram dedicar-se à jardinagem de seus palácios de campo. Pelo bem do sistema tetrárquico, os novos Augustos, Galério e Constâncio, nomearam dois novos Césares: Severo e Maximino. Tudo como dantes no país de... Não.

Uma pedra surgiu no meio do caminho: Constâncio morreu. Galério promoveu Sévero para a posição de Augusto. Os generais fiéis ao falecido Constâncio, no entanto, não gostaram da ideia e proclamaram o filho dele, Constantino, como o novo coimperador. Para piorar, Maxêncio, o filho do imperador aposentado Maximiano, se sentiu deixado de lado na sucessão e juntou suas tropas para declarar guerra a Severo. Aí foi um quiproquó, com os exércitos dos Césares, dos Augustos e dos usurpadores em geral digladiando-se por anos numa guerra civil. A tetrarquia tinha se convertido numa anarquia mesmo.

Nesse quebra-pau todo, Constantino, o filho de Constâncio, levaria a melhor. Depois de vencer e assassinar seus rivais, proclamou-se soberano único dos dois Impérios Romanos, o do Ocidente e o do Oriente. E, para deixar claro que era *o cara* e pronto, se deu um título ainda maior que "Augusto". Começava a era de Constantino, "o Grande".

Hoje ele é mais célebre por ter sido o primeiro imperador romano a se converter ao cristianismo – algo fundamental para que Roma se tornasse o centro da Igreja Católica. De quebra, Constantino hoje é santo, pelo menos da Igreja Ortodoxa. Só que seu feito mais importante foi outro: ele instituiu o Plano Real.

Ou quase isso. O Plano Real daqui, você sabe, começou em 1994. Enquanto o Brasil passava pelos índices mais altos de inflação da história, a equipe do então ministro da Fazenda Fernando Henrique Cardoso atrelou o valor da moeda à coisa mais aceita como dinheiro no mundo moderno: o dólar. Em Roma, Constantino fez o mesmo. Equiparou o valor da moeda à coisa mais aceita como dinheiro, só que no mundo antigo: o ouro. Mas primeiro vamos ver o que aconteceu no Brasil.

O primeiro passo foi fixar os preços à Unidade Real de Valor (URV) – um indexador que variava de acordo com o dólar. Se algo custasse CR$ 2.100 e o dólar estivesse cotado a CR$ 700, o preço da coisa seria 3 URVs.

Não foi uma mudança forçada. Só salários, impostos e contratos eram em URV. Os preços seguiam em cruzeiros – sem congelamento, sem nada. Cada comerciante que cobrasse o que bem entendesse.

A URV nasceu valendo CR$ 647, o valor de US$ 1 na primeira semana de março de 1994. Em junho, o valor da URV em cruzeiros já tinha saltado para mais de R$ 2.500. Ou seja: os preços em cruzeiros seguiam subindo com força, sob uma inflação de mais de 40% ao mês.

Os preços em URV, porém, seguiam iguais. E as pessoas foram se acostumando. Com o passar dos meses, ninguém mais queria saber quanto alguma coisa custava em cruzeiros – nem qual era o próprio salário na moeda oficial. Todo mundo fazia o orçamento doméstico com base em quantas URVs recebia e quantas URVs podia gastar no mês. O comércio entrou na onda e passou a marcar os preços em URV. Pronto. Para todos os efeitos, já tínhamos uma moeda nova.

O passo seguinte foi tirar o cadáver do cruzeiro do caminho e transformar a própria URV no dinheiro corrente. A Unidade Real de Valor ganhou moedas e cédulas próprias, agora sob o nome de real.

A FRAQUEZA DA GRANA

Se o dinheiro brasileiro nunca tivesse mudado de nome nem cortado zeros nas últimas três décadas, uma moeda de 1 real seria equivalente a 2,7 trilhões de cruzeiros – dinheiro que, em 1970, poderia comprar 597 bilhões de dólares.

REAL	R$ 1 (desde 1/7/1994)
CRUZEIRO REAL	CR$ 2.750 (1/8/1993 a 30/6/1994)
CRUZEIRO	Cr$ 2.750.000 (16/3/1990 a 31/7/1993)*
CRUZADO NOVO	NCz$ 2.750.000 (16/1/1989 a 15/3/1990)
CRUZADO	Cz$ 2.750.000.000 (28/2/1986 a 15/1/1989)
CRUZEIRO	Cr$ 2.750.000.000.000 (15/5/1970 a 27/2/1986)

** Fernando Collor só mudou o nome do dinheiro de cruzado novo para cruzeiro, sem cortar zeros. Um capricho estético para varrer a memória do governo Sarney para baixo do tapete.*

No momento da troca oficial de moeda, R$ 1 equivalia a CR$ 2.750 – o preço de US$ 1 no dia 30 de junho de 1994, a data de óbito da moeda antiga.

Em Roma foi parecido. Constantino lançou o "sólido", um moedão de ouro puro, mais pesado que qualquer outro da época, com 4,5 gramas. Já havia moedas de ouro em Roma antes. O áureo do século 1 a.C. ainda existia àquela altura. Mas ele funcionava como o dólar no Brasil antes do Plano Real: era a moeda dos ricos. Um alto funcionário público de Roma recebia seu salário em áureo e convertia em denários quando fosse mandar o escravo comprar pão. Nisso, o sujeito bem de vida ficava protegido da inflação. No Brasil do cruzeiro, era a mesma coisa. Qualquer alto executivo tinha o salário indexado em dólar, então ficava imune aos aumentos de preços. O Plano Real, na prática, estendeu esse privilégio ao resto da sociedade.

Constantino também. Ele passou a remunerar todos os funcionários públicos, inclusive os soldados, em sólidos. Em contrapartida, exigiu que os impostos fossem pagos em sólidos também.

O efeito disso na inflação foi imediato. Se o próprio imperador quisesse fazer um palácio novo ou ampliar o exército, precisaria arranjar ouro primeiro, em vez de imprimir sucata – sucata mesmo: você precisava de 275 mil asses de cobre para comprar um sólido.

A coincidência entre os números não tem nada a ver – dá até para dizer que R$ 1 equivalia a 275 mil notas de Cr$ 10 mil do começo dos anos 1990, uma das tantas que fizeram o papel de cédula mais usada do país, mas seria só licença poética. Tanto faz quanto dinheiro velho equivale a uma unidade do dinheiro novo. O importante é que nasça uma moeda sólida, com valor real. Os nomes das duas não foram escolhidos à toa.

Além de colocar as finanças nos eixos com o sólido, Constantino também mudou a sede do império para Bizâncio, uma antiga colônia grega onde hoje fica a Turquia. Ele reformou a cidade e mudou o nome dela para Constantinopla.

Depois de Constantino, o Império Romano voltaria a ter um soberano no Leste e outro no Oeste. Mas, enquanto a parte oriental se desenvolvia, a do Ocidente afundava sob corrupção e desorganização política (em grande parte fruto de séculos de bagunça econômica). E terminou seus dias dominada por povos germânicos (visigodos na Gália, ostrogodos nos Bálcãs, alamanos – de onde vem a palavra "alemão" – no norte da Itália...). Em 476 d.C. veio o tiro de misericórdia: um alemão da gema, Odoacro, tomou o trono do último soberano da parte ocidental, Rômulo Augusto, e assumiu o controle da Península Itálica. Era o ponto-final da história de Roma – e o marco histórico do começo da Idade Média.

Mas o Império Romano do Oriente, agora chamado de Império Bizantino, por causa do nome antigo da capital, continuou firme. E uma evidência de que a estabilidade monetária iniciada por Constantino ajudou nisso foi a longevidade do sólido. No século 10, quando Constantinopla já começava a ser chamada de Istambul (o nome atual só seria oficializado no século 20), o sólido ainda era a moeda oficial.

No fundo, o que o sólido fez foi instaurar o que seria chamado bem mais tarde de "padrão-ouro". Você tinha outras moedas, que podiam ser de cobre ou de latão. Mas só existia confiança de que essas moedas eram dinheiro de verdade se elas pudessem ser convertidas em ouro. Apesar de uma escapada ali e outra aqui mundo afora – ou seja, de moedas batizadas, cunhagem excessiva de metal barato e uso de mercadorias como dinheiro, o padrão-ouro se manteria como a base da economia mundial até os anos 1930, e numa forma mais branda, porém oficial e válida para o planeta inteiro, até 1971 (veja o capítulo 9).

A verdade é que, entre a Idade Média e o século 20, quase não houve governante que tenha dado um jeito de colocar dinheiro novo na praça, fosse para pagar as próprias contas, fosse para fomentar a economia. Não tem como ser diferente. Ou você faz isso, ou a primeira crise financeira que bater (lembre-se do exemplo da Grécia) leva seu país para o buraco. Mas o ouro serviu como um freio contra a inflação ao longo desse tempo todo.

Se você precisasse de um caminhão de moeda do seu país para obter um grão de ouro, significava que, àquela altura, já não existia confiança no dinheiro. O mais provável seria que as pessoas já tivessem substituído a moeda por produtos –, geralmente raros e queridos o bastante para servir de meio universal de troca. O álcool e o tabaco, por exemplo, já foram moeda corrente quase oficial nos EUA, no Brasil colonial e na Europa dos dois pós-guerras e continuam firmes nesse papel em todos os presídios do mundo. O problema é que, quando mercadorias assumem o papel de dinheiro, o governo perde o controle sobre a economia – qualquer um pode "emitir" álcool e tabaco, afinal. E um Estado que não controla a economia não é digno desse nome.

Por isso mesmo, todos os governos da história sempre foram paranoicos por ouro. O metal amarelo, porém, é tão raro que complica contar só com ele para servir de lastro para a moeda. Então, na falta do metal dourado, a base monetária era a prata, bem mais abundante – o próprio dólar começou sua carreira, em 1794, como uma moeda de prata.

Ela é tão mais abundante, aliás, que até inflação já causou. Os espanhóis, que vieram para a América do Sul no século 16 justamente em busca de metais preciosos, tiveram a sorte de trombar com uma montanha de prata pura na Bolívia, no cerro de Potosí. Entre 1556 e 1783, eles tirariam 45 mil toneladas de prata dali[2] e mandariam tudo para a Espanha.

Era tanta prata que a produção de bens e serviços da Espanha não tinha como acompanhar. Os preços quadruplicaram por lá ao longo do século 16.[3] E a inflação contaminou o resto da Europa. Claro: como estavam nadando em prata, os espanhóis importavam tanto do resto do continente que os preços começaram a subir em todos os cantos. Sobraram alguns registros para contar história. Na Saxônia, parte do atual território alemão, o pão de centeio aumentou 350% nessa época; a carne, 250%. Na França, os dois itens subiram de preço no mesmo ritmo. Na Inglaterra, o custo de vida dobrou. Para economias que não usavam moedas depauperadas nem dinheiro de papel, isso era uma hiperinflação.

O próprio dinheiro de papel, por sinal, começou sua vida não como dinheiro, mas como um recibo. Um recibo pelo ouro (ou pela prata) que você deixava guardado com alguém responsável pela segurança do metal. Quem fazia as vezes de guardador na Idade Média geralmente eram os ourives. Como trabalhavam com metais preciosos para fazer joias, eles possuíam seus próprios cofres. E, para quem não tinha como construir um cofre em casa, o jeito era apelar para eles e pagar um troco pelo serviço.

Quando você deixava o ouro ali, o ourives emitia uma nota, um recibo. Deixava dez quilos de ouro, levava um "vale dez quilos de ouro". Essas notas acabavam circulando como dinheiro, já que eram bem mais fáceis de carregar que o metal estocado lá dentro. Era como se o ouro mudasse de mãos sem sair do lugar.

Mas quem disse que não saía do lugar? Os ourives passaram a aproveitar a guarda do ouro para emprestá-lo a juros. Era simples: bastava pegar dez quilos de ouro, emprestar cobrando 20% de juros e terminar com doze quilos nos cofres. Depois, quando alguém chegasse para sacar o ouro a que as notas davam direito, o banqueiro só precisava dar dez quilos. Era o negócio perfeito.

Esse é um exemplo simplificado, claro. No mundo real, havia vários ourives, cada um emitindo suas notas. O que o ourives dos dez quilos de ouro emprestava não era o metal, mas uma nota dando direito àquela quantidade de ouro. Quando o tomador do empréstimo pagava o que devia com os juros, também não levava doze quilos de ouro nas costas. Levava, sim, outra nota, emitida por outro ourives.

O mundo dos empréstimos passou a girar em torno dessas notas, e não do metal em si. Alguns ourives começaram a ganhar muito mais comercializando crédito do que com artesanato em ouro. Na Itália, a potência econômica do fim da Idade Média, a procura por crédito era tanta que esses novos profissionais dos empréstimos montavam banquinhas de camelô nas praças para atender aos clientes. E os caras das banquinhas passaram a ser chamados de "banqueiros".

Um desses caras era Giovanni di Bicci de' Medici, que fundou seu banco em Florença em 1397. O Banco de Medici ajudou a cidade de Florença (então uma república independente) a virar o centro financeiro da Europa, e o florim, a moeda de ouro local, a tornar-se o dólar da época. A família Medici ampliou o negócio a ponto de criar o conceito de "agência bancária", já que havia filiais da "banca" em outras cidades, todas controladas por um sistema contábil central. De quebra, os Medici bancaram aquilo que viria a ser conhecido como Renascimento.

Dos nomes que mais tarde batizariam as Tartarugas Ninja, todos foram patrocinados por eles: Michelangelo, Donatello, Rafael e Leonardo (da Vinci). Nas ciências, além do próprio Leonardo, Galileu e Torricelli também viveram da fortuna dos Medici em algum período da vida.

Mas não era só dos Medici que vivia o sistema bancário da época. Outros, antes deles, já tinham juntado fortunas até maiores, caso dos Bardi e dos Peruzzi, nos séculos 13 e 14.[4] E outros, menos famosos, acabariam sendo até mais relevantes, dependendo do ponto de vista.

Foi o caso de um banqueiro de Florença que acabaria se mudando para Lisboa no fim do século 15 para ficar mais perto da principal fonte de riquezas de seu tempo – as grandes navegações. Era Bartolomeo Marchionni. Seu maior interesse na capital portuguesa era transformar seu ouro em algo que valesse mais que ouro. Ele não só alcançou esse objetivo como sua busca teve um efeito colateral relevante para você: Marchionni descobriu o Brasil.

4

O DESCOBRIMENTO DO MERCADO FINANCEIRO

Um banqueiro italiano paga R$ 5 milhões para Cabral ir até as Índias. É o primeiro passo para uma descoberta inesperada: a bolsa de valores, que surgiria de um pântano gelado. Tudo graças ao tatatataravô do Chico Buarque. Ou quase isso.

BARTOLOMEO MARCHIONNI tinha uma fortuna de R$ 500 milhões em dinheiro de hoje. E mantinha uma carteira de investimentos diversificada. Esse florentino radicado em Lisboa, além de ser dono de um banco em Florença, traficava marfim, ouro e escravos na costa da África.

Depois ele entraria numa empreitada bem mais arriscada: virou o maior financiador privado da expedição de Pedro Álvares Cabral para a Índia. Você passou a infância ouvindo só um pedaço dessa aventura. Antes de tocar para a Ásia, a frota faria uma escala de duas semanas no lugar onde hoje fica Porto Seguro – atracaram no dia 21 de abril de 1500, no evento que fez com que este livro acabasse escrito em português, e não em espanhol ou holandês. Mas não ficaria só nisso. No caminho entre o litoral baiano e a Índia, a expedição ainda encontraria outra terra nova para os europeus, Madagascar, mas o descobridor oficial aí não foi Cabral, e sim Diogo Dias, capitão do único navio da frota que ancorou por lá.

Bom, mais do que uma expedição, aquilo ali era uma megacorporação. Cabral, o jovem CEO de 33 anos, tinha acertado um pagamento de 10 mil cruzados pela empreitada. Convertendo a moeda portuguesa da época para hoje, isso dá R$ 5 milhões.[1] Seus diretores, os capitães dos outros doze navios, ganhavam R$ 40 mil por mês; e cada um dos 1.200 marinheiros, R$ 5 mil. Uma grande empresa, fundada com o objetivo de lucrar com um negócio que prometia ser o mais rentável da história até então: o comércio de temperos orientais sem intermediários.

Os temperos, ou especiarias, da Ásia já faziam parte da dieta dos europeus desde antes da fundação de Roma. Num mundo sem grandes opções de lazer, boa parte da diversão dos endinheirados era brincar com as explosões de sabor que o cravo, a canela, a noz-moscada e a pimenta-do-reino causam nas papilas gustativas.

E o pessoal ia fundo nisso. Enquanto Jesus fazia suas pregações na Galileia, o historiador Plínio temia pelo futuro do Império Romano. A elite, ele escreveu, estaria gastando todo o ouro de Roma em temperos do Oriente. Não era exagero. Nas palavras do historiador Frederic Rosengarten, "os romanos foram os mais exagerados usuários de aromatizantes da história". Faziam todo tipo de combinação não só na comida, mas também em vinhos e perfumes. Os mais excêntricos dormiam em travesseiros recheados de especiarias acreditando que a fragrância delas curava ressaca.[2]

Como notou Plínio, esses eram hábitos despudoradamente caros. As especiarias passavam por dezenas de intermediários no caminho entre sua terra natal, o Sul da Ásia, e a Europa. E o preço subia a cada vez que elas trocavam de mão. Os temperos podiam não valer seu peso em ouro, mas chegavam perto: quando os visigodos sitiaram Roma, em 408 d.C., disseram que deixariam a cidade em paz em troca de uma certa quantidade de ouro, prata... e especiarias.

Os romanos perderam seus travesseiros antirressaca para os invasores, e a Idade Média nublou os ares da Europa, mas o comércio intercontinental de especiarias seguiu firme. E do jeito que era antes: mercadores da Península Indiana enchiam barcos com cravo, canela, noz-moscada e pimenta-do-reino e velejavam até a Península Arábica para vender seu ouro em pó. De lá, os temperos iam em lombo de camelo até o Egito, onde eram revendidos para comerciantes do Mediterrâneo via porto de Alexandria.

A partir do século 14, porém, não era mais qualquer comerciante europeu que podia comprar especiarias ali. Os governantes do Egito tinham feito um acordo com Veneza, e dali em diante só os mercadores do ducado colocavam as mãos nos temperos. Você só ancorava em Alexandria se fosse veneziano.

Quem quisesse comprar especiarias, então, tinha de ir até Veneza e pagar o quanto esses intermediários cobrassem – não foi à toa que a cidade da Praça de São Marcos ficou bonita daquele jeito, nem que a peça de Shakespeare sobre um comerciante sem um pingo de caráter chame *O mercador de Veneza*.

O monopólio, na verdade, não era tão "mono" assim. Também chegavam especiarias por terra fora do eixo Egito–Veneza, principalmente via Constantinopla (atual Istambul). Só que em 1453 o Império Otomano invadiu e tomou o controle da cidade, fechando as portas desse comércio para os europeus.

Nisso, os mercadores de Veneza ficaram realmente com o mercado todo para eles. O governo egípcio percebeu logo a oportunidade e, assim que Constantinopla caiu, passou a cobrar 30% de imposto sobre o valor das especiarias que chegassem a seus portos. E o preço final na Europa, que já era alto, ficou obsceno. Uma saca de pimenta chegava a custar o equivalente a seis meses de aluguel de um cômodo no centro de Veneza (dezesseis ducados).

Tão obsceno que encontrar um jeito de comprar especiarias direto dos indianos, sem intermediários, virou obsessão. A única forma seria descer pelo Atlântico, contornar a África inteira e entrar no oceano Índico. Só que lá no século 15 isso era equivalente a mandar uma expedição tripulada para Plutão. Ninguém tinha contornado a África antes, nem fazia ideia se isso era fisicamente viável. Mas a possibilidade de lucro era tão grande que insanidade mesmo seria não tentar. E Portugal saiu na frente na corrida pelo caminho das Índias.

Os portugueses, com vista privilegiada para o Atlântico e munidos de caravelas – seus incríveis barquinhos capazes de navegar contra o vento –, já tinham colonizado os arquipélagos dos Açores e da Madeira no começo do século 15. Nada mau se considerarmos que os dois ficam a quase mil quilômetros da costa europeia.

Os arquipélagos eram úteis como escala de abastecimento para expedições cada vez mais ao sul da costa africana. E as caravelas foram descendo, descendo... até que uma dessas frotas, a do capitão-mor Bartolomeu Dias, descobriu que, sim, uma hora a África acabava. Ao fazer a curva lá embaixo, em 1488, Bartolomeu sofreu com vários dias de tempestades – e batizou esse lugar onde a África dava cabo de "Cabo das Tormentas", já que a pororoca oceânica do encontro do Atlântico com o Índico deixa as águas bem traiçoeiras por lá.

Mas o rei de Portugal, dom João II, preferiu renomeá-lo Cabo da Boa Esperança. Esperança de "meter as mãos na garganta de Veneza", como diziam os nobres portugueses na época.

Bartolomeu Dias fez a curva, mas de lá voltou para Portugal – sua missão era só encontrar o fim da África mesmo. Dez anos depois, Vasco da Gama contornaria de vez o cabo. Sua expedição chegou a puxar mais de 10 mil quilômetros em mar aberto sem escalas, feito que entraria para o *Guinness Book* do século 15, caso o livro existisse.

Depois de dez meses navegando, Vasco da Gama terminou em Calicute, o centro nervoso do comércio de especiarias, na costa oeste da Índia (não confunda com Calcutá, que fica do outro lado do subcontinente). Era a glória. O maior feito da humanidade até então. Mas o que os indianos viram foi outra coisa: um bando de mendigos aportando sujos e malvestidos no lugar mais importante do mundo.

Vasco levou roupas, jarros e mel para usar como moeda de troca.[3] A corte do samorim (o chefe de Estado) de Calicute debochou. Disseram que ou eles traziam ouro e prata, ou não teria negócio. Mesmo assim, os portugueses não voltaram de mãos abanando. Os chapéus, as calças e o mel que levaram podiam não valer grande coisa em Calicute, mas as especiarias eram mais baratas ainda. Então conseguiram embarcar algumas sacas de pimenta, cravo, canela e gengibre. E levantaram as velas para encarar mais um ano de mar até Lisboa.

Não era uma viagem simples. Numa época sem geladeiras, só existiam dois jeitos de transportar a comida: ou com muito sal, ou conservada pelos próprios anticorpos da comida – ou seja, levar os animais vivos no barco e mantê-los assim até a hora de comer. Então gaiolas cheias de galinhas e coelhos iam amarradas nos mastros. Barris com camadas intercaladas de peixe seco e sal completavam o suprimento de proteína da tripulação. Depois dos primeiros meses, as galinhas e os coelhos já tinham acabado. O jeito era se virar com os peixes – que os marinheiros lavavam com água salgada para deixar a carne *menos* salgada. Usar água doce para isso, nem pensar, já que o racionamento era de guerra. Ou pior. Se bem que chamar aquilo de água doce é eufemismo. Se deixar água destampada na geladeira já deixa ela com um sabor estranho, imagine o que acontece com a água repousada por meses num barco cheio de ratos.

O jeito era misturar a água com vinho para dar uma desinfetada, deixar o líquido relativamente menos intragável e, claro, baixar o estresse. E bota estresse nisso. A tensão era de presídio. Os mais fracos tinham de amarrar bem as calças para evitar que acordassem estuprados. Não que a tática desse certo sempre. E havia as tempestades.[4]

Desse jeito é até surpreendente que, depois de passar quase dois anos navegando, entre a ida e a volta, Vasco tenha conseguido voltar com dois dos quatro barcos que tinham saído de Portugal e 55 dos seus 170 homens.

Mesmo assim, valeu. Não se sabe a quantidade exata de especiarias que o navegador trouxe. Mas o fato é que aquela saca de pimenta que custava 16 ducados em Veneza saía pelo equivalente a 2 ducados em Calicute. Um lucro de 700%.

Então foi Vasco voltar, em julho de 1499, para a Coroa portuguesa começar os preparativos para uma segunda expedição, agora portentosa, com treze navios e 1.200 homens. Lotada do ouro e da prata que o samorim queria em troca das especiarias. Isso mais uma porção de nobres para cuidar da parte diplomática e os melhores navegadores do reino – entre eles, o mesmo Bartolomeu Dias que tinha contornado o Cabo da Boa Esperança pela primeira vez. O problema é que tudo isso custava mais do que a Coroa podia pagar. Dom Manuel precisaria de ajuda. A própria expedição de Vasco da Gama contou com dinheiro privado. Mas essa era a maior empreitada que a Europa lançaria ao Atlântico. Sem o dinheiro de grandes investidores, as caravelas não teriam nem sido construídas. Aí entra Bartolomeo Marchionni, que, com outros banqueiros, ajudou a financiar a operação. Uma aposta de alto risco.

Mas que funcionou. O maior efeito colateral da expedição – aportar no Brasil e garantir a posse destas terras aqui para Portugal – foi bom para Marchionni, que se tornaria um dos principais comerciantes de pau-brasil na Europa. Na Índia, a expedição acabou sendo um desastre diplomático. O samorim até recebeu bem a frota no começo. Autorizou Cabral a montar um forte e um armazém de especiarias em Calicute e tudo o mais.

O forte do nosso amigo Pedro Álvares, porém, sofreu um ataque – patrocinado por comerciantes árabes que vendiam as especiarias pela rota tradicional, via Egito, e que não estavam nada dispostos a perder terreno para os portugueses. Cabral reclamou com o samorim, mas o soberano lavou as mãos. O descobridor do Brasil mandou seus navios bombardearem Calicute em represália. Os indianos contra-atacaram, e Cabral teve de abandonar o forte e apressar sua volta – até para não sair da vida justo agora que tinha acabado de virar história...

Dos treze navios originais, só voltaram sete. E metade dos homens. Mesmo assim, ele chegou a Lisboa com setecentas toneladas de especiarias, a maior parte pimenta-do-reino. Foi o bastante para que a expedição desse lucro. Assim, mesmo com os problemas sérios de relacionamento entre Cabral e o samorim, agora não tinha mais volta: o comércio de especiarias sem intermediários era viável.

Bartolomeo Marchionni escreveu a seus amigos banqueiros de Florença contando que a empreitada tinha sido um sucesso. O dinheiro começou a fluir. Em 1502, Vasco da Gama partiria pela segunda vez para a Índia. Dessa vez com vinte navios e armado até a medula. Chegou chegando: mandou o samorim expulsar as 4 mil famílias de comerciantes árabes instaladas na região de Calicute. Era isso ou a cidade levava fogo de novo. O samorim pagou para ver. E levou fogo. Os árabes retaliaram, mandando trinta navios de guerra para cima da esquadra. Mas os canhões de Vasco falaram mais alto. Os portugueses massacraram os muçulmanos e conseguiram estabelecer um forte e um complexo de armazéns em Kochi, uma cidade próxima.

Vasco voltou a Portugal em 1503, com treze dos vinte navios (o que não era de todo mau para os padrões da época) e 1.700 toneladas de especiarias na bagagem. Era praticamente a mesma quantidade que Veneza importava do Oriente Médio por ano – só que a margem de lucro dos portugueses era estupidamente maior, na faixa de 700%, contra 50%, 60% dos venezianos, que pagavam bem mais caro pela mercadoria no Egito. Agora sim. O comércio de especiarias sem intermediários tinha virado realidade.

Portugal mandaria 705 navios para o Oriente ao longo do século 16. Estabeleceria colônias firmes, como a de Goa, que se tornou um pedaço da Península Ibérica na Índia – tanto que falam português lá até hoje. E os negócios do país do outro lado do mundo acabariam indo muito além de levar tempero de rico para a Europa. Portugal começou a lucrar comprando e vendendo dentro da própria Ásia: levava ópio de Goa para a China – onde também fincou outra colônia próspera e até hoje lusófona, Macau. E revendia seda e porcelana chinesa em troca de ouro num lugar onde nenhum europeu jamais havia pisado, o Japão. *Banzai*.

Por sinal, a relação com os japoneses foi tão estreita que algumas palavras da nossa língua estão no idioma deles até hoje. A história mais manjada, a de que *arigatô* vem de "obrigado", é lenda. Linguistas já concluíram que o "obrigado" deles é mais antigo que o encontro com os portugueses. Mas *biidro* (vidro), *shabon* (sabão), *marumeru* (marmelo), *kirishtan* (cristão) e outras dúzias de palavras estão aí para comprovar o laço.

Outra palavra que chegou lá por essa via foi *Oranda* (Holanda). Não por acaso: Portugal praticamente monopolizaria o comércio no Índico até o fim do século 16 – só a Espanha representava concorrência. Mas os holandeses logo descobririam uma arma letal. Tão poderosa que deixaria o resto do mundo à sua mercê. Uma arma sem pólvora, porém bem mais explosiva: o mercado de ações.

A UNIÃO FAZ A BOLSA

A bolsa de valores veio do pântano. Do pântano que a Holanda era há mil anos. Um quinto do território que o país tem hoje estava debaixo d'água, e o resto sofria com enchentes um ano sim e outro ano também. Natural: a Holanda fica encurralada entre o mar do Norte e a boca de dois rios gigantes, o Reno, que desce da Alemanha, e o Mosa, que chega da França. O delta dos dois se junta no leste dos Países Baixos, formando um labirinto de rios menores.

No que dependesse da natureza, não era para ninguém morar nessa região. E, fora uma meia dúzia de pescadores, ninguém morava mesmo. Mas essa foi a sorte grande do lugar que viria a ser chamado de Holanda: o feudalismo não fincou raízes por lá. Enquanto no resto da Europa os agricultores viviam em estado de semiescravidão, trabalhando para poucos e gordos latifundiários (também conhecidos como nobres), na encharcada Holanda muitos eram donos do próprio nariz: plantavam, pescavam, vendiam e compravam por conta própria.

Não que aquilo fosse uma comunidade *hippie* medieval. Havia também nobres, donos de propriedades maiores. Mas o modelo feudal de trabalhar na lavoura em troca de casa e comida não pegou. Boa parte do trabalho, afinal, era tirar a própria Holanda de debaixo d'água para ter onde plantar e criar gado. Para tirar terras de debaixo d'água ou afastar a ameaça constante de enchente nas partes secas, só com muito trabalho coletivo.

Os holandeses aprenderam a se unir para domar a natureza. Construíram represas, milhares de canais para drenar a água das terras aráveis e moinhos para bombear essas águas. Os nomes das maiores cidades da Holanda ecoam esse passado: *Dam* significa "represa"; Amsterdã é a represa do rio Amstel. Roterdã é a do rio Rotte... Os sobrenomes típicos dos Países Baixos também são molhados: Van Damme ("da represa"), Van Dijck ("do dique"). Os séculos de trabalho em equipe fixaram um caráter democrático e humanista na região. Um ditado deles ajuda a entender esse espírito: "Deus criou o mundo; os holandeses criaram a Holanda".

Numa cultura assim, em vez de feudos enormes, você tinha propriedades divididas entre os homens que ajudaram a tirá-las de debaixo d'água. Em vez de trabalho em troca de comida, trabalho em troca de salário. O grande efeito colateral dessa prática era um comércio vivo. No resto da Europa, o dinheiro caía em desuso entre os mais pobres, já que ninguém o tinha. Nos Países Baixos, não: a circulação de moeda bombava a economia.

Essa mistura de engenhosidade, trabalho coletivo e economia voltada para o comércio transformou o lugar numa ilha de capitalismo. E, quando o Renascimento começou a dar as caras no Velho Mundo, a Holanda já tinha largado na frente. Tudo acontecia em ritmo acelerado. A pesca, por exemplo, já era industrial nos anos 1500. Os holandeses tinham transformado seus barcos de pesca em fábricas. Eles eram projetados de modo que a tripulação pudesse pescar, limpar e estocar os peixes em barris de sal a bordo. Isso permitia que cada navio passasse dois meses em alto-mar pescando ininterruptamente, com tripulações de vinte a trinta homens. Em 1560, a Holanda tinha quatrocentos barcos-fábrica desses – a maior parte de propriedade de investidores urbanos.[5]

A criação de gado também era industrial. Apesar da imagem bucólica das vacas holandesas, o povo dos Países Baixos foi pioneiro na criação de gado confinado – em que o boi vive trancado num cubículo se entupindo de ração até ir para o corte. Péssimo negócio para o boi, mas ótimo para quem cria: eles engordam mais rápido, e a produtividade de carne bomba. A agricultura também entrou nessa onda: eles importavam grãos e deixavam a terra para culturas mais valiosas: cânhamo para as velas dos navios, lúpulo para as fábricas de cerveja, linho para os vestidos das mulheres – mais tarde viria o tabaco; e as tulipas.

Tudo isso transformou a Holanda de um pântano pegajoso em uma potência econômica. Em 1581, já era uma república – a primeira na Europa desde que Roma virou oficialmente uma ditadura, em 27 a.C. Em 1595, só Amsterdã já controlava um volume de comércio maior que o da Inglaterra e o da França juntas (mesmo tendo um PIB bem menor). Mas a hora da Holanda ainda não tinha chegado. O comércio mais lucrativo do mundo, àquela altura, estava nas mãos dos portugueses (e dos espanhóis, que tinham anexado Portugal em 1580). Só os ibéricos compravam especiarias direto na fonte para revender na Europa.

Naquela época, finalzinho do século 16, os holandeses já sabiam como navegar até o oceano Índico. É que outro produto de exportação do país eram marinheiros, calejados pela cultura pesqueira dos Países Baixos. Então, o que não faltava nos navios de Portugal eram holandeses. Um deles era conhecido em Lisboa como Arnaud de Holanda, um sujeito nascido em Utrecht, ao sul de Amsterdã. O marinheiro participou de uma viagem portuguesa ao Brasil em 1525, fincou residência em Pernambuco e deu origem à família Buarque de Hollanda. Mas importante mesmo para a nossa história aqui foi um certo Jan Huygen van Linschoten – um cara tão fundamental para o que viria a ser o mercado financeiro do século 21 quanto o tata(...) tatataravô do Chico Buarque para o que viria a ser a MPB. Mas com uma participação mais ativa.

Jan Huygen passou nove anos fazendo a ponte marítima Portugal-Índia em navios lusitanos e, quando voltou para a terra natal, lançou um livro bombástico, contando tudo o que os portugueses tinham aprendido em quase um século de comércio com o Oriente: rotas de navegação, direção dos ventos, mapas dos melhores lugares para comprar especiarias, tabelas de preços dizendo quanto ouro levar para comprar tantos sacos de pimenta, cravo, canela ou noz-moscada... Só faltou encartar cupom de desconto e dar um GPS de brinde.

O livro, chamado *Relato de uma viagem pelas navegações dos portugueses no Oriente*, veio a público em 1596. Mal a obra tinha saído, e os holandeses começaram a içar velas para tentar a sorte no oceano Índico. Em 1600, já havia seis empresas na Holanda operando navios mercantes para a Índia – seis "Companhias das Índias", como esse tipo de empreitada ficou registrado na história. O livro de Huygen, por sinal, também tinha chegado à Inglaterra, que também fundaria sua Companhia das Índias no ano 1600. Começava a corrida do tempero.

O maior problema nessa corrida, porém, era arranjar a gasolina – o dinheiro para financiar as expedições. A fórmula tradicional era a portuguesa: reunir banqueiros, levantar empréstimos, pedir ao rei... Mas, mesmo com as promessas de lucro pornográfico, não era tão simples achar gente disposta a correr o risco. Principalmente num país sem o *know-how* dos portugueses para grandes navegações. Dos 22 barcos que tinham saído da Holanda para o Oriente em 1598, só doze voltaram – índice de perda que Portugal já havia superado. Haja poder de persuasão para convencer investidores a arriscar seu ouro numa dessas.

A outra solução seria diminuir substancialmente o risco da empreitada. E foi o que eles conseguiram. Como? Chamando não apenas um ou dois megainvestidores para bancar a operação, mas centenas. Cada um daria um pouco de dinheiro em troca de um pouco do lucro, caso ele viesse mesmo. Desse jeito o negócio deixava de ser um tudo ou nada. Se a empreitada ao Oriente desse em água (literalmente, com os navios afundando), cada um perderia só um pouco. E bola pra frente. Se desse certo, todo mundo ganhava. Aí dá para conversar...

Ideia exótica para uma Europa que mal tinha saído da Idade Média, mas natural para um país que construiu seu caráter com base no esforço coletivo. Se o trabalho em equipe tinha escavado os canais e levantado os moinhos que literalmente tiraram o país do fundo do poço, agora o financiamento coletivo levaria os navios do país ao Índico.

A iniciativa partiu do governo holandês. A República uniu as seis Companhias das Índias do país, formou uma grande estatal e convidou a população a se tornar sócia. Vinha ao mundo a primeira megacorporação da história: a *Vereenigde Nederlandsche Oostindische Compagnie* (Companhia Unida Holandesa das Índias Orientais) – para não complicar, vamos fazer como os holandeses do século 17 e chamá-la pela sigla simplificada que eles criaram: VOC.

"Convidar a população para virar sócia" significava dividir a empresa em partes. Milhares de partes. E então vender os pedaços no mercado. Em que mercado? Construíram um em Amsterdã para comercializar as "partes" da VOC e deram o nome de *bourse* (bolsa).

"Bolsa" era a denominação que os holandeses davam aos lugares onde os comerciantes se reuniam para negociar. Por que chamavam isso de bolsa? Ninguém sabe. A lenda mais persistente é a de que mercadores do século 14 se reuniam em Bruges, na Bélgica, um centro comercial importante da época, e se hospedavam num certo Hôtel des Bourses (Hotel das Bolsas). E o nome foi se espalhando. Também existe uma hipótese mais simples. Pessoas carregavam moedas em bolsas, poxa. Era lógico que um lugar onde circulava muito dinheiro, como uma reunião de comerciantes, ganhasse esse nome – do mesmo jeito que os entrepostos comerciais de verduras em alguns lugares do Brasil ganharam o apelido de "sacolão". Era o "bolsão", então.

E a VOC foi para a bolsa. Exatamente 1.143 pessoas compraram partes da empresa. Em tamanhos variados. Oitenta indivíduos colocaram mais de R$ 350 mil em dinheiro de hoje (10 mil guildas no da época), mas boa parte era formada por pequenos investidores: 445 puseram mil guildas (R$ 35 mil) ou menos. Trabalho financeiro coletivo é isso aí.

Cada pedaço da VOC era chamado de "parte de uma ação". "Ação" no sentido de empreitada, já que o dinheiro era para financiar empreitadas mesmo – expedições para a Índia atrás de pimenta, cravo e canela. Mas a palavra ficou – nas línguas latinas, pelo menos; os países anglófonos preferiram chamar a coisa só de "partes" mesmo (*shares*). E hoje as multinacionais brasileiras vendem *shares* em Nova York e *ações* no Brasil.

Somando todos os papéis que tinham ido à venda, a VOC arrecadou 6,5 milhões de guildas, ou R$ 340 milhões. Esse passou a ser o "valor de mercado" da empresa –, a soma do preço de todas as ações que ela tem no mercado.

Parece pouco para quem está acostumado aos números do mercado de hoje – anões da bolsa brasileira valem mais de R$ 3 bilhões, caso da Marcopolo, uma fabricante de carrocerias de ônibus. Mas estamos falando de um mundo bem menor. O PIB da Holanda em 1602 era de R$ 8,5 bilhões em dinheiro de 2019, o que equivale ao da cidade de Montes Claros, em Minas Gerais. E o PIB do planeta inteiro na época, estima-se, estava na faixa de R$ 1,3 trilhão, ou duas cidades de São Paulo.[6]

Hoje o PIB mundial é trezentas vezes maior. Lá atrás, o capital de 6,5 milhões de guildas da VOC já fazia dela, tranquilamente, a maior empresa do planeta – sua rival britânica, aquela fundada em 1600, valia quase dez vezes menos.

COMO A COMPANHIA DAS ÍNDIAS ORIENTAIS EXPLICA A PETROBRAS

As ações da VOC faziam o que ações fazem: davam direito a uma parcela dos lucros da companhia. Se você tivesse colocado mil guildas ali, poderia embolsar 0,00015% de todo o dinheiro que a empresa fizesse com suas viagens nos anos seguintes – esse seria o seu dividendo, a grana que lhe cabia. Estava agendado um pagamento de dividendos em 1603, outro em 1605 e mais dois, em 1607 e 1608. Só tinha uma coisa: não dava para saber quais seriam os lucros – ou se haveria algum lucro. Ou se algum navio voltaria mesmo das viagens.

Pior: você colocou suas guildas no negócio quando estava solteiro e, agora, em 1603, está casado, com um par de gêmeos para criar, e nada de os barcos voltarem. O que você faz? Bom, você podia ir até a Bolsa de Amsterdã e vender suas ações da companhia. Elas não eram pessoais e intransferíveis, mas papéis ao portador. Se a necessidade batesse, dava para passá-las para a frente e vender o direito à sua parte dos lucros para outra pessoa a fim de encarar o risco.

Os anos foram passando, e não veio dividendo algum. A VOC tinha gastado mais da metade do capital com a construção de 22 navios, e outras centenas de milhares de guildas para adquirir os metais preciosos de que precisava para trocar por especiarias do outro lado do mundo. A competição com os portugueses e os espanhóis também não ajudava. E era competição no melhor sentido da palavra: a Holanda estava em guerra com a Espanha desde 1568 – e continuaria assim até 1648. Até por isso qualquer navio mercante carregava canhões. Qualquer encontro no mar entre Holanda e Espanha terminaria em um embate sanguinário.

Um caso típico: barcos holandeses capturaram galeões espanhóis em 1605, no canal da Mancha. O almirante holandês, em vez de fazer prisioneiros, afogou todos os tripulantes, amarrados um a um. Ninguém perdia tempo.

Por essas, a VOC estava fazendo mais dinheiro saqueando navios espanhóis do que com o comércio propriamente dito. Mas não conseguia montar fortes e entrepostos comerciais no Oriente – os inimigos da Península Ibérica, que já estavam bem estruturados na região, não deixavam. E sem essa infraestrutura não dava para garantir um comércio constante: uma hora os navios voltavam bem fornidos, outra hora não voltava navio nenhum.

Isso gerou um clima de especulação na Bolsa de Amsterdã. Quando apareciam boatos de que navios da VOC tinham afundado, um monte de gente que tinha colocado suas suadas mil guildas nas ações queria mais era se desfazer delas a esperar por um lucro que, provavelmente, nunca viria. Aí o jeito era vender para o primeiro otário mal informado que aparecesse: "Sabe como é, minha mulher teve gêmeos... Não queria mesmo. Mas vou ter de vender essa maravilha de ações. Vamos lá, só 900 guildas...". Em suma, com muita gente querendo vender, o preço da ação caía.

Quando o boato era de que os navios estavam voltando carregados de especiarias, a conversa era outra, claro. Otário, agora, era quem não comprasse. E mal informado era quem vendesse: "Essas ações são uma roubada, né? Mas eu quero te ajudar, amigo. Compro as suas por 1.010 guildas. Sabe como é. Só fico feliz quando ajudo as pessoas...". E o preço da ação subia.

Em 1607, um terço das ações da VOC tinha trocado de mãos na bolsa. Ou seja: bastou surgirem as ações para que aparecesse o mercado de ações –, aquele em que as pessoas compram e vendem papéis todos os dias. Esse mercado, diga-se, sempre foi mais guiado pela psicologia do que pela economia: um sinal de que a empresa ia se dar bem, e os preços bombavam; uma desconfiança, de leve, e o valor dos papéis ia para o buraco.

Não mudou nada de lá para cá: em 2011, por exemplo, uma onda de turbulências nos países árabes fez o preço do petróleo subir 25% em um mês – um evento raro. No mesmo período, as ações da OGX, a petroleira de Eike Batista, subiram exatamente 25%. Detalhe: a OGX nunca tinha produzido uma gota de petróleo. Ninguém sabia se um dia ela produziria para valer – coisa que até acabou acontecendo anos depois, mas em volumes pífios. Mas beleza: lá atrás, em 2011, só a esperança de que os eventuais lucros da empresa no futuro seriam mais gordos por conta da possibilidade de um eventual barril de petróleo mais caro no futuro foi o bastante para chover compradores para a petroleira do Eike e jogar o preço da ação dela lá em cima. Parece insano, é insano, mas o mercado funciona assim.

Ainda bem. Porque, se não há a esperança de que ações deem lucro e subam de preço, não existe mercado de ações. E, sem mercado de ações, as grandes empresas ficariam amarradas – seria bem mais difícil levantar dinheiro para operações caras. Isso valeu para a VOC lançar seus barcos de madeira em alto-mar no século 17. E valeu para a Petrobras lançar suas brocas mar abaixo no século 21. A exploração do pré-sal seria inviável se dependesse do dinheiro que a empresa tinha em caixa e de empréstimos bancários. A companhia teria de esperar sentada pelos bilhões que precisasse para investir. Então ela agiu como os holandeses de 1602: foi atrás de microssócios.

Bem mais microssócios, na verdade. A Petrobras já tinha ações no mercado desde 1953, quando fora fundada por Getúlio Vargas. Até 2010, a empresa estava dividida em 9 bilhões de ações (tendo o governo como acionista principal, por isso ela sempre foi uma estatal, mesmo tendo sócios privados).

Quem tinha uma ação da Petrobras, então, era dono de 0,11 bilionésimo da companhia – bom, como as ações hoje geralmente são comercializadas em lotes de cem, o normal é que os menores acionistas tenham pelo menos uma centena de papéis de qualquer empresa; então vamos ser realistas: quem tinha um lote de 100 ações da Petrobras era dono de 11 bilionésimos dela. Então tinha direito a uma parcela equivalente dos lucros da empresa. Se a Petrobras desse R$ 20 bilhões de lucro no ano, cada proprietário de cem ações podia ficar com até R$ 220 em dividendos ("até" R$ 220 porque a empresa não é obrigada a converter todo o seu lucro para os acionistas – ela pode pegar a maior parte do que ganhou no ano e reinvestir na companhia; e é o que basicamente toda empresa faz).

Um lote de 100 ações da Petrobras dava direito a 11 bilionésimos do lucro da companhia. Depois da emissão de novas ações, essa fração baixou para 8 bilionésimos.

Aí a Petrobras se viu com o pré-sal pela frente. Precisaria gastar algo na faixa de R$ 400 bilhões para explorar essas reservas. Era dinheiro demais para arranjar emprestado com bancos. O jeito, então, foi partir para a solução que os holandeses tinham criado: a bolsa.

A Petrobras lançou 3,75 bilhões de ações novas no mercado em 2010. Esses papéis extras dividiram a empresa em mais partes do que antes. Se lá atrás eram pouco mais de 9 bilhões, agora eram 13 bilhões. Quem já tinha papéis da empresa viu sua participação diminuir. Um lote de 100 dava direito a 11 bilionésimos do lucro da companhia, certo? Agora dava só 8 bilionésimos – se a empresa lucrasse R$ 20 bilhões de novo, você, pequeno acionista, ficaria com, no máximo, R$ 160.

Na prática era como se uma nova empresa estivesse abrindo as portas: uma companhia com 13 bilhões de ações – sendo que apenas 9 bilhões delas já tinham donos (os acionistas antigos). O resto estava à venda no mercado para quem quisesse entrar como sócio.

Que vantagem Maria leva em comprar ações de uma empresa que tinha acabado de se diluir? A seguinte: a Petrobras esperava aumentar os lucros. Em 2010, ela produzia 2 milhões de barris por dia. A expectativa, com o pré-sal, era de que a produção dobrasse até o fim da década.

Isso significaria dobrar o lucro, claro. Então os 8 bilionésimos da "nova Petrobras" dariam automaticamente direito a mais dividendos que os da velha – R$ 320 contra R$ 220, usando os números do nosso exemplo. Isso na hipótese de que tudo desse certo. Não deu – o fim da década chegou, e a Petrobras segue produzindo os mesmos 2 milhões de barris de antes.

Mas lá atrás não faltou gente que acreditasse na promessa de lucro dobrado. Se a venda de ações da VOC foi a primeira da história, a da Petrobras, em 2010, foi a maior do mundo em todos os tempos. A venda dos 3,75 bilhões de ações rendeu R$ 120 bilhões ao caixa da empresa numa tacada só – o segundo maior lançamento de ações foi o do Banco Agrícola da China, um gigante de 441 mil funcionários (contra 390 mil da Petrobras), também em 2010: R$ 36 bilhões em valores da época. Só.

Claro que, como sempre acontece num lançamento de ações, todo mundo que entra está topando o risco de ver seu dinheiro evaporar. O banco chinês pode falir, o petróleo pode baixar a ponto de não fazer sentido gastar meio trilhão de reais para perfurar o pré-sal... E os barcos da VOC podiam afundar.

Vale a pena gente comum, como eu e você, encarar esse tipo de risco, então? Para quem tinha papéis da VOC, valeu. A Companhia Holandesa das Índias Orientais conseguiu driblar os portugueses e os espanhóis, passando batido pela Índia, e fincando seus postos comerciais mais a leste, na Indonésia. A primeira conquista da VOC na região foi o arquipélago de Banda, um paraíso com ilhotas cheias de especiarias despontando num mar azul-turquesa daqueles de derreter os olhos. Não que a eventual comoção dos holandeses com a beleza do lugar tenha durado muito. Os moradores de Banda obviamente não acharam a melhor ideia do mundo virar colônia de um bando de ruivos vindos de Marte, e reagiram à invasão.

Mas o contra-ataque da VOC foi fulminante. Jan Pieterszoon Coen, capitão de navio e diretor da companhia, promoveu uma carnificina nas ilhas para mostrar quem mandava. Fez o nome "Oranda" ficar conhecido no Japão ao contratar tropas de mercenários nipônicos para torturar e matar bandaneses. Decapitou líderes da resistência bandanesa e exibiu as cabeças em postes. Quando a VOC chegou para fazer negócios em Banda, o arquipélago tinha 15 mil habitantes. Depois de quinze anos, eram apenas seiscentos. Mas não tinha outro jeito. Para ser um grande executivo no século 17, você precisava ser um grande executor. De pessoas.

Para um psicopata como Jan Pieterszoon Coen, o mundo empresarial era um prato cheio – e continua sendo, por sinal: hoje a proporção de psicopatas entre os executivos de empresas é quatro vezes maior do que entre a população em geral (4% contra 1%). Não ter dó dos outros ajuda a massacrar a concorrência. É do jogo.

Ruim para os bandaneses, bom para os acionistas da VOC. A companhia se mostrou um baita investimento. Depois de garantir a Indonésia, os holandeses conquistaram algumas posições dos portugueses na Índia e foram ganhando terreno até que a VOC se tornasse a maior fornecedora de especiarias para a Europa. Em 1622, as ações tinham valorizado 300% – isso numa época sem inflação. Fenômeno.

Mais tarde, em 1670, ela já tinha 50 mil funcionários (bastante até para os padrões de hoje – é a quantidade de empregados da Apple). A VOC tinha isso e mais um exército particular de 30 mil soldados e duzentos navios, a maioria armada. E mais importante: estava pagando dividendos de até 40% ao ano.

É lugar-comum dizer que ações sempre valem a pena no longo prazo (e há muito exagero nisso), mas nesse caso foi precisamente o que aconteceu. Ao longo do século 17, a VOC mandaria 1.770 navios para o Oriente, contra 371 de Portugal. Cem anos depois, o placar seria ainda mais elástico: Holanda 2.950 x 196 Portugal.

Não é que esse negócio de ações era bom mesmo? Ô se era. Até vir a primeira bolha.

5

AS APOSTAS ESTÃO ABERTAS

A compra e venda de ações vira um cassino nos becos de Londres de trezentos anos atrás. Um cassino que pagaria US$ 1 bilhão a um certo húngaro, na maior aposta da história. Um cassino que, de quebra, deu origem à internet. A internet do século 18.

A CRISE BATEU. De uma hora para outra, as ações despencaram. Não dava para entender: até outro dia era só recorde de alta, um atrás do outro. Dinheiro fácil para qualquer um que entrasse na jogada. Agora, não. A grana havia sumido. Tanta gente tinha perdido tanto no mercado financeiro que nem os bancos emprestavam mais – uns por medo de que os tomadores de empréstimo estivessem tão quebrados que não pagariam nunca; outros porque estavam com as calças na mão.

Sem ter como levantar empréstimos para pagar suas dívidas, empresas faliam uma atrás da outra. O desemprego se abateu, e quem ainda estava trabalhando não tinha certeza nenhuma de que continuaria. Por precaução, as pessoas começaram a economizar, comprando só o essencial.

Aí que as coisas foram para o buraco de vez: as empresas, que já não tinham crédito no mercado, ficaram sem clientes. Quebradeira geral: de cada 100 companhias, 72 fecharam as portas. As que não morreram acabaram gravemente feridas. Até as ações da maior empresa do mundo caíram 80%, depois de ter atingido seu maior valor de mercado na história. O governo precisava agir para evitar o desastre completo.

Primeiro agiu com a boca, apontando o grande culpado pela crise: a ganância dos investidores, que estariam transformando a economia em um cassino. "Vamos restringir as práticas perniciosas dos negociadores de ações", disse o líder da Câmara. Um analista financeiro resumiu bem o espírito de indignação: "Qualquer um poderia ter previsto que a alta das ações a um preço tão superior a quanto elas valem teria uma consequência fatal".

Essa história serviria para narrar com alguma precisão o desenrolar da crise de 2008, mas aconteceu em *1697*, no Reino Unido. Vamos ver mais sobre essa primeira bolha do mercado financeiro no próximo capítulo. O que importa notar por enquanto é o seguinte: a crise no mercado de ações foi um assunto tão dominante na Inglaterra do século 17 quanto no planeta Terra do século 21 – tanto que o "analista financeiro" que você leu aqui era o escritor Daniel Defoe, dando suas impressões sobre a crise dezoito anos antes de publicar *Robinson Crusoé*.

Note que isso aconteceu só quarenta anos depois de a ideia das ações ter *chegado* à Inglaterra. Eles importaram a ideia dos holandeses justamente para financiar sua própria versão da Companhia das Índias Orientais (VOC, na sigla holandesa), que se mostraria um sucesso. Quem comprou ações dela em 1660 e vendeu vinte anos depois conseguiu um lucro de 1.200%. Bom para o acionista, melhor ainda para a empresa. Enquanto a Holanda batia Portugal em número de navios enviados à Índia por um placar de 1.770 a 371, quem fechou os anos 1600 na vice-liderança aí foi a Inglaterra. A versão britânica da Companhia das Índias tomaria o lugar do Estado português como maior concorrente da VOC. Foram 811 viagens, e dos entrepostos comerciais que ela fundaria na Ásia surgiria o Império Britânico, aquele onde o Sol nunca se punha.

Apesar de a Holanda ter abrigado a mania das tulipas, que abre este livro, o amanhecer do mercado financeiro no país aconteceu sem grandes turbulências. Havia especulação o bastante para que as ações da VOC trocassem de mãos com alguma frequência, mas os lucros polpudos que a companhia dava aos acionistas mantinham o mercado com os pés fincados na realidade. Ninguém saía comprando ações da empresa por valores absurdos, muito mais altos que os lucros que ela estava dando; nem ninguém vendia um papel tão lucrativo por qualquer miséria. Era um mercado de ações tão sólido quanto um mercado de imóveis.

Mas na Inglaterra foi diferente. Se na Holanda o que virou febre foram as tulipas, na Grã-Bretanha foi o mercado acionário mesmo.

A Companhia das Índias inglesa lançou ações para o público em 1657 – usando um jargão econômico de hoje, "foi o IPO dela", sua *Initial Public Offering* (Oferta Pública Inicial).[1] Para entender melhor o mecanismo de lançar ações de uma empresa para o público, imagine que você tenha um carrinho de pipoca. Ele dá R$ 1.200, R$ 1.300 de lucro por mês. As pessoas gostam tanto da sua pipoca, mas tanto, que você tem certeza: se tiver mais carrinhos de pipoca, não vão faltar clientes. E os lucros vão se multiplicar. Só que com esses R$ 1.250 por mês não sobra dinheiro para comprar mais carrinhos. E agora? Os donos de carrinhos de pipoca de verdade provavelmente pediriam emprestado para o cunhado. Mas você, um empreendedor mais sofisticado, não. Vai lá e faz o que fizeram a VOC e a Petrobras: decide juntar capital lançando ações. Primeiro passo: qual será o preço de cada ação? Antes de comprar um talão de recibos na papelaria e vendê-los como se fossem partes de sua empresa, você tem de ter ideia do quanto vale sua companhia.

Se você lançasse as ações de um carrinho de pipoca na bolsa, ele estrearia no pregão valendo R$ 150 mil.

Então vamos lá: R$ 1.200, R$ 1.300 de lucro por mês dá R$ 15 mil por ano, certo? Seu carrinho de pipoca vale o que ele dá de lucro em um ano? Pode ser. Mas o meu não. Meu carrinho é a minha vida. Então ele vale para mim o lucro que ele der não em um, mas em dez anos: R$ 150 mil.

Fechado, então. Você define que esse é o preço do seu carrinho. Então divide o valor em 10 mil ações de R$ 15 cada uma e vende àquele povo que gosta tanto da sua pipoca a ponto de querer virar seu sócio. Está fundada a Pipoca Company S.A. – PipoCo, para ficar mais bonito.

Mas você também não sai vendendo tudo, porque aí não será acionista da empresa. Não terá direito a fatia nenhuma dos lucros que ela der no futuro. Obviamente você tem de ficar com uma parte.

Então decide ser dono de metade das ações. Depois de vender os outros 50% dos recibos de papelaria por R$ 15 cada um, as ações do carrinho propriamente ditas, você consegue levantar R$ 75 mil. Pronto. Você vendeu metade do seu negócio para o público, "abriu o capital" do carrinho, diriam os economistas.

Nisso você deixou de ter direito à metade dos lucros que ele gerar, mas vale a pena: com o dinheiro da venda das ações dá para ampliar bem sua participação no mercado pipoqueiro, comprando mais carrinhos, mais milho, contratando funcionários para cuidar das outras unidades etc.

Digamos que, depois de um ano, esse plano de expansão tenha dado tão certo que agora você já controla cinco carrinhos. Juntos, eles estão dando, vá lá, R$ 5.800 de lucro por mês. Ótimo. Você usa R$ 2.900 para remunerar seus acionistas e fica com os outros R$ 2.900 na mão. Bom para você, pipoqueiro, que multiplicou seus ganhos, bom para os seus acionistas – nesse exemplo, cada ação de R$ 15 da PipoCo está rendendo R$ 6,90 por ano. Dividendos anuais na casa dos 40%. Igual à VOC!

Um aparte: o exemplo aqui é esdrúxulo porque fala de um carrinho de pipoca abrindo o capital. Mas esdrúxulo mesmo é o mercado de ações no Brasil. Uma empresa aqui, tradicionalmente, só entra na bolsa quando é grande o bastante para tentar levantar coisa de R$ 1 bilhão num IPO. Essa é a média de captação das empresas que se lançam na Bovespa. Nem nos EUA é assim. Na Nasdaq, a bolsa que congrega as empresas de tecnologia do país, essa média não chega a R$ 200 milhões – e olha que a Nasdaq é três vezes maior que a Bovespa (juntas, as empresas listadas ali valem três vezes mais que as daqui). Em mercados menores que o nosso, só que com mais cultura empreendedora, os IPOs são mais baixos ainda. Em 2011, uma fábrica de calcinhas e sutiãs da Índia, a Loveable Lingerie, se lançou na bolsa local com 4,5 milhões de ações a 10 rupias (R$ 0,36) cada uma. Um IPO de R$ 1,6 milhão. Não é bem um carrinho de pipoca, mas equivale a abrir o capital de uma padaria. Em 2019, havia 344 companhias listadas na Bovespa – longe das 5,5 mil nos EUA, das 6 mil na Índia e das 3 mil na AIM, uma "microbolsa" em Londres só para pequenas empresas. Mas ok. Até outro dia, a nossa bolsa tinha praticamente só Petrobras e Vale. Ter saído disso para algumas centenas de companhias entre o fim do século 20 e o início do século 21 já foi um *boom*, olhando pela perspectiva histórica.

Só que na Inglaterra o *boom* foi no século 17 mesmo. Em 1695 já havia 140 empresas com ações no mercado financeiro. Tudo isso, por sinal, graças a uma bebida que os europeus (e, acima de todos, os ingleses) tinham acabado de importar dos árabes: o café.

Em 1695, já havia 140 empresas com ações no mercado financeiro de Londres. E os pregões aconteciam nos cafés da cidade.

Naquela época, as casas que vendiam café eram o negócio que mais proliferava em Londres – para desgosto dos donos de *pub*, que acabavam vendendo menos cerveja, e do governo, que faturava com impostos sobre o álcool. Os cafés ingleses viraram a versão sóbria dos *pubs*. As casas ficavam lotadas o dia todo. Só que as pessoas não iam até lá exatamente para se divertir, e sim para se informar e fazer negócios. Era nos cafés que chegavam os panfletos de notícias – e onde seriam distribuídos os primeiros jornais diários do país: o *The Daily Courant*, de 1702, e o *Evening Post*, de 1706. E era dos cafés que *saíam* as notícias. Em outro desses jornais pioneiros, o *Tatler*, os títulos das seções não eram "Economia", "Cotidiano", "Ilustrada". Eram nomes de cafés londrinos. Na seção Will's Coffee House tinha poesia. Na St. Jame's Coffee House, política. Entretenimento estava na White's Chocolate. Ciência, na Grecian Coffee.

E fazia todo o sentido. Cada café acabava reunindo gente de alguma área específica. No Grecian, iam os membros da Royal Society, o primeiro instituto científico do mundo (certa vez, Isaac Newton, Edmund Halley e alguns colegas dissecaram um golfinho nas dependências do lugar). Os cientistas também ganhavam um extra dando palestras sobre novidades da tecnologia naval nos estabelecimentos onde os barões do comércio marítimo se reuniam, como o Marine Coffee, na margem norte do Tâmisa, perto da catedral de St. Paul.

A rede de cafés acelerava a troca de conhecimentos como a internet faz hoje. Quanto mais cafés, maior a largura de banda, mais informação fluía. E haja café: em 1663 existiam 82 casas desse tipo em Londres. Em 1700, mais de quinhentas.[2]

Um exemplo desse carnaval de informações era o café de um certo Edward Lloyd, frequentado por comerciantes e donos de navios. Lloyd anotava as informações que circulavam pelas rodinhas do café, imprimia e distribuía para assinantes na forma de *newsletter*. Era uma agência de notícias, sem tirar nem pôr. Os negociantes que vendiam seguros para donos de navios também passaram a se reunir na Lloyd's Coffee House para ficar mais perto da fonte de informações quentes – e saber como andavam as estatísticas de barcos afundados, por exemplo. As vendas de seguros passaram a acontecer nas mesas do lugar mesmo. Até que um dia 79 deles se juntaram para abrir uma seguradora maior e decidiram batizá-la com o nome do café. Hoje a Lloyd's é a maior companhia de seguros do mundo.

O lugar dos negociantes de ações era o Jonathan's Coffee House, num bequinho no centro da cidade. A cotação dos papéis ficava afixada nas paredes, e o pregão ia rolando o dia inteiro. Com o tempo, o Jonathan's ficou pequeno, e foram abrindo mais cafés no mesmo beco para acomodar os negócios. No fim do século 16, o lugar ficou conhecido como Exchange Alley (Beco do Comércio).

O SEGREDO DOS DERIVATIVOS NUM CAFÉ DO SÉCULO 17

Foi nessa bolsa de valores improvisada que o mercado de ações virou o que ele é hoje: um jogo. Um jogo construtivo que faz a economia crescer e gerar empregos ao dar capital para quem quer ampliar sua rede de carrinhos de pipoca, sua fábrica de sutiã ou sua petrolífera estatal de capital misto. Mas, ainda assim, um jogo, e mais parecido com War do que com dados, na verdade. Um jogo em que a fronteira entre a sorte e a estratégia é nebulosa. Você nunca sabe onde começa uma e termina a outra.

Logo que o mercado de ações tomou forma, essa face dele apareceu. Nos cafés da Exchange Alley, as pessoas não negociavam só ações. No melhor estilo inglês, os estabelecimentos também funcionavam como casas de apostas: você apostava se o preço de uma ação ia subir ou descer.

Assim: estou aqui na Exchange Alley do século 17 e, entre um gole de café e a leitura do meu panfleto favorito sobre o mercado, cismo que as ações da Companhia das Índias vão subir.

Não tenho dinheiro para comprar papéis naquele momento. Mas minha certeza é tanta que eu apostaria com alguém. Ainda bem que na mesa ao meu lado está o apostador mais compulsivo da cidade.

– Cara – digo pra ele. – Boto uma grana que as ações da Companhia das Índias vão subir de 100 libras para 120 em uma semana. Quer apostar?

– Quero – ele responde.

Claro. Mas em vez de uma aposta simples ele propõe um jogo. O homem é um profissional.

– Olha só – ele diz. – Tenho um monte de ações da Companhia da Índias. Mas não estou tão crente assim de que elas vão subir. Você acha que os papéis vão estar a £ 120 semana que vem, né? Então vamos fazer o seguinte: você me dá £ 1 agora, e, em troca disso, deixo você comprar cem ações a £ 110 cada uma daqui a sete dias.

– Deixa eu ver se entendi. Você vai me dar o direito de comprar por £ 110 mesmo se a ação estiver a £ 120?

– Exato. É dinheiro na mão: você compra de mim a £ 110 e vende a £ 120 na mesma hora aqui na Alley. Na real, nem vai ter de comprar. Vou te dar um papelzinho dizendo: "Vale a compra de cem ações da Companhia das Índias a £ 110". Se você quiser, vende só o papelzinho mesmo pra algum interessado. Quem não vai querer a chance de comprar cem ações por £ 10 a menos?

– Espera aí: desse jeito eu vou poder vender o papelzinho de £ 1 por, deixa eu ver... £ 1.000?!

– Isso, gênio da matemática. Se são cem ações, e o papelzinho dá direito a comprar cada uma por £ 10 abaixo do preço, só a operação de comprar de mim e revender no mercado vai render £ 1.000. Então, ou você faz isso daqui a sete dias, ou vende esse papelzinho de ouro pra alguém. Você não precisa nem pôr a mão no bolso pra comprar as ações com o desconto. Dá pra vender o papelzinho por £ 900, £ 950, fácil. Quem é que vai ser louco de recusar? O cara vai pagar £ 900 por uma coisa que vai render £ 1.000 automaticamente pra ele. Do jeito que as coisas são aqui no beco, vai estar cheio de gente querendo comprar antes de você oferecer. O boato de que você tá com ouro na mão já vai ter corrido. E tem mais...

– Beleza, beleza. O ouro aí vai custar só £ 1 e pronto, certo?

– Garantido.

– Fechado, então.

– Certo. Tá aqui seu papelzinho. Até semana que vem! – E ele vai embora com um sorrisão no rosto.

“Ah, aí tem”, penso. “Como é que esse cara fica contente com um negócio desses? Tudo bem, pode ser que as ações não subam tanto. Pode ser que não subam nada. Mas, se for assim, eu perco £ 1 e pronto. O problema mesmo tá na mão dele. Se o preço bater mesmo em £ 120, ele vai deixar de ganhar £ 1.000.” Mas resolvo não me preocupar agora. E não esquento a cabeça mesmo. Passo a semana toda pensando no que vou fazer com o dinheiro que estou para ganhar de graça. “Hum... Uma libra virando £ 900 dá quantos por cento mesmo? Se fossem cem, já daria 800%... Tira dois zeros, põe dois... 8 mil... 80.000%. Minha nossa! Tô rico. Café de graça pra todo mundo!” Dão sete dias, e vou checar o preço dos papéis da Companhia das Índias. Opa! £ 122.

Aí foi só vender o papelzinho da aposta por £ 1.000 mesmo. 100.000% de lucro! Sou um mago do dinheiro. Gênio das finanças. O Rei Midas do café.

Uma parte substancial do mercado de ações funciona assim até hoje. Não mais ou menos assim. *Exatamente* assim. São apostas a dinheiro sobre uma variável imprevisível: se o preço de uma ação vai subir ou descer. Tudo no mercado financeiro era e continua sendo objeto de aposta: o preço de uma ação no futuro, a cotação de uma moeda em dólar daqui a um ano, o índice de algum mercado – como a pontuação do Ibovespa daqui a duas horas. É um cassinão mesmo. Legalizado no mundo todo.

O nome bonito dessa bolsa de apostas é "mercado futuro", ou "mercado de derivativos" – porque ele *deriva* dos mercados de verdade. O papelzinho que o cara do café deu é um derivativo de uma ação da Companhia das Índias Orientais – uma coisa que não é uma ação propriamente dita, mas um contrato, vamos chamar assim, ligado à flutuação do preço do papel. Como a ação subiu para mais de £ 110, esse contrato se fez valer – o sujeito para quem eu vendi foi lá no cara que me vendeu o papel e comprou cem ações a £ 110 num momento em que elas estavam valendo £ 122 no mercado. Se a ação não tivesse passado de £ 110, só me restaria jogar o papel fora e perder a libra que paguei por ele.

E essa brincadeira não é exatamente um nicho do mercado financeiro. Se você somar todo o dinheiro que existe investido em ações no planeta, vai dar US$ 73 trilhões (pau a pau com o PIB mundial, que em 2019 estava em US$ 78 trilhões). Sabe quanto esteve envolvido em apostas iguais à do exemplo que você viu? US$ 544 trilhões. Nota: não é exatamente dinheiro vivo, mas sim, como dizem no mercado financeiro, o "valor nominal dos contratos". Valor nominal é o que está escrito neles.

No exemplo do café, esse valor era de £ 11.000. O contrato era aquele papelzinho escrito "vale a compra de cem ações a £ 110". Cem vezes £ 110 dá £ 11.000. Mas o único dinheiro de verdade envolvido na transação foi a moeda de £ 1. No mundo real é a mesma coisa, e por isso o tamanho do mercado de derivativos costuma ser bem maior que o mercado normal – que o povo das finanças chama de "mercado à vista", justamente em contraposição a "mercado futuro", que é a aposta.

Nas bolsas de hoje, aquele derivativo que o apostador compulsivo me vendeu no café se chama "opção de compra". Qualquer um tem acesso a ele. Você, inclusive. É só ter conta numa corretora.

Eu mesmo resolvi testar a coisa (meu eu real, não um personagem sentado num café do século 17). Numa sexta-feira à tarde, dei uma parada no trabalho e coloquei R$ 80 em opções de compra da Vale. O contrato (virtual, sem papelzinho, claro) me dava direito a comprar mil ações da mineradora a R$ 46 cada uma na segunda-feira. O valor de mercado no momento em que fiz isso estava em R$ 44,50. E caindo.

Eu disse "contrato", mas deveria ter dito "contratos", no plural. No mundo real, você compra por unidade: paguei R$ 0,08 pelo direito de comprar cada uma das mil ações por R$ 46.

E aí a segunda-feira amanheceu com uma surpresa. A Vale tinha conseguido um baita reajuste no preço do minério de ferro com a China. As perspectivas de lucro da empresa cresceram, as ações dispararam e, lá pelo meio-dia, quando fui checar o preço na Exchange Alley do século 21 (a telinha do *home broker* da corretora), elas estavam a R$ 46,83.

Meu papelzinho virtual me dava direito a comprar ações da Vale por R$ 46, certo? Então agora ele valia ouro. Dava para vender cada um por, no mínimo, R$ 0,80. Eu tinha pagado R$ 0,08. Os R$ 80 podiam virar R$ 800. Eram 900% de lucro.

A diferença é que eu não teria de sair andando atrás de algum colega no trabalho que estivesse a fim de comprar meu bilhete premiado. O café cheio de gente querendo comprar antes mesmo que eu oferecesse estava ali no meu PC. E o café estava lotado de ofertas, cheio de gente querendo comprar essas opções a R$ 0,80 cada uma, só pela chance de adquirir mil ações da Vale por um preço levemente abaixo da cotação de mercado (R$ 0,03 abaixo, no caso) – ou também para tentar vender mais caro ainda dali a uma, duas horas, caso o preço da ação continuasse entrando em órbita. Eu também podia esperar mais um pouco para tentar um preço melhor. Mas não. Quase 1.000% já era um ganho bem assustador. Fechei por R$ 0,80.

Duas horas mais tarde, a cotação da Vale estava a R$ 47,55. Se eu tivesse esperado mais um pouco, venderia minhas opções a pelo menos R$ 1,50. Os R$ 80 que coloquei teriam virado R$ 1.500... "E se eu tivesse colocado R$ 800 nisso? E se fossem R$ 8 mil?", ficava pensando depois. Teria ganhado um apartamento de um dia para o outro. Eu era um gênio das finanças, o Rei Midas do escritório.

Dali a uns dias respirei fundo e comprei outras opções com os R$ 800 que tinha conseguido. E fiquei esperando o Dia D, a data de vencimento do derivativo – opções sempre têm uma data de vencimento: se não vendeu para ninguém até lá ou se não exerceu o direito de compra do papel pelo valor acertado, tchau, perde tudo.

Mas eu não ia perder. Passei vários dias imaginando o que faria com meus milhões. "Vou investir tudo de novo!" É o que os gênios das finanças fazem, afinal de contas. Vamos lá. Rumo ao primeiro bilhão.

Passou o tempo, chegou o dia do vencimento. E não teve subida nenhuma. Os milhares de contratinhos de centavos que eu tinha comprado com os R$ 800 não valiam mais nada. Perdi tudo, tchau.

Era como se, naquele primeiro exemplo, o do café, as ações nunca tivessem chegado nem a £ 110; ou como se, no segundo, a ação da Vale tivesse passado o dia abaixo de R$ 46. Pronto. Eu tinha deixado de ser o gênio das finanças. Era só mais um cara que tinha perdido dinheiro no jogo. Parei de brincar com opções de compra, claro. Mas não para sempre. Um ano depois, foram mais R$ 2 mil para o ralo nessa. Aqueles R$ 80 iniciais tinham virado R$ 2.000 negativos. Gênio...

SOBRE TOUROS, URSOS E SOROS

Por histórias como essa, os derivativos são o instrumento que mais leva pedrada dos críticos do mercado financeiro. "É um cassino!", brada esse povo. Até é. Mas tem uma diferença. Num cassino, quem ganha quando todo mundo perde é a banca. Numa corrida de cavalos, o Jockey Clube. No mercado financeiro, não é o Demônio das Finanças. Outra pessoa igual a você se deu bem do outro lado. O dinheiro não some. Alguém vendeu os contratos e saiu na vantagem. E aí a gente chega à parte mais importante: o que faz com que alguém lance opções de compra no mercado? A prudência.

O mundo das finanças não é feito só de malucos que compram ações e torcem para que elas subam o tempo todo. Há os que preferem se acolchoar para uma eventual perda a deixar tudo ao sabor da sorte. O sujeito que vende opções de compra é um deles.

Em vez de cruzar os dedos, ele dá um jeito de fazer dinheiro com elas explorando, no bom sentido, a fé dos acionistas-torcedores. É o que fez o cara do café. Ele tinha cem ações e vendeu uma opção de compra por £ 1. Aconteça o que acontecer, essa libra é dele, e ninguém tasca. As ações podiam cair a zero que essa libra já estava garantida.

Mas elas subiram. Então, além de garantir a libra, ele vendeu as ações com algum lucro. E não arriscou nada na operação toda. Legal. No caso dos derivativos da Vale, foi a mesma coisa do ponto de vista de quem vendeu as opções.

Existem outros derivativos para quem prefere um ganho pequeno, porém certo, à chance remota de ganhar uma bolada. A opção de venda é um deles. Funciona assim: eu chego para você e ofereço cem ações da Vale que tenho comigo a R$ 45, mas para entregar só daqui a um mês. Vamos dizer que o preço de mercado dos papéis esteja hoje em R$ 46. E que ele esteja subindo. Você aceitaria fechar agora comigo por R$ 45? Parece ok... e você fecha o acordo. Dali a trinta dias vai comprar por R$ 45 cem ações da Vale que hoje estão a R$ 46.

O que eu ganho com isso? Segurança. Quem diz que o preço da ação vai continuar subindo? De fato, se ela chegar a R$ 50 dali a um mês e eu tiver de vender para você por R$ 45, pior para mim. Fico com R$ 4.500 na mão, enquanto poderia fazer R$ 5.000 no mercado na mesma hora. Péssimo. Mas e se a ação cair?

Vamos ver. A gente fecha o acordo, aí passa uma semana, duas, três... Um mês. Chega o dia de a gente fechar o negócio, e os papéis caíram mesmo. Estão a R$ 40 agora. Nisso eu ganho R$ 500 a mais do que levantaria no mercado. Não é aquela mega-sena que uma opção de compra pode dar. Mas a minha ideia aqui, ou seja, a ideia de qualquer um que lança opções de venda das ações que tem na mão, não é nadar em lucros. É se proteger contra riscos. O jargão financeiro para isso é *hedge*, que significa "proteção" mesmo. Arranjar alguém que compre minhas ações por R$ 45 dali a um mês pode significar um ganho menor que o possível no mercado. Mas também funciona como um seguro.

Porém, existe um lobo escondido nessa pele de cordeiro. As opções de venda servem para proteger? Servem. Só que elas também podem ser o negócio mais arriscado que você pode fazer com ações. Pois quem disse que eu preciso ter aquelas cem ações da Vale comigo na hora em que fecho o acordo de vendê-las para você por R$ 45? Posso muito bem fechar o acordo sem ter papel algum na mão. Se chegar lá na frente e a ação estiver a R$ 40, eba: gasto R$ 4.000 para comprar cem ações e vendo automaticamente o lote para você (temos um contrato, lembre-se) por R$ 4.500. Nada mau para um negócio cujo investimento inicial foi rigorosamente zero.

O nome desse tipo de negócio é "venda a descoberto". "Descoberto" porque você fecha uma venda sem ter a coisa que vai vender. No fundo, ela é o cisne negro das opções de compra: você só ganha dinheiro quando as ações caem.

Se elas sobem, a perda é dura. Enquanto com as opções de compra tudo o que você perde é o dinheiro da pinga que pagou pelo contrato, pelo "papelzinho", aqui o negócio é com papelzão mesmo: dali a um mês você vai precisar ter ações de verdade para selar o compromisso de venda. Tudo para vender por menos do que pagou. Indigesto.

Mesmo assim, nunca faltou gente disposta a arriscar. Os mercados de opções de compra e de venda a descoberto existem desde sempre. E criaram um cabo de guerra no mundo das ações. De um lado, ficam os que torcem pelas subidas nos preços para lucrar com as opções de compra. Do outro, os que fazem figa por quedas na bolsa, para se dar bem com as vendas a descoberto. Esse é o grande Fla-Flu do mercado financeiro. Tão Fla-Flu que cada torcida tem um apelido.

Os que tentam lucrar com baixas são os *bears*, os ursos (mas não adianta colocar em português – em todos os países é *bear* que se fala mesmo). *Bear* porque "vender a pele do urso antes de caçá-lo" é um velho provérbio inglês. E vender pele de urso antes de caçar o dito-cujo é a mesma coisa que vender uma ação antes de comprar a dita-cuja.

O outro lado da arquibancada (com uma torcida bem maior, diga-se) é o dos *bulls*, os touros. A origem exata do termo já se perdeu, mas o mais provável é que tenha nascido logo depois de *bear* para fazer oposição, na linha: enquanto o urso ataca esmagando a presa, vindo de cima para baixo, o touro joga a presa para cima. Para baixo, urso; para cima, touro. E, se não for isso, é só porque touro é agressivo mesmo e pronto.

Seja o que for, a coisa pegou tanto que em frente à Bolsa de Nova York tem a estátua de um touro – uma espécie de amuleto gigante. Quando as ações estão subindo, a maioria se dá bem, inclusive os investidores que não se metem com derivativos. Por analogia, os caras chamam os momentos em que a bolsa está subindo de "*bull market*", e as quedas de "*bear market*". Nos momentos *bear*, os únicos que ganham são os sujeitos que fizeram vendas a descoberto, os que venderam a pele do urso antes de caçá-lo, os especuladores puros, que lucram com a desgraça alheia. Não que existam mocinhos e bandidos nessa história. São só duas formas diferentes de lutar por dinheiro. Mas, como um *bull market* cria uma bonança mais generalizada, é a estátua de um touro que está em frente à bolsa, não a de um urso – o Bulls x Bears, então, não é exatamente um Fla-Flu: está mais para Flamengo x Volta Redonda, já que a torcida para o primeiro é estupidamente maior.

Já a Bolsa de Frankfurt é mais democrática. São duas estátuas ali: a de um urso e a de um touro. Do ponto de vista dos grandes investidores, faz todo o sentido. Os tubarões do mercado, na prática, sempre jogam um pouco de cada lado, e uma mão vai lavando a outra. Mas alguns dão um passo além. Foi o caso de George Soros, o Maradona do mercado financeiro (lembrando que o Pelé é Warren Buffett, o homem do nosso capítulo derradeiro).

Soros, um húngaro naturalizado americano, fez boa parte de sua fortuna de US$ 14 bilhões com lances imprevisíveis, que deixaram o mercado de boca aberta. Seu gol de placa, como o de Maradona, foi contra a Inglaterra: apostando na queda da libra, em 1992. Ele usou o mecanismo das vendas a descoberto que você viu aqui, mas, em vez de ações, negociou moeda. Dá na mesma, já que a cotação de uma moeda é igual à de uma ação: sobe ou desce todo dia.

A aposta de Soros foi de que a cotação da libra em dólar cairia. Ele combinou de vender 6,5 bilhões de libras dentro de algumas semanas por US$ 10 bilhões (isso é uma aproximação – foram vários contratos de valores diferentes e envolveram outras moedas além do dólar, mas assim fica mais fácil de entender).

Com o compromisso de vender 6,5 bilhões de libras e nenhuma libra na mão, Soros torceu por uma queda na cotação da libra. Aí poderia comprar a moeda britânica no mercado a um valor menor do que tinha acertado com o pessoal dos bancos.

E não é que deu certo? A libra caiu, e Soros aproveitou para comprar os 6,5 bilhões de libras. Gastou por volta de US$ 9 bilhões na operação. Como os contratos diziam que a venda de libras para os bancos deveria ser fechada por US$ 10 bilhões, Soros soltou fogos. Tirou US$ 1 bilhão de lucro.

Se a libra não tivesse caído, ele teria de comprar pelo preço que fosse e provavelmente perderia tudo o que tinha – qualquer soluço que a libra desse para cima, Soros morreria com um prejuízo bilionário. Mas aconteceu justamente o contrário, e Soros foi dormir US$ 1 bilhão mais rico. "Minha estratégia não beneficiou ninguém além de mim mesmo", disse depois. Mas aí é do jogo. Os bancos que fecharam os acordos com ele também não estavam agindo para tornar o mundo um lugar melhor – acreditaram que tirariam US$ 1 bilhão de Soros, de outra forma não teriam entrado na aposta.

Não que tenha sido uma aposta às cegas do húngaro. Essa queda da libra era uma possibilidade real. Investidores estavam trocando em massa as moedas britânicas por dólares e outras moedas. O medo deles era justamente o de uma desvalorização repentina da libra – a economia britânica não estava bem das pernas, e quando isso acontece a moeda do país enfermo tende a cair em relação às outras. Mais: as vendas de libras, por si sós, já forçavam uma queda na cotação da moeda (muita oferta = preço menor, como sempre). Mesmo assim, a libra não estava caindo.

O governo temia que um excesso de libras na praça desencadeasse inflação. Funciona assim: quando as libras estavam guardadas nos cofres dos investidores, elas estavam fora de circulação. Então não tinham como causar inflação. Agora era diferente. Todo mundo estava vendendo em troca de moedas de outros países. Ou seja, os investidores passaram a guardar dólares, francos e marcos alemães (o euro ainda não existia) em seus cofres. E as libras acabaram em circulação. Deixar essas libras soltas pelo Reino Unido seria como imprimir um monte de dinheiro novo e colocar na praça. Como a inflação já estava alta naquela época, seria suicídio. E agora? O que o governo podia fazer para evitar isso? O que fez naquele ano: usar suas reservas de moeda estrangeira para comprar ele mesmo libras dos investidores que estavam se livrando delas. O segundo passo era pegar essas libras e deixá-las guardadinhas, fora de circulação. Aí a inflação ficaria quietinha, na dela.

Mas o governo comprou tantas libras que acabou duro, sem dólares, francos ou marcos para continuar comprando. Sem os bilhões do Estado na jogada, a oferta de libras foi para a órbita. E o preço, para debaixo da terra. Foi a hora em que Soros decidiu caçar seus ursos. E lucrar US$ 1 bilhão com as peles...

Ele tinha tanta certeza de que o governo acabaria sem moeda estrangeira que jogou como *bull* também. Comprou £ 350 milhões em ações na Bolsa de Londres. A lógica: com mais libras circulando pelo mercado, poderia até rolar mais inflação, ok. Mas também haveria mais dinheiro disponível por aí. Mais dinheiro por aí significa mais grana indo para todos os lugares, inclusive para a bolsa. As ações, então, tenderiam a subir. Como subiram de fato. E Soros ganhou como urso e como touro. Genial.

Mas não basta ser gênio para se dar bem no mercado, claro. O sujeito mais apontado como o maior gênio da história, inclusive, teve um destino bem diferente no mundo da especulação. Trata-se de Isaac Newton. O físico perdeu o equivalente a R$ 80 milhões em dinheiro de hoje com o estouro de uma bolha financeira. Não, as bolhas não poupam. As bolhas não poupam ninguém. Vamos tomar mais um café na Exchange Alley.

6

SONHOS DE UMA NOITE DE VERÃO

Um caçador de tesouros e um governo corrupto criam as primeiras bolhas financeiras, um assassino foragido transforma papel em ouro e Sir Isaac Newton perde R$ 120 milhões na bolsa.

A PRIMEIRA BOLHA COMEÇOU de um jeito tão pitoresco que parece mentira. Primeiro, um certo capitão de navio encontrou um tesouro. Tesouro mesmo, daqueles de baú, sem figura de linguagem. Esse capitão, William Philips, voltou do mar em 1687 com 32 toneladas de prata e baús de joias retirados de um galeão espanhol naufragado. Isso rendeu £ 190 mil (R$ 1,2 bilhão de hoje) para serem divididas entre os financiadores da expedição. Um retorno de 10.000%.[1] "Tem bagulho bom aí", um monte de gente deve ter pensado: de cara, surgiram dezenas de empresas de caça ao tesouro – expedições marítimas dedicadas a urubuzar a prata naufragada que os espanhóis tinham ido buscar na América do Sul.

Como financiar as empreitadas? Opa. Lançando ações nos cafés da Exchange Alley. Empresas de equipamentos de mergulho aproveitaram a onda de caça ao tesouro e já vendiam ações antes de abrir as portas. Algumas viram suas cotações subirem mais de 500% sem sequer terem saído do papel – exatamente como aconteceria com as empresas de Eike Batista três séculos mais tarde.

Foi uma festa no beco do comércio. Com tanto dinheiro girando, a facilidade para levantar empréstimos com banqueiros aumentava. E, quanto mais as pessoas ganhavam, mais pegavam emprestado para aplicar. Todo mundo saía ganhando.

Então o que poderia dar errado? Um detalhe desconsiderado até então: a realidade. Logo descobriram que, no mundo de verdade, o

As companhias de caça ao tesouro do século 17 viram suas ações subirem 500% antes de terem saído do papel – igual às empresas de Eike Batista.

mar não estava tão cheio de tesouros. Phillips deu sorte, só isso. O resto foi telefone sem fio: uma lenda urbana sobre riquezas perdidas no fundo do mar que foi ganhando força, transmitida pela rede de cafés de Londres. Nada justificava a ideia de a cidade inteira se lançar ao mar atrás de galeões afundados – se até hoje encontrar navios afundados é uma operação para lá de complexa, imagine no século 17...

O mundo real foi tomando o lugar da fantasia, e a expectativa de que as empreitadas dessem lucro acabou caindo a zero, assim como suas ações. E quem sobrou com os papéis na mão viu sua roleta cair no Perde Tudo.

O governo britânico quase proibiu o mercado de ações depois dessa. Mas não adiantou. Os negócios continuaram como sempre, e trinta anos depois uma nova geração de britânicos perderia suas economias em outra bolha. Uma bolha, agora, promovida pelo próprio Estado.

A Coroa estava endividada por conta de uma guerra contra a Espanha. Os credores eram comerciantes e banqueiros ingleses. A hora de o Estado pagar uma parte do que devia estava chegando, mas faltavam libras nos cofres.

Então o lorde do Tesouro (cargo equivalente ao de ministro da Economia no Brasil), Robert Harley, veio com um plano mirabolante: tornar a Coroa britânica sócia de uma nova Companhia das Índias Orientais – só que agora uma voltada ao comércio no Novo Mundo, dedicada principalmente a um dos ramos mais lucrativos da economia: comprar escravos nos portos da África e revendê-los para fazendeiros da América do Sul.

Aí o Estado tentaria pagar a dívida com o dinheiro dessa nova empresa? Não! Isso é para principiantes. Harley sabia do potencial do mercado de ações. As pessoas pagariam para virar sócias de uma empresa garantida pelo governo e com amplas possibilidades de lucro? Claro. Então era assim que ele resolveria o problema das dívidas: vendendo papéis da companhia e usando o dinheiro para pagar os credores. Para chefiar a empreitada, ele chamou John Blunt, uma espécie de executivo profissional da época. Sua empresa, a Sword Blade (Lâminas de Espada), começou fazendo lâminas de espada mesmo, mas tinha virado um escritório de compra e venda de imóveis e especulação financeira – era um cara que entendia do riscado, enfim.

Harley e Blunt inventaram um nome bonito para a empresa, Companhia dos Mares do Sul, e lançaram as primeiras ações dela em 1711. Os credores do governo levavam uma vantagem aí. Podiam receber ações de graça se perdoassem a dívida (quanto mais o Estado devesse para fulano, mais papéis da Companhia dos Mares do Sul fulano recebia). Para estimular a troca da dívida por ações, o governo garantia um pagamento anual mínimo – cada £ 10 mil em dívidas perdoadas garantia uma renda de pelo menos £ 500 anuais, por 24 anos. E o que entrasse de dividendos da Companhia dos Mares do Sul depois seria lucro. Parecia uma boa ideia para qualquer um. Pense bem: a Companhia das Índias da Inglaterra chegava a render dividendos gordos como os da Holanda, na faixa de 40% anuais, então as £ 10 mil em ações poderiam virar um lucro de £ 4 mil por ano. Isso mais as £ 500 que o Estado garantia...

Deu certo: o governo levantou o dinheiro de que precisava para saldar sua parcela da dívida, £ 10 milhões (R$ 65 bilhões de hoje), e foi pagando as anuidades. Na prática, até rolou a dívida – tipo cobrir um rombo no cheque especial com um empréstimo a ser pago em 24 vezes e com juros menores. Mas o governo também era acionista da Companhia dos Mares do Sul, então quitaria essa nova dívida com os lucros que ela desse lá na frente. Negócio resolvido.

Essa mágica de fazer uma dívida sumir usando ações de uma empresa que ainda não existia chamou a atenção do outro lado do canal da Mancha. Mais especificamente de um escocês viciado em jogo e condenado por assassinato que tinha migrado para a França depois de fugir de Edimburgo: um certo John Law.

Ele era filho de um ourives-banqueiro e tinha crescido num castelo. A condenação por assassinato veio depois de uma briga de vizinhos que acabou decidida num duelo. Law ganhou. Mas acabou condenado pela Justiça, já que os duelos eram tão ilegais na Escócia daquela época quanto em qualquer lugar hoje. Foi condenado à morte, aliás. Mas conseguiu escapar antes de ser capturado e pegou um barco para Amsterdã.[2]

Era a fome encontrando a vontade de comer. De casa, ele conhecia bem o sistema bancário da época; aquilo de dar recibos, notas, em troca do ouro que os clientes deixavam guardados, notas que então passavam a circular como moeda. Law, inclusive, tinha criado uma filosofia própria: achava que o ouro era um intermediário inútil nessa jogada. Se as pessoas tivessem confiança nas notas, não precisaria haver ouro em cofre nenhum para justificar a existência delas. O futuro provaria que Law estava certo. Mas o que as pessoas do século 18 achariam dessa ideia aparentemente estúpida de usar papel sem lastro como dinheiro? É o que vamos ver agora.

A REINVENÇÃO DO DINHEIRO

Em Amsterdã, John Law conheceu a maior criação holandesa depois da bolsa de valores e de Johan Cruyff: a ideia de "banco central". Ainda no começo do século 17, o governo passou a funcionar como um ourives gigante. As pessoas depositavam ouro e prata – na forma de moedas, pepitas, barras ou o que fosse – e recebiam notas. O metal ficava nos cofres do Banco de Amsterdã, controlado pelo Estado. Uma das intenções da criação dessa instituição era dar uma arrumada nas finanças justamente para facilitar o financiamento da Companhia Holandesa das Índias Orientais, a VOC. Com as notas do Banco de Amsterdã circulando como a moeda geral do país, ficava mais fácil comprar e vender ações da companhia.

Isso de trocar ouro por recibos não era nada diferente do que os ourives faziam, mas aí teve um pulo do gato: o governo passou a aceitar as notas do Banco de Amsterdã para o pagamento de impostos. Isso turbinou a confiança das pessoas no dinheiro de papel – justamente a essência da filosofia de Law.

A confiança de que o papel valia tanto quanto ouro era suficiente para que o Banco de Amsterdã imprimisse notas sem fundos, sem lastro em ouro, para que o governo pagasse suas despesas – uma delas, ajudar os diretores da VOC a pagar os salários dos marinheiros em anos de vacas magras. Mesmo assim, não consta que os holandeses tenham dado uma de romanos e exagerado na dose na hora de fazer dinheiro: a quantidade de notas na praça nunca foi tão maior que a de ouro e prata nos cofres.

Mas John Law, lembre-se, achava esse equilíbrio entre papel na rua e metal no banco uma frescura. O sonho do escocês, então, era montar seu próprio banco central. Nos moldes do de Amsterdã, mas que não precisasse de ouro ou prata nos cofres; um banco central que emitisse suas notas na quantidade que bem entendesse.

Mas, para montar um banco central, ele precisaria de um país. Como fundar a própria nação era inviável, foi atrás de uma pronta: a França. E aí é que entra o esquema da Companhia dos Mares do Sul.

Era 1716, e a França estava endividada até o pescoço por causa das guerras de Luís XIV. O Rei Sol (aquele da frase "o Estado sou eu") tinha morrido um ano antes. E o Estado agora era o duque de Orleans – Luís XV, o sucessor, ainda fazia xixi na cama, tinha seis anos.

Primeiro, Law arrumou autorização para montar um pequeno banco privado em Paris, como o que seu pai tinha na Escócia, o Banque Générale. Depois, deu o grande passo: convenceu o Duque de Orleans de que podia matar no peito a dívida do governo. Seu banco assumiria tudo, e o Estado ficaria livre para voar. Como um microbanqueiro conseguiria uma façanha dessas? Imitando o sistema da Companhia dos Mares do Sul: lançaria uma megaempresa e convenceria os credores do governo a trocar seus títulos de dívida por ações da companhia. O duque deu seu ok e, o mais importante, aceitou a grande condição que Law havia imposto em troca do favor de assumir a dívida do Estado: o governo deveria aceitar notas do Banque Générale para o pagamento de impostos, como acontecia na Holanda. Desse jeito, os papéis que Law imprimisse valeriam ouro mesmo: se você pode pagar seus impostos com o dinheiro de papel, ele é mais do que papel. Esse privilégio de imprimir "ouro de papel" deu ao Générale o *status* de banco central – o primeiro na história da França. Bom, dizer que esse papel era do

Générale é eufemismo. John Law, em pessoa, era o Banco Central da França. "O dinheiro sou eu", ele poderia dizer.

Faltava montar a tal empresa que assumiria as dívidas da Coroa. Para começar, ela precisava de um nome chamativo. Adivinha qual escolheram? Companhia das Índias,[3] claro! Na verdade, a França já tinha duas empresas desse tipo, a Companhia Francesa das Índias Orientais e a Companhia da China. O que Law fez foi comprar as duas e simplificar o nome. E qual seria o negócio da nova companhia? O comércio com a Ásia era problemático por causa da concorrência com os ingleses. A América do Sul estava nas mãos da Espanha e de Portugal, com a Inglaterra tentando se enfiar via Companhia dos Mares do Sul. O que sobrava, então? Os mares do norte, ué!

A França era dona da Louisiana, na América do Norte. Era um território estupidamente maior que o do atual estado da Louisiana: ia desde o golfo do México até o Canadá e ocupava praticamente todo o Meio-Oeste americano de hoje, acompanhando o rio Mississippi. Dava um quarto da extensão atual dos EUA hoje.

Law, então, postulou que sua empresa faria dinheiro com o potencial de riqueza desse terrenaço – ele até passou a chamar sua Companhia das Índias de Companhia Mississippi. Pronto. Com esse plano na cabeça, Law passou a vender ações da Mississippi em troca de títulos da dívida do governo. Foi um sucesso, como na Inglaterra. Mas Law não pararia por aí.

Ele ainda precisava financiar a companhia. Os títulos de dívida do governo não valiam nada – só valeriam quando o duque de Orleans decidisse pagar o que o Estado devia, mas isso não tinha sido conversado. O que o duque fez foi deixar a batata quente na mão do escocês e lavar as mãos. Law, então, começou a fazer aquilo que realmente queria desde o começo: imprimir dinheiro de papel à vontade. Ele era o chefe do banco central, caramba. As notas que emitia tinham a confiança da população, já que dava para pagar impostos com elas. Isso deixava Law com o poder de criar quanto dinheiro quisesse para financiar a companhia.

Pagando com grana de papel sem lastro, ele começou a construir uma cidade na Louisiana para centralizar o comércio da colônia: Nova Orleans – o nome era para bajular o duque, claro.

Outro passo foi abrir a venda de ações a qualquer cidadão, e não só para credores do governo. Ele próprio virou o maior acionista. Então tinha todo o interesse do mundo em que elas subissem de preço. Para impulsionar as vendas de ações, passou a pagar dividendos de 40% – não por coincidência, iguais aos dos melhores anos da VOC. Não que a Mississippi tivesse virado uma VOC. A coisa mal tinha saído do mundo das ideias. Mas dinheiro ali não era problema, você sabe: tudo de que Law precisava para pagar dividendos era papel e tinta.

Pagando bem desse jeito, as ações da Mississippi tornaram-se o investimento do século de uma hora para a outra. A notícia foi se espalhando. A quantidade de gente a fim de entrar no bonde dos dividendos de 40% bombou. Resultado: o preço dos papéis foi subindo. Em agosto de 1719, estava a 2.750 *livres* (ou libra mesmo – esse era o nome da moeda francesa na época). Em setembro saltou para 5 mil.

E o que acontece quando os preços dos papéis sobem tanto? Mais gente fica encorajada a comprar. E o preço aumenta mais... Qualquer semelhança com um cachorro correndo atrás do próprio rabo não é coincidência. Em outubro, os papéis bateram em £ 9 mil. Rolavam derivativos também: as opções de compra para março de 1720 giravam em torno de £ 12.500, tamanha era a expectativa de que as ações subissem mais.[4]

Law aproveitou a onda para transformar seu dinheiro virtual em coisas de verdade. Comprou o imóvel suntuoso onde hoje fica a Biblioteca Nacional da França, um terço das construções da Place Vendôme, mais um punhado de casas de campo e fazendas a perder de vista na Louisiana.[5]

Não era só Law que estava se dando bem. Os investidores que compravam, vendiam e jogavam com derivativos da Mississippi também acumularam fortunas. Não por acaso, a palavra "*millionaire*" surgiu nessa Paris enlouquecida pelas ações de John Law.

Mas a realidade é chata. Sempre teima em aparecer quando as pessoas menos esperam. E a realidade era que a Mississippi não iria dar lucro. Os franceses não estavam se dando bem com os pântanos e os insetos do lugar – 80% dos imigrantes tinham morrido de doenças transmitidas por picadas.[6]

O povo também começou a desconfiar do dinheiro de papel. A realidade, nesse caso, era cruel para o sistema de Law: a população *achava que aquelas notas tinham lastro* – Law podia confiar só no papel, mas, pelo jeito, as pessoas não estavam preparadas para isso.

Em 1720, a quantidade de dinheiro na forma de notas somava o quádruplo do que a França tinha em ouro e prata. Não que a população soubesse desse déficit de metal precioso (e do excesso de papel), mas a desconfiança de que poderia haver notas demais para ouro e prata de menos começou a bater.

Com medo de acabar com papel sem valor na mão, as pessoas começaram a correr para o banco de Law para sacar o metal a que as notas dariam direito. Foi quando descobriram que não, não tinha ouro e prata para todo mundo. Aí o pânico se instalou de vez.

Law chegou a usar sua autoridade de chefe supremo das finanças da Coroa para baixar uma lei proibindo a posse de ouro e prata, mesmo na forma de moedas. Era a cartada final para que o dinheiro de papel se tornasse a única forma de dinheiro. Engraçado: Franklin Roosevelt, um sujeito que a história vê como alguém infinitamente superior a John Law, tomaria exatamente a mesma medida, com o mesmo objetivo, na época da Grande Depressão. Se deu certo? Isso fica para o capítulo 9.

Porque neste capítulo aqui não funcionou. Proibir a posse de ouro e prata naquela época era o mesmo que tornar o sexo ilegal. Não existe governo capaz de impor algo que uma população *inteira* vê como insanidade. Resultado: as pessoas voltaram a usar só metais (fosse na forma de moedas de ouro e prata que já circulavam antes de Law, fosse na forma bruta mesmo). A confiança nas notas de papel acabou, e o banco de Law deixou de fazer sentido – fechou as portas. As ações da Mississippi tiveram o mesmo destino das notas. Ninguém mais queria. Viraram lixo.

Depois dessa, nenhum francês quis ouvir falar em banco ou ações por décadas. Negócios, só com metal. E ponto-final. O problema era que, sem esses instrumentos, a economia da França acabaria defasada, principalmente em relação à da Inglaterra e à da Holanda. Ações e dinheiro de papel (mesmo que usados de forma moderada, como na Holanda) faziam as pessoas produzirem mais.

Era um fato. Ao abrir mão disso, a França estava se conformando com a pobreza – ainda que sem saber. Do ponto de vista da população, os franceses estavam só se protegendo contra novos John Laws, contra novas fraudes.

A realeza, no entanto, continuou com seus gastos milionários. E financiava isso do jeito medieval: roubando ouro e prata da população na forma de impostos escorchantes. O lado bom foi que uma hora a população se revoltou. Em 1789 os cidadãos pegaram em armas, formaram seus batalhões e marcharam. Marcharam para derrubar a Coroa. Era a Revolução Francesa – na prática, um filhote involuntário da loucura de John Law.

Law, por sinal, acabou processado pelo governo depois que seu projeto de banco central fechou, em maio de 1720. Suas posses foram confiscadas, e ele acabaria fugindo da França para salvar a própria cabeça de uma condenação à morte (mais uma!). O escocês morreria nove anos depois, em Veneza, onde seu corpo está até hoje, sepultado sob a Igreja de São Moisés. Na lápide, escrita no chão da igreja, está registrado em latim: "Pela honra e pela memória de John Law de Edimburgo. O mais distinto controlador do tesouro dos reis da França".[7]

E ISAAC NEWTON PERDE R$ 120 MILHÕES

Enquanto isso, ao norte do canal da Mancha, alguém especial acabaria inspirado pelas ideias do "distinto controlador". Era John Blunt, aquele, o dono da Companhia dos Mares do Sul em sociedade com o governo britânico. Antes, Law tinha imitado Blunt no esquema de trocar dívidas por ações. Agora, Blunt copiava Law, tentando fazer da Companhia dos Mares do Sul o que a Mississippi tinha sido no auge – uma mina de dinheiro na forma de ações.

No começo de 1720, enquanto o esquema de Law ainda estava de pé na França, Blunt e o governo britânico decidiram trocar toda a dívida da Coroa por ações da Companhia dos Mares do Sul – eram £ 30 milhões (R$ 190 bilhões em valores atuais).

Para promover a venda das ações, a própria Companhia dos Mares do Sul dava de brinde o direito automático a um empréstimo para cada pessoa que virasse acionista. Era comprou, levou: comprou a ação, ganhou o empréstimo, cujo valor dava uma fração do dinheiro gasto com a compra – na prática, era uma espécie de desconto.

Os mais crentes na subida dos papéis pegavam os empréstimos para comprar mais ações ainda. Isso inflacionou a demanda: com mais dinheiro disponível no mercado para comprar ações, os preços subiram. Se ficasse só nisso, estava bom. Mas não parou por aí.

O próprio John Blunt começou a apostar pesado na alta das ações, adquirindo o quanto pudesse em opções de compra. Como a subida dos papéis, nesse caso, era fundamental para que ele obtivesse os lucros estratosféricos que só o mercado futuro traz para você, começou a forçar as altas das ações. Como? Comprando mais papéis da própria empresa no mercado. Fazendo isso, Blunt aumentava a demanda artificialmente e lucrava depois com os derivativos – o valor gasto na compra de ações para forçar a subida de preço era dinheiro de pinga perto dos lucros que as opções podiam dar.

E o preço das ações começou a entrar em órbita, sem que a Companhia dos Mares do Sul tivesse apresentado lucro nenhum ainda. Em janeiro de 1720, quando as ações chegaram ao mercado, cada uma valia £ 128. Em março, estavam a £ 330.

A essa altura, um dos acionistas decidiu que era hora de parar e vendeu seus papéis da Companhia dos Mares do Sul: Isaac Newton. Ele tinha posto £ 3.500 e, logo que a valorização bateu em 100%, pulou fora para embolsar o lucro (de R$ 21 milhões em dinheiro de hoje).

PADRÃO-OURO

A prata era o lastro da libra. A unidade monetária britânica, que tinha começado sua carreira na Idade Média como uma peça de meio quilo de prata, àquela altura, depois de séculos de expansão monetária, equivalia a cinquenta gramas. Mesmo assim, o governo tinha um problema: a Companhia das Índias estava usando noventa toneladas de prata por ano para fazer suas compras na Ásia, e o metal começou a rarear na Inglaterra. Mas de ouro eles estavam bem. Então pediram que Newton usasse seu cérebro privilegiado e determinasse, de uma vez por todas, quanto ouro valia uma libra esterlina (não que essas conversões já não acontecessem na rua todos os dias, mas queriam uma medida oficial, calculada por alguém acima de qualquer suspeita). Newton, então, determinou que uma onça de ouro puro equivalia a £ 4,25 (ou £ 0,15 o grama). E esse virou o padrão oficial.

O físico era também o chefe da Casa da Moeda britânica, onde trabalhava desde 1696 e cujo posto manteria até a morte, em 1727, aos 84 anos. Além de formular a Lei da Gravidade e criar o cálculo diferencial e integral, Newton teve um papel interessante na história da economia: instituiu o padrão-ouro na Inglaterra (veja no boxe).

Mas, claro, o poder de Newton não era suficiente para prever qual seria o valor de uma ação no mês seguinte. Depois de pular fora do barco da Companhia dos Mares do Sul com seu lucro já bem gordo de 100%, esse senhor de 77 anos viu os preços das ações subirem mais ainda, de £ 330 em março para £ 550 em maio. Uma hora ele não se aguentou. Comprou uma fortuna em papéis da companhia de novo.

Quando a ação já tinha chegado a £ 750, o controlador da Mares do Sul resolveu faturar ainda mais com a maré alta. Uma quantidade obscena de dinheiro: lançou mais £ 50 milhões (R$ 300 bilhões de hoje) em ações. E usando aquele mesmo subterfúgio de antes para atrair compradores: você comprava uma ação e ganhava um empréstimo.

Sinta o drama: você só precisava pagar 10% da ação à vista. A segunda parcela seria para dali a um ano – uma Casas Bahia do mercado financeiro. Blunt, então, lançou £ 50 milhões em ações e recebeu £ 5 milhões em dinheiro (os 10% da "entrada", que os acionistas pagavam na hora). E então distribuiu £ 3 milhões na forma daqueles empréstimos que estimulavam a compra das ações. Mas... ei! Esses £ 3 milhões estavam saindo do caixa da empresa. Do dinheiro que os novos acionistas estavam colocando ali! A venda de ações não estava financiando porcaria nenhuma. O dinheiro ia para impulsionar mais compras de ações – e os preços delas. Nisso, Blunt (e seus comparsas, como ministros do governo britânico) lucravam a vida com opções de compra.

Uma podreira, enfim.

E o homem se viciou nessa lama. Em agosto, lançou mais £ 75 milhões (R$ 450 bilhões de hoje). Dane-se que "só" 10% disso virava dinheiro vivo e uma parte ainda acabava devolvida na forma de empréstimos aos acionistas. A ideia era bombar o preço dos papéis para que os donos da coisa toda ganhassem toneladas de libras com derivativos na Exchange Alley.

Ainda bem que trouxa é como ouro: um artigo que pode ser muito rentável para quem o utiliza, mas que, por outro lado, é escasso. Na época do quarto lançamento de ações, os banqueiros ingleses pularam fora. Esses e outros grandes investidores viram que tinha mesmo algo de podre no reino de Blunt e foram amarrar seu burro em outros mercados – principalmente na Bolsa de Amsterdã, àquela altura bem menos contaminada que o mercado londrino.

As vendas foram ganhando impulso. E o preço das ações começou a cair. No desespero para segurar os preços, Blunt foi atrás de novos compradores, de mais gente para entrar no mercado. Chegou a declarar que, em vez de grandes investidores, preferia trabalhar com "senhoras e jovens cavalheiros que vêm do outro extremo da cidade com um espírito de jogo".[8] Em suma: estava convidando os mais pobres para o seu cassino. Um cassino onde ele era a banca, o único que realmente tinha algo a ganhar.

Mas o discurso não colou. A fuga dos tubarões financeiros foi o sinal para as sardinhas pularem fora também. O preço das ações foi desabando. E, sem novos compradores de ações, a empresa não podia mais existir – tudo tinha se reduzido a um esquema de pirâmide: parou de entrar dinheiro na base, morreu.

Aí pobre do nosso amigo Isaac Newton. O físico tinha feito praticamente um *all-in* (quando o jogador de pôquer aposta todas as fichas que tem) nas ações da Companhia dos Mares do Sul: R$ 120 milhões – £ 20 mil em 1720. Perdeu tudo.

***

Mas nem só da Companhia dos Mares do Sul e da Mississippi viveu a bolha especulativa do século 18. A moda das ações inspirou uma onda de IPOs – alguns tão sem pé nem cabeça que fazem aquele nosso carrinho de pipoca parecer um investimento mais seguro que a poupança. Como essas empresas propagandeavam seus lançamentos de ações nos jornais, alguns anúncios sobreviveram para contar história. É o caso da "Companhia de aventureiros londrinos para estabelecer comércio e assentar colônia na Terra Australis".

Nada mais racional que fazer como a VOC e a Companhia das Índias Orientais britânica: lançar ações no mercado para financiar os primeiros passos do comércio global. Só tem um detalhe: a Austrália ainda não tinha sido descoberta (isso aconteceria apenas em 1770). A coisa é mais pitoresca. "Terra Australis" era um continente imaginário – Aristóteles supunha que existisse uma grande massa de terra ao sul do oceano Índico. E a ideia pegou (tanto que, quando o inglês James Cook descobriu a Austrália, o lugar ganhou esse nome). O tal continente ao sul do Índico existia mesmo. Era a Antártida, que só seria avistada no século 19. Quanto a "estabelecer comércio e assentar colônias"... bom, talvez no próximo milênio role.

Quanto você pagaria por ações de uma empreitada dessas? Difícil saber. Imagine se a Terra Australis existisse mesmo e não fosse coberta de gelo? Precificar uma ação é algo tão complexo que até hoje o "valor real" de um papel é um mistério.

QUANTO VALE O SHOW?

Para começar, ações são o tipo de investimento que mais precisa de alguma dose de sorte para dar certo. Se não de sorte, pelo menos de falta de azar. A empresa de sutiãs pode perder terreno para uma concorrente; os cinemas de rua podem acabar (levando junto o mercado de carrinhos de pipoca e a nossa gloriosa PipoCo); os carros elétricos podem ficar eficientes e baratos a ponto de tirar a gasolina do mercado...

O preço de uma ação, portanto, leva em conta o risco de que a empresa não dê em nada, ou que o negócio dela decaia para o obsoletismo. Só que o preço do papel não tem a ver com o que ele custa em unidades monetárias. Uma ação da Gol, por exemplo, custava R$ 22 no início de 2011. Uma da Tam saía por R$ 32. Qual era a mais cara? A da Gol, de R$ 22. A companhia aérea da família Constantino custava quase três vezes mais que a da família Rolim naquele momento.

O preço real de um papel sai de uma divisão. Você pega o preço somado de todas as ações que a empresa tem no mercado e divide pelo lucro que ela deu nos últimos doze meses. O que sai daí é um número, chamado P/L (preço sobre lucro). Esse número indica o valor real da ação. Quanto maior o P/L, mais valorizado o papel está.

O mundo real explica isso melhor do que qualquer parábola. A Gol e a Tam tinham um valor de mercado mais ou menos parecido em 2011 – todas as ações da primeira somavam R$ 6 bilhões, e as da segunda, R$ 5 bilhões. O lucro da Tam nos doze meses anteriores, porém, estava na casa dos R$ 600 milhões. O da Gol, em R$ 200 milhões. Então o que acontece com o preço real, o P/L? O da Gol era 30 (R$ 6 bilhões dividido por R$ 200 milhões). O da Tam, 8 (R$ 5 bilhões dividido por R$ 600 milhões). A ação de R$ 22, então, estava três vezes mais cara que a de R$ 32. Em termos cotidianos, é como se, naquele momento, o carrinho de pipoca da Gol estivesse vendendo um saquinho por R$ 10; e o carrinho de pipoca da Tam vendesse cinco saquinhos por R$ 20. A pipoca mais barata seria qual? A de R$ 10 ou a de R$ 20? A de R$ 20. Essa é a lógica do P/L. É para o valor do Preço Sobre Lucro que o pessoal do mercado financeiro olha. E tem mais.

Quando o P/L de uma empresa é bem maior que o de uma concorrente, isso significa que quem está comprando as ações dela espera que a companhia levante, sacuda a poeira e dê a volta por cima. Espera que ela um dia dê lucros bem maiores do que vem dando no presente. Quanto mais gente alimenta essa expectativa, mais gente compra os papéis. A demanda pelas ações sobe. E o preço segue junto. Se esse preço guiado pela expectativa subir com mais velocidade que os lucros, o P/L aumenta, e a ação fica mais cara em termos reais – não só em R$.

Até por isso, cada setor da economia tem um P/L típico. Quanto menor o potencial de crescimento da área de atuação da companhia, menor será o P/L dela. Petróleo, por exemplo. A extração de óleo cru segue firme como um negócio extremamente lucrativo. Das dez empresas com maior faturamento bruto no mundo em 2018, cinco eram petroleiras – Shell, Sinopec, Exxon, BP e China National Petroleum. Juntas, elas somaram um volume de vendas de R$ 1,45 trilhão no ano. A versão saneada da Petrobras deu R$ 25,8 bilhões de lucro em 2018 – um ganho equivalente ao do Itaú, e mais que o dobro do da Ambev (R$ 11 bilhões).

Mesmo assim, os P/Ls do setor petroleiro são baixos: giram por volta de 15 – ou seja, o preço combinado de todas as ações sempre acaba sendo mais ou menos o lucro que a companhia dá hoje multiplicado por 15. Por que 15? Por nada. Poderia ser 2, 7, 20, 30... Tem sido 15 porque os acionistas desse tipo de companhia tendem a parar de comprar papéis quando o P/L fica muito maior que isso. E eles param porque entendem que uma petroleira totalmente estabelecida não tem potencial de ter lucros futuros tão maiores que os do presente. Pelo menos não a ponto de justificar um P/L de 30, como aquele da Gol.

O PL da Shell, no início de 2019, era 11. O da Petrobras, 13. O da Exxon, 16. Tudo bem pé no chão. Natural: as expansões na produção de petróleo custam caro. E é impossível cravar se em vinte, trinta ou quarenta anos o petróleo vai continuar tão necessário quanto no início do século 21. Esse fator é levado em conta para que esse tipo de ação seja barato em comparação às de outros setores bem menos lucrativos, como o das companhias aéreas. O raciocínio é o seguinte: as pessoas vão continuar usando companhias aéreas daqui a vinte, trinta ou quarenta anos, mas as companhias aéreas talvez deixem de usar petróleo – turbinas movidas a biocombustível são realidade, e aviões convencionais já testam um querosene de aviação obtido da cana-de-açúcar.

Se os motores elétricos e biocombustíveis virarem a regra no transporte mundial, não a exceção, a relevância das petroleiras será menor no futuro. E isso está precificado no presente, na forma de P/Ls modestas para empresas que de modestas não têm nada. Como escreveu a *Economist* em fevereiro de 2019: "Só uma parte pequena do preço das ações das gigantes do petróleo deriva dos lucros que elas terão depois de 2030".

Nos setores da economia em que crescer não sai tão caro, como a das vendas no varejo, as P/Ls costumam ser maiores – coisa de 20 a 30. Os investidores acreditam no potencial que uma Renner ou uma Lojas Americanas têm no futuro de se tornar companhias maiores do que são hoje.

No quesito fé, porém, nada supera algumas empresas do setor de tecnologia. Sabe aquele carrinho de pipoca que dava R$ 10 mil por ano? Então. O P/L dele, pelos valores do nosso exemplo lá atrás, era de 10. E o valor de mercado dele era de R$ 100 mil. Nada absurdo. Mas sabe qual seria o valor de mercado do carrinho de pipoca se ele fosse a Amazon? Quer dizer, caso ele tivesse o P/L da Amazon? R$ 820 mil.

O preço sobre lucro da companhia era de 82 no início de 2019. Ou seja, ela valia 82 vezes o lucro que teve nos doze meses anteriores. A Amazon tinha rendido US$ 10 bilhões em 2018 e estava cotada a US$ 820 bilhões. Para comparar: o P/L da Apple, na mesma época, estava baixo como o de uma petroleira (15), já que o mercado não via grandes perspectivas de crescimento para a empresa da maçã.

Isso significa que uma ação da Amazon era negociada como um produto cinco vezes mais caro que uma ação da Apple. Acha muito? Você ainda não viu nada.

A PADARIA DE US$ 800 MILHÕES

Um faturamento de padaria. Era o que o Yahoo! tinha para mostrar quando entrou na bolsa, em 1996: US$ 1,4 milhão por ano. Isso era o faturamento, note bem. *Tudo* o que entrou no caixa. Lucro não rolava, não. Só prejuízo. Então, ele nem tinha P/L (você não pode ter P/L sem o L, lógico). O site, que era o que a maioria usava para dar um Google quando ainda não existia Google, estava US$ 650 mil no vermelho. Seu valor de mercado? Acredite se quiser: a soma de todas as ações da empresa dava US$ 800 milhões. Uma companhia com faturamento de panificadora de bairro valia quase um US$ 1 bilhão... E era só o começo.

Em 1998, o site fechou o ano com US$ 12 milhões de prejuízo, um buraco financeiro vinte vezes mais fundo. E o que aconteceu com o valor de mercado? Aumentou. Não vinte vezes. Nem trinta. Mas 38 vezes. Dois anos e pouco depois de entrar na bolsa, o Yahoo! estava valendo US$ 31 bilhões. Chegou novembro de 1999, e a etiqueta de preço marcava US$ 40 bilhões. O ano estava acabando, e o Yahoo! sinalizava que iria virar o milênio com algum lucro. Ufa! Finalmente. Então os quarentinha estavam de bom tamanho, certo? Nada. Em menos de trinta dias, as ações subiram tanto que a cotação do site mais que dobrou. Passou a valer US$ 96 bilhões.

Era um pouco mais do que valia a Procter & Gamble na época – e a gigante, dona de uma baciada de marcas de produtos de limpeza, absorventes, perfumes e pastas de dente, tinha lucrado US$ 3 bilhões naquele ano. O Bank of America embolsara US$ 5 bilhões em 1999.

E era US$ 20 bilhões menos valioso que o Yahoo! na bolsa. Insano.

Os acionistas do Yahoo! precisariam esperar 1.573 anos para o investimento dar algum retorno.

Quantos bilhões o Yahoo! colocou no caixa naquele mesmo ano? Em bilhões de dólares, precisamente 0,061. Foram US$ 61 milhões. Se você pensar no preço real da ação, aquele que o P/L indica, sai de baixo. Com um valor de mercado tão lá em cima e um lucro tão mixuruca, o P/L do Yahoo! fechou 1999 em 1.573. Um papel dezoito vezes mais caro que um da Amazon em 2019, ou cem vezes mais que o da Apple.

Na prática, um acionista do Yahoo! precisaria esperar 1.573 anos para ter o investimento de volta se a empresa continuasse lucrando naquela mesma faixa (isso na hipótese de ela distribuir 100% dos lucros na forma de dividendos). Está aí o tamanho da fé que colocavam nas empresas de tecnologia no final do século passado. Traduzindo essa grandiosidade para o nosso carrinho de pipoca, era como se ele abrisse o capital valendo R$ 16 milhões – e todo mundo comprasse as ações mesmo assim, sem pensar duas vezes. Isso foi a bolha da internet.

7 DARWIN EXPLICA

Uma previsão correta, mas fora de hora, cria a bolha da internet. E a Teoria da Evolução explica o mercado financeiro.

COMO QUALQUER OUTRA BOLHA, a da internet não bolhou porque o mundo é cheio de imbecis, mas porque estava deixando muita gente muito rica.

Quem colocou US$ 100 em ações do Yahoo! em novembro de 1996 teve como vender essa participação na empresa exatamente três anos depois por US$ 135 mil. Quem pegou US$ 1.000 do salário de chapeiro do McDonald's e fez uma fezinha no site se viu milionário no fim de 1999. Quem já estava bem de vida e colocou US$ 1 milhão para ver no que dava... É. Deu nisso. Show do bilhão.

O valor das ações das empresas americanas de tecnologia listadas na Nasdaq era de US$ 1 trilhão em 1996. Quatro anos depois, US$ 5 trilhões.

Os casos mais famosos dessa bolha são os das empresas pequenas que viraram bilionárias. Caso do Geocities, um site precursor dos blogs e das redes sociais. Ele servia para você montar uma "página pessoal", que ficava hospedada nos servidores da companhia. Começou do zero em 1994 e, cinco anos depois, acabou comprado pelo nosso amigo Yahoo! por US$ 3,5 bilhões. Só faltava encontrar um jeito de fazer o Geocities dar dinheiro. E isso nunca aconteceu.

Mas o *boom* não afetou só empresas pequenas e hipervalorizadas. As que já eram grandes chegaram à obesidade mórbida. A Microsoft chegou a valer US$ 580 bilhões no final de 1999. Corrigindo pela inflação do dólar na última década, isso daria quase US$ 900 bilhões de hoje. Vamos falar mais sobre a Microsoft mais adiante. O que importa lembrar agora é o seguinte: o P/L dela era de 60 – duas vezes maior que o atual. Ou seja, a esperança dos investidores era de que a então companhia mais valiosa do mundo virasse uma empresa muito, muito maior do que já era. O caso mais absurdo, porém, aconteceu em janeiro de 2000, quando a America Online, um provedor de internet, comprou a Time Warner, o maior grupo de comunicações do mundo, dono da CNN, da HBO, da revista *Time*, da DC Comics e dos estúdios de cinema Warner Bros.

A Time Warner estava mal das pernas na época, cheia de dívidas e com lucros mirrados. Mas seu faturamento, o dinheiro grosso que entrava no caixa, continuava sendo de gente grande: US$ 27 bilhões anuais. O da AOL era bom para o de uma companhia de tecnologia da época, mas tímido em comparação com o da Time Warner, US$ 4,8 bilhões. Só que a AOL tinha um ".com" no fim do nome, então o valor de mercado dela era maior. O preço de todas as ações da empresa juntas era de US$ 169 bilhões, contra US$ 121 bilhões da Time Warner. Os papéis supervalorizados da AOL foram a moeda de compra. Dali surgiu uma empresa nova, da qual a America Online passava a ser dona de 55%: a AOL Time Warner, com valor de US$ 300 bilhões.

A reação ao negócio polarizou as opiniões. De um lado, parte da imprensa festejava a fusão como revolucionária. Do outro, estavam os realistas.

O *Financial Times* foi um dos poucos que se mantiveram céticos. E acabou sendo profético. No dia seguinte à fusão, saiu no jornal britânico: "Isso levanta uma das maiores questões dos últimos tempos. O dinheiro da internet é o mesmo dinheiro da vida real? A resposta parece ser negativa. Cada dólar proveniente da AOL tem valor diferente da moeda vinda da Time Warner. O da AOL, resultado do seu valor de mercado, vale menos de 75% do dólar da Time Warner".

Não era um cálculo científico, só um chute. A ideia ali era mostrar que uma coisa era o patrimônio da Time Warner, com seus estúdios todos e um faturamento bem nutrido, e outra era o valor das ações da AOL, que podia despencar do dia para a noite.

E foi o que aconteceu. As empresas de tecnologia dos EUA chegaram ao seu valor máximo, de US$ 5 trilhões, em março de 2000. Mas daí para a frente a quantidade de vendedores de ações superou a de compradores. E a queda nos preços começou. No fim do ano, as companhias da Nasdaq juntas valiam só US$ 3 trilhões. Tinham perdido quase metade do valor de mercado. O preço da ação da AOL Time Warner caiu quase pela metade, de US$ 133 para US$ 68, enxugando quase US$ 150 bilhões do valor da empresa. O tal do "dólar da AOL" se mostrou bem mais podre do que o *Financial Times* tinha previsto.

Não houve um grande fato que engatilhasse a queda abrupta das ações, como uma megafalência ou algo assim. Não. Na verdade, a noção de que os papéis estavam caros demais já tinha se disseminado. Mesmo no Brasil, que só viveu uma sombra dessa bolha, não faltavam críticos. Na *Folha de S.Paulo*, em janeiro de 2000, um analista de mercado questionava a alta das ações da Globo Cabo (a operadora de TV paga que mudaria de nome para NET em 2002). "Como uma empresa que ainda é só uma promessa pode valer mais que uma Sadia, que tem fábrica, patrimônio?"

US$ 4 TRILHÕES PARA O ESPAÇO

A Nasdaq nasceu em 1971 como uma bolsa de valores alternativa à New York Stock Exchange (NYSE), a maior dos EUA e do mundo. A diferença ali é que as transações eram eletrônicas enquanto nas outras bolsas os registros dos negócios eram feitos na ponta do lápis. O sistema eletrônico é menos sujeito a erros e mais rápido. Até por isso todas as bolsas hoje são assim: não existem mais aqueles pregões de filme, cheios de gente gritando; fica tudo calminho: o corre-corre é só dentro dos cabos de fibra óptica por onde passam as ordens de compras e vendas de ações. Só que, mesmo sendo mais eficiente, a Nasdaq não decolou. As empresas tradicionais dos EUA não saíram da NYSE. Para a Nasdaq, restaram companhias novas. E desde os anos 1970 companhias novas costumam ser empresas de tecnologia.

Quando a internet bombou, a Nasdaq recebeu uma tonelada de empresas novas. E virou a bolsa do Yahoo!, do Geocities, da Netscape e de outras tantas bombas-relógio que mandariam US$ 4 trilhões para o espaço.

Essa noção de que, para valer dinheiro, uma empresa tinha de ter "fábrica, patrimônio" foi esmagando a moda das ações de tecnologia. Em 2002, o valor das companhias listadas na Nasdaq voltou ao nível de 1996, de US$ 1 trilhãozinho. US$ 4 trilhões tinham ido para a casa do chapéu – e para as casas de três andares, iates e aviões particulares de quem vendeu as ações antes de a bolha estourar. A AOL Time Warner? Bom, os veteranos da Time Warner reassumiram o comando em 2002 e mandaram tirar o "AOL" do nome. Foi como se o mercado tivesse acordado de um porre. Tecnologia virou sinônimo de lixo. E a queda nas ações dessas empresas acabou sendo tão exagerada quanto a subida tinha sido. Sabe acordar de ressaca e jurar que nunca mais vai beber tanto? Então. Mesmo empresas sólidas se complicaram. A Microsoft levou um tombo de 50% na virada do século. A Amazon, que já era uma companhia promissora na época da bolha, caiu 90%. Entre 1999 e 2001, as ações dela tombaram de US$ 85 para US$ 6.

A VOLTA POR CIMA

Os anos seguintes ao da bolha foram a era de ouro das petroleiras. Das quatro empresas mais valiosas do mundo em 2010, por exemplo, três eram do setor de óleo e gás: Exxon, PetroChina e, ela mesma, a Petrobras. A única intrusa era a Apple, terceira colocada, entre as petroleiras estatais da China e a do Brasil.

Isso aconteceu, em grande parte, por conta do crescimento da China, que passou a demandar cataratas de gasolina e óleo diesel. Mas ainda refletia a guinada dos grandes investidores para setores mais tradicionais da economia. Nessa mesma época, o top 10 das empresas com ações mais valorizadas incluía dois bancos estatais da China, a Berkshire Hathaway (de Warren Buffett, então dona de fatias gordas da Coca-Cola e da Procter & Gamble), mais a mineradora australiana BHP Billiton. No início da década de 2010, Shell, Chevron (outra petroleira), Nestlé e Johnson & Johnson também beliscariam posições altas no ranking das companhias com maior valor de mercado. Ou seja: só empresas com "fábrica, patrimônio".

Então fechado. Esse negócio de tecnologia era só fogo de palha, e dali em diante apenas os setores clássicos da economia ganhariam a atenção dos investidores, certo? Claro que não. O movimento em direção a esse tipo de empresa, em detrimento às puramente tecnológicas, também se mostrou exagerado. Até porque patrimônio puro e simples nem sempre enche barriga. A realidade respondeu àquela pergunta do analista da *Folha* de forma irônica: a NET rapidamente virou uma empresa com patrimônio avaliado em mais de R$ 3 bilhões, enquanto a Sadia perdeu quase R$ 1 bilhão numa trapalhada com derivativos de moeda estrangeira, deu um tombo nos acionistas e acabou engolida pela maior concorrente, a Perdigão.

Aos poucos, as empresas de tecnologia foram retomando terreno. Até que, em 2016, quatro delas ocuparam o topo do ranking de companhias mais valiosas: Apple, Google, Microsoft e Amazon. E assim a coisa continuou até o momento em que esta edição do livro era escrita, agora com o Facebook fechando o top 5 e a Microsoft voltando ao topo do mundo, com valor de mercado roçando em US$ 1 trilhão (veja no boxe).

O caso da Microsoft é o mais surpreendente. No fim, quem tinha apostado que a empresa mais valiosa do planeta no final do século 20 teria gás para se tornar uma empresa muito, muito maior do que antes estava certo, só que na hora errada.

O mesmo se aplica à Amazon. As ações da empresa de tecnologia que se tornaria a maior varejista da história da humanidade saíram daqueles US$ 6 de 2001 e chegaram a gloriosos US$ 800 em 2016. Dois anos depois, alcançariam US$ 2 mil. Quem tivesse investido, por exemplo, US$ 5 mil em 2001, se viu com US$ 1,6 milhão em 2018.

Mas e aí? Esses preços indicariam uma nova bolha? Vamos ver. O P/L da Microsoft hoje, como já dissemos aqui, é bem mais pé no chão que aqueles 60 de 1999. A divisão do valor somado de todas as ações da companhia pelo seu lucro anual dá só 27. O do Google é 26. O da Apple, 15 (praticamente uma petroleira). Esses P/Ls mansos dão a entender que, não, as ações não estariam sobrevalorizadas. A exceção é a Amazon. Ela tem um P/L de 90 – maior até do que aqueles 60 da Microsoft de vinte anos atrás. De novo: isso indica que muita gente acha que a gigante vai se tornar uma empresa muito, muito maior do que é hoje. Talvez isso aconteça de fato, talvez não.

Então qual é o "preço justo" de uma ação? A Apple estaria no valor certo, e a Amazon, mais bem cotada do que deveria? Não dá para saber. Por um motivo básico: a força que move os preços das ações não aparece nos balanços das companhias. Trata-se de uma entidade sobre a qual ainda não falamos aqui: a natureza.

PETRÓLEO X TECNOLOGIA

2019 (1º TRIMESTRE)

Maiores empresas do mundo em valor de mercado (em US$ bilhões):

1º Microsoft (EUA – Tecnologia): 904

2º Apple (EUA – Tecnologia): 895

3º Amazon (EUA – Tecnologia): 874

4º Google (EUA – Tecnologia): 816

5º Facebook (EUA – Tecnologia): 475

2010 (4º TRIMESTRE)

Maiores empresas do mundo em valor de mercado (em US$ bilhões):

1º Exxon Mobil (EUA – Petróleo): 318

2º PetroChina (CHI – Petróleo): 272

3º Apple (EUA – Tecnologia): 261

4º Petrobras (BRA – Petróleo): 221

5º Banco Industrial e Comercial da China (CHI – Financeiro: 214)

1999 (4º TRIMESTRE)

Maiores empresas do mundo em valor de mercado (em US$ bilhões):

1º Microsoft (EUA – Tecnologia): 586

2º General Eletric (EUA – Tecnologia): 474

3º NTT DoCoMo (JPN – Telecomunicações): 366

4º Cisco Systems (EUA – Tecnologia): 348

5º Walmart (EUA – Varejo): 286

Agora, em valores corrigidos por dezenove anos de inflação do dólar, o que dá uma base de comparação mais realista com os valores da época hoje (em US$ bilhões):

1º Microsoft: 860
2º General Eletric: 695
3º NTT DoCoMo: 537
4º Cisco Systems: 510
5º Walmart: 420

A BIOLOGIA DAS AÇÕES

Imagine o mercado de ações como se fosse o seu corpo. Agora pense melhor sobre o que é o seu corpo. Você é um amontoado de 100 trilhões de células. Cada uma descende de uma forma de vida rudimentar: moléculas de 3,5 bilhões de anos atrás que passavam o dia flutuando na água do mar – ou no "caldo primordial", como os cientistas preferem chamar a mistura de água e moléculas onde a vida começou. A única diferença entre essas formas de vida rudimentares e os grãos de areia era que elas tinham aprendido algo estranho: fazer cópias de si mesmas.

A matéria-prima para essas cópias eram outras moléculas que flutuavam no caldo. A molécula era uma versão primitiva daquilo que a gente chama de DNA, uma cadeia de átomos de carbono, hidrogênio, oxigênio e nitrogênio colados uns nos outros, formando uma escultura microscópica em forma de hélice. Cada uma dos seus 100 trilhões de células carrega uma estrutura dessas dentro dela.

Bom, esse DNA flutuante de 3,5 bilhões de anos atrás pescava (digamos assim) nutrientes no caldo e, a partir dos átomos de carbono, hidrogênio, oxigênio e nitrogênio, formava outra escultura em forma de hélice, novinha. E podia morrer em paz. Essas outras esculturas eram as filhas dela, cada uma capaz de gerar suas próprias cópias. Cada nova geração, porém, não saía exatamente igual à anterior.

Aparecia um errinho de cópia aqui, outro ali. Às vezes o erro tornava a molécula de DNA inútil, e ela morria. Mas outras vezes o erro de cópia dava numa mudança, uma mutação, que conferia alguma vantagem para essa molécula.

Com o tempo, apareceram algumas moléculas com uma vantagem clara: tinham a capacidade de usar outras estruturas de DNA para fabricar seus filhos, e não só os nutrientes soltos no caldo. Eram os primeiros predadores, que comiam outras formas de vida para sobreviver – igual você faz, mesmo que seja um vegetariano radical. Essa batalha para ver quem comia e quem acabava comido foi a primeira guerra mundial para valer, há bilhões de anos, no caldo primordial.

Mas surgiriam outras mutações. Algumas moléculas nasceram com uma mutação ótima para esses tempos de guerra. Uma carapaça natural, uma armadura que permitia comer os rivais sem correr o risco de ser devorada. Eram as primeiras células, contêineres de proteína que protegem a vida da molécula de DNA lá dentro. Só essas sobreviveram à guerra primordial.

Mas não demorou para chegarem células mutantes ainda melhores, com mais capacidade destrutiva. Essas células tinham o maior de todos os poderes: a capacidade de se unir, de juntar forças. Funcionavam como um pequeno exército, usando a especialidade de cada tipo de célula para o bem do conjunto. Especialidades como esta aqui: células com uma mutação que as fazia perceber a presença ou a ausência de luz, por exemplo, ficavam na linha de frente. Essa capacidade permitia enxergar onde estavam as presas. Outras cuidavam do sistema de locomoção, trabalhando como remadoras de um navio, outras ficavam a cargo de consumir os nutrientes e repassar energia para o sistema de visão e as células locomotoras (o sistema digestivo, basicamente).[1] De quebra, aprenderam a se reproduzir em conjunto. Um exército gerava outros exércitos prontos, não só células soltas.

E o progresso nunca parou. Esses exércitos foram ficando cada vez maiores e mais eficientes. Viraram o que o biólogo inglês Richard Dawkins – um dos primeiros a enxergar a evolução da vida por esse ponto de vista, o das moléculas – chamou de "máquinas de sobrevivência". Hoje elas são tropas incomensuravelmente grandes, formadas por trilhões de células. E se você quiser ver uma delas é só olhar no espelho. Seu corpo é uma máquina de sobrevivência: uma junção de trilhões de microformas de vida. Se você pegar um microscópio e olhar só um pedaço ínfimo do seu corpo, vai ver um cenário caótico: batalhas entre glóbulos brancos e micro-organismos, bactérias que se instalaram nas células para se aproveitar delas, mas que sem querer acabam ajudando-as a funcionar melhor... Seu corpo é uma coisa relativamente ordenada que emerge de um caos completo.

O mercado de ações também. Cada acionista age como uma célula. Está ali exclusivamente para o próprio benefício. Mas a junção de milhões de acionistas comprando e vendendo de modo caótico forma um corpo até que bem ordenado. Entenda esse corpo como o preço de uma ação – ou pelo menos como a faixa de preço em que o papel tende a permanecer.

Cada compra e cada venda de uma ação consiste numa especulação sobre o futuro. Nenhum acionista sabe se os papéis dele vão estar mais caros ou mais baratos lá na frente. Quem acha que o preço vai cair vende, quem acha que vai subir compra. E trata-se de uma guerra tão violenta quanto a do caldo primordial.

O único momento em que você tem a oportunidade de comprar uma ação diretamente da empresa que emitiu os papéis é na hora do IPO. Depois disso, só no mercado. Só com pessoas que já compraram o papel e agora estão desistindo dele. Desse jeito, dá para entender que qualquer ação é uma roubada do ponto de vista de uma parte considerável dos investidores – os que querem se livrar dela. Se ninguém achasse que algum papel é uma barca furada, seria impossível comprar qualquer ação. Sempre que você adquire uma, então, tem alguém do outro lado achando que encontrou um otário – bom, nem sempre é assim. Às vezes esse alguém está vendendo os papéis a contragosto, porque precisa do dinheiro para pagar alguma dívida, por exemplo, mas na real isso só acontece em grande escala em momentos de crise financeira aguda (2008 foi um desses, a Grande Depressão também). No resto do tempo, é só uma batalha entre investidores para ver quem se dá melhor às custas dos outros. O placar dessa batalha é o preço da ação.

Esse ponto de vista não tem nada de novo. É o mais antigo de todos, inclusive. Adam Smith, o filósofo que ergueu as primeiras vigas do pensamento econômico, resumiu a coisa numa frase: "Não é da benevolência do açougueiro, do padeiro e do cervejeiro que sai o seu jantar, mas da preocupação deles com o próprio interesse".[2] É a noção da "mão invisível do mercado", expressão criada por ele: de uma massa caótica e egoísta (comerciantes competindo para se dar bem), surge a possibilidade de você comprar carne, pão e cerveja. Sem o interesse próprio de quem vende, você não teria nada na mesa.

Isso de aplicar a ideia central de Adam Smith ao mercado de ações é uma linha de pensamento que os economistas chamam de "teoria dos mercados eficientes". Ela existe desde o começo do século 20, e defende que o preço de uma ação costuma refletir seu valor real tão bem em dado momento quanto o preço de um carro no mercado de carros usados: a massa (de gente comprando e vendendo) faz o preço.

Pense num mercado sem massa. O de carros de colecionador, por exemplo. Em 2010, um comprador anônimo pagou o preço mais alto da história por um desses: US$ 30 milhões num Bugatti Type 57 Atlantic, de 1936. Esse é o "valor de mercado" do Bugattinho? Não. Se você encontrar um igualzinho, abandonado e com a chave no contato, vai ter dificuldade de encontrar alguém disposto a pagar US$ 30 milhões. Não existe tanto milionário assim atrás de um carro desses. É um mercado "sem liquidez", na língua dos economistas.

Quem tem "liquidez" é Uno, Gol, Corsa, Fiesta, Clio... Tem tanta gente querendo comprar carrinhos baratos que é como se o preço deles fosse tabelado pelo governo. A tal liquidez é tão importante na determinação de um preço que colecionadores de carros antigos estão montando bancos de dados com as negociações que acontecem pelo mundo. Compraram três Ferrari F-40 de 1988 por US$ 1 milhão e duas por US$ 1,5 milhão no ano passado? Então, se alguém lhe oferecer uma por US$ 1,2 milhão, está no preço. US$ 2 milhões talvez não tenha muita justificativa. E US$ 750 mil é para levar na hora.

Esse banco de dados não só existe no mercado de ações como é atualizado a cada fração de segundo. Pegue uma companhia miúda da Bovespa, a Forjas Taurus, por exemplo, uma empresa que fabrica armas. Um milhão de ações dela trocam de mãos num pregão típico. Do Itaú, 20 milhões. Da Petrobras, 50 milhões.

É uma liquidez tão forte que não tem como o preço de um papel estar muito além da realidade. Se o valor da ação de uma Microsoft dá num P/L baixo, mostrando que a ação está teoricamente barata, é porque o preço "justo" é esse mesmo. Uma ação não é uma Ferrari F-40. É um Chevrolet Ônix. Há um mercado intenso por trás, determinando o preço. Então não existem grandes barganhas. Na prática, significa que o investidor médio, você, não tem como ganhar muito mais do que a média na bolsa. Você é a média.

Isso é exatamente o que prega a ideia dos mercados eficientes. Ela leva em conta a diferença entre o preço de um carro usado e o de uma ação, claro. Um carro é uma coisa estática, não muda com o tempo (só fica mais velho, mas essa é uma alteração que vai se refletir no preço, e de forma totalmente previsível). Com uma empresa, a coisa real por trás de uma ação é diferente. Ela pode estar meio mais ou menos hoje, mas amanhã pode ganhar mercado e começar a ter lucros absurdos. No mercado de ações, o Ônix de hoje pode ser a Ferrari de amanhã. Mas essa expectativa também está embutida no preço. Então ele tem sempre um valor que a gente pode chamar de "justo".

A teoria é tão redonda que ganhou ares de sagrada entre os economistas. Só tem um detalhe: ela está errada.

O MAIOR INIMIGO DO SEU BOLSO

Claro que um preço determinado por milhões de pessoas comprando e vendendo todos os dias é algo a ser respeitado. Mas a teoria dos mercados eficientes é como a teoria da gravidade universal (ou qualquer outra da ciência): uma aproximação da realidade. Não se trata de um retrato fiel. Quando Newton mostrou que a massa dos corpos se atrai, e que é por isso que o seu traseiro está grudado agora ao planeta Terra, ele fez uma boa aproximação sobre como o Universo funciona. Mas não era *a* verdade. Einstein descobriria mais tarde, em 1916, que não é a "massa dos corpos que se atrai". O que a massa dos corpos faz é entortar o "tecido do espaço" (uma entidade abstrata que representa a própria dimensão de espaço, não o espaço sideral). A Terra entorta o espaço à sua volta. E você se sente preso ao chão. Prova disso é que até a luz é atraída pela gravidade, algo que Newton achava impossível. E quando detectaram que massa atrai luz mesmo, em 1919, Einstein foi alçado à posição de semideus.

O alemão descobriu a verdade final sobre o assunto? Não. Mas que foi uma aproximação melhor que a de Newton, foi. Isso também não significa que Sir Isaac estivesse errado. As equações do britânico para descrever a atração entre os corpos continuaram valendo depois de Einstein. A matemática de Newton estava correta. Só a forma de ver o processo todo é que estava mais distante da verdade.

As forças que movem as finanças ainda são tão misteriosas quanto as que movem o Cosmos. Sabemos bastante sobre elas. Mas não tudo. Os criadores da teoria dos mercados eficientes fizeram uma boa aproximação. É fato: o preço de uma ação reflete toda a expectativa do mercado em torno dela. O que a teoria não enxerga, porém, é que as expectativas às vezes estão completamente equivocadas.

É que entre uma ação e o preço dela existe uma entidade propensa a erros grosseiros: o nosso cérebro. Um ramo recente da ciência, a economia comportamental, surgiu nos anos 1970, para tentar explicar como a nossa cabeça cria distorções no mercado financeiro. Psicólogos, neurocientistas e economistas têm aprofundado os estudos nessa área nos últimos anos. No começo foram desacreditados. Mas começaram a chamar a atenção depois que a bolha da internet e a crise de 2008 fizeram com que a vida real servisse de laboratório para suas teses. E hoje essa ciência tem até um nome mais bonito: neuroeconomia.

A neuroeconomia começa com uma premissa: a gente até engana bem, mas lá no fundo nossa mente é tosca. Ela evoluiu num ambiente selvagem. Passamos 99,5% da nossa história tendo de lidar o tempo todo com questões de sobrevivência – são 10 mil anos de civilização contra 2 milhões do surgimento do primeiro animal que dá para chamar de humano, o *Homo erectus* (se quiser usar como referência o *Homo sapiens*, a nossa espécie propriamente dita, que apareceu bem mais tarde, tudo bem, vai dar 95% de selvageria *versus* 5% de civilização). Nesse mundo bruto em que a mente evoluiu, enfim, existiam duas regras de ouro:

1) Não levar desaforo para casa. Nós vivíamos em grupos de, no máximo, 100, 150 indivíduos. Todo mundo se conhecia. Então perder o respeito do grupo significava o fim da sua vida – e viver sozinho no meio da savana africana, onde tanto os *erectus* como os *sapiens* passaram a maior parte do tempo, não era um bom negócio (ainda não é, por sinal).

2) Fazer o que os outros estão fazendo. Se todo mundo sair correndo, corra também. Vai na fé, amigo *erectus*. O mais provável é que algum predador tenha aparecido, e só você não tenha visto. É para esse instinto de ir com os outros, inclusive, que temos nossos neurônios-espelho, os que fazem a gente sentir o que os outros estão sentindo como se fosse telepatia. São eles que dão a sensação de "vergonha alheia", são eles que fazem você rir de verdade quando todo mundo está rindo, mesmo que não tenha entendido a piada – são eles que fazem você gritar "ai" quando vê alguém se espatifando no chão, são eles que fazem uma criança escolher que vai torcer para aquele time de futebol quando você a leva para a arquibancada pela primeira vez. E também são os neurônios-espelho que levam investidores a fazer besteira.

Mas primeiro vamos considerar a parte do desaforo. O instinto de manter uma boa imagem perante o grupo – e diante do próprio espelho – cria uma aberração. Você fica feliz quando se dá bem e triste quando as coisas não dão certo. Ok. Mas não existe uma simetria aí. O desespero quando algo dá errado é maior do que a alegria de quando dá certo. Fazer um gol levanta a autoestima, digamos, em dez pontos. Mas levar um gol do outro time abaixa em vinte.

Na bolsa é a mesma coisa. Como a aversão à perda é muito grande, investidores tendem a pular fora do barco quando as ações estão caindo, mesmo que percam dinheiro com isso. É uma atitude irracional: o mais equilibrado seria esperar alguma subida para repor um pouco do prejuízo com a queda e aí, sim, vender. Ainda mais sensato seria mirar só na saúde financeira da empresa por trás da ação e não

Um psicólogo mostrou que o nosso cérebro é programado para perder dinheiro. E ganhou o Nobel de Economia.

ligar para a queda de preço caso a companhia esteja bem. Mas não: a tendência é vender no momento de perda justamente para aplacar a dor dessa perda. E esse comportamento irracional ajuda a tragar o mercado inteiro para baixo em momentos de baixa, como o estouro de uma bolha – daí as ações de uma Amazon da vida terem caído quase a zero sem justificativa para tanto.

Quem chegou a essa conclusão nem foram economistas. Mas psicólogos. Os primeiros a verificar como a parte selvagem e puramente instintiva do cérebro influencia o preço das ações foram o americano Daniel Kahneman, da Universidade de Princeton, e o israelense Amos Tversky, da Universidade Stanford. Kahneman ganharia o Nobel de Economia em 2002 – sem nunca ter aberto um livro de economia, segundo o próprio. A academia sueca justificou o prêmio dizendo que Kahneman integrara "inovações da psicologia nas ciências econômicas, especialmente no que concerne ao julgamento humano e à tomada de decisões sob incerteza" (Tversky não recebeu o prêmio junto porque tinha morrido seis anos antes – e não existe Prêmio Nobel *post-mortem*).

A dupla chegou a essas conclusões depois de anos de experimentos com voluntários, como acontece normalmente na elaboração de teses de psicologia. O mais famoso desses testes é o Jogo do Ultimato. Famoso e simples, dá até para fazer em casa.

Assim: primeiro você chama dois amigos seus. Vamos chamá-los de Tonico e Tinoco. Aí você dá R$ 100 em notas de R$ 10 na mão do Tonico e explica para a dupla:

– Olha, o Tonico tá com esse dinheiro na mão. Mas ele só vai levar alguma coisa se der uma parte para você, Tinoco.

– Posso pedir quanto eu quiser?

– Não, Tinoco. É o Tonico quem decide quanto dos R$ 100 fica com ele e quanto fica com você.

– Tenho de dividir o dinheiro com o Tinoco, então?

– Só se você quiser, Tonico. Mas tem um detalhe importante: se o Tinoco recusar sua oferta, nem você nem ele ganham nada. Vão ter de me voltar o dinheiro, tá?

– Tá bão!

Começa o jogo. Tonico pensa um pouco e conclui: "Eita... Não preciso dar grande coisa pro Tinoco, não. Se eu der só R$ 10 e ficar com R$ 90, ele não vai ser besta de recusar. Porque aí nem R$ 10 o Tinoco ganha. Melhor um passarinho na mão que dois voando...".

– Toma aí, Tinoco, dez contos de réis procê.

– Quero não, Tonico.

– Mas, Tinoco, se você recusar não vai ganhar é nada, sô!

– Tá me achando com cara de sonso, ô animar? Quero não.

E Tonico tem de devolver o dinheiro para a banca. Os dois acabam de mãos abanando.

Então você chama outra dupla: Milionário e José Rico. Dá os R$ 100 para Milionário, e ele nem pensa duas vezes: passa R$ 50 pro amigo. Zé Rico aceita o acordo. E a dupla sai do jogo R$ 100 mais abonada, justificando o nome.

Nos testes de verdade, a maioria das pessoas agia como Milionário e José Rico. Uma amostra de racionalidade. Mas, quase sempre que alguém oferecia menos da metade do dinheiro, o outro preferia ficar sem nada.

Conclusão dos psicólogos: a dor de não ganhar R$ 50 é tão maior que a eventual alegria de levar R$ 10 de graça que vale mais a pena punir a cobiça do outro do que ficar com o dinheiro. Isso se reflete na bolsa também.

Quando as ações estão caindo, uma parte razoável dos investidores tende a pensar: "Quer saber? Tô fora dessa palhaçada de bolsa. Aqui não tem otário, não". E tira o dinheiro no impulso, mesmo perdendo. Prefere frear o prejuízo a esperar para ver se os papéis sobem.

Se esse tipo de reação junta-se àquele outro instinto animalesco, o de fazer o que os outros estão fazendo sem pensar, tudo degringola. E, na vida real, os dois comportamentos vêm sempre no mesmo pacote. É o efeito manada, onipresente nas histórias deste livro: "Se todo mundo está correndo da bolsa, é melhor eu correr também". O problema é que, quanto mais gente corre da bolsa, mais as ações caem. E mais gente corre da bolsa. E mais as ações caem. E...

Quando o movimento é para cima, funciona do mesmo jeito. As ações começam a subir. As notícias de que "tem bagulho bom aí" vão se espalhando. Cada vez mais gente entra na bolsa para não perder esse trem. Quanto mais gente entra, mais as ações sobem... As pessoas começam a comprar exclusivamente porque os preços estão subindo. Não querem nem saber que trolha de empresa estão comprando – se ela dá lucro, se não dá... As ações ganham vida própria.

Uma hora alguém se toca de que está comprando vento. Então a queda começa. Geralmente de forma mais violenta que a subida. A Nasdaq viveu quatro anos de alta acelerada até chegar ao pico, mas só precisou de dois para deletar todos os ganhos e voltar ao patamar anterior. Pois é, a dor de perder é mais forte que a alegria de ganhar. E o pessoal pula fora em bem menos tempo do que levou para embarcar.

Mas, se uma queda começa com as pessoas percebendo que o preço das ações descolou da realidade, o que engatilha uma alta? Sim, sabemos do efeito manada. Mas e antes disso? Qual é o instante em que uma bolha nasce? O que vem imediatamente antes desses Big Bangs financeiros? O seguinte: uma novidade, uma oportunidade de investimento cujas perspectivas de lucro pareçam ilimitadas.

As grandes navegações foram a primeira dessas grandes oportunidades na era das ações. As Companhias das Índias Orientais da Holanda e da Inglaterra mostraram que, sim, aquele negócio podia enriquecer qualquer um. Depois, a Companhia dos Mares do Sul e a Mississippi pegaram carona, abusaram do marketing para vender ações, os lucros não vieram, e deu no que deu. A internet foi outra dessas. Ninguém sabia como fazer a rede dar dinheiro de verdade no fim do século 20. Mas o fato de que uma hora ela se tornaria o centro da economia mundial era tão líquido e certo que ninguém quis perder a oportunidade de ser pioneiro. As formas de ganhar dinheiro grosso com a internet, porém, demoraram a surgir, e deu no que deu.

Tudo isso transmite só uma parte da ideia sobre as bolhas – a ruim. Há um outro lado: manias especulativas podem gerar benefícios concretos, sim. Mesmo a febre da Nasdaq acabou sendo fundamental para moldar a era da banda larga, dos smartphones, da Netflix. Mas quem pode explicar isso melhor é a mãe da bolha da internet, uma senhora inglesa do século 19: a mania das ferrovias. Uma dona que, apesar de ter morrido pobre, deixou filhos que se tornariam muito bem-sucedidos. O futebol brasileiro é um desses rebentos. Hora de mais um salto no tempo.

8

O LADO BOM DA LOUCURA

Nem toda bolha é ruim. Até a mais podre delas, que abriu alas para todo tipo de maracutaia, deixou duas heranças inusitadas: o futebol brasileiro e a liberdade de ir e vir.

O PLANETA COMEÇOU A ENCOLHER EM 1829. Até então, qualquer viagem estava confinada à velocidade máxima de um galope de cavalo, 40 km/h. Mas naquele ano a humanidade quebraria a barreira do galope. Obra do engenheiro inglês Robert Stephenson. Ele tinha acabado de criar a primeira locomotiva a vapor que dava para chamar de veloz.

Dava para chamar de foguete, até. Era a Rocket – a primeira maria-fumaça capaz de roçar os 50 km/h. Além de levar as pessoas mais rápido de um lugar para outro, ela seria a responsável por um feito bem maior: traria uma das maiores bolhas especulativas da história. Uma bolha que deixou o país mais poderoso da época a perigo. Mas que trouxe coisas boas também.

Crise trazer coisa boa pode, Arnaldo? Pode, Galvão: foi graças a ela que o Brasil aprendeu a jogar futebol. Mas isso fica para daqui a pouco. O país, por enquanto, é a Inglaterra. E a paixão que surgiria ali ainda não tinha a ver com a bola: era a velocidade. As linhas de ferro estavam prestes a abrir um horizonte novo, excitante.

As locomotivas a vapor, na verdade, já existiam desde o comecinho do século 19. Só que valiam mais pela força do que pela velocidade, ainda pífia. A função básica delas, então, era transportar carga pesada (ferro, carvão) das minas para os portos – às vezes iam passageiros de carona, mas só isso. Aí veio a Rocket.

Só faltava uma estrada de ferro de verdade para ela, uma para transportar passageiros, não só carga. E que ligasse uma cidade a outra, não uma mina a um porto. Agora, com a Rocket, a oportunidade era tão óbvia que um grupo de investidores resolveu tomar a iniciativa: lançou ações no mercado para financiar a empreitada.

E em 1830 o projeto saiu do papel. Era uma ferrovia de 56 quilômetros, ligando Manchester a Liverpool. A velocidade máxima, aliás, não passava de 30 km/h – carregada de vagões, a Rocket não era tão foguete assim... Mas tudo bem: para os ingleses do século 19, aquilo era teletransporte.

O público adorou a ideia de viajar mais rápido, e sem perder a classe empoeirando a roupa na estrada. Claro que, como acontece na época de qualquer salto tecnológico, tem o pessoal do contra. Para o *Quarterly Review*, um jornal de Londres da época, não fazia sentido essa história de trem. Pra que tanta velocidade? É um perigo! "O que pode ser mais absurdo e ridículo que a perspectiva de andar duas vezes mais rápido que uma charrete?", escreveu o editor. "Acreditamos que o Parlamento limitará a velocidade em todas as estradas de ferro a dez ou quinze quilômetros por hora."

Mas ninguém dava muita bola: a Liverpool & Manchester Railway vivia lotada. E rendeu tanto dinheiro aos acionistas quanto uma companhia de teletransporte renderia agora: eles estavam recebendo 10% ao ano sobre o dinheiro investido. Parece pouco hoje. Mas naqueles tempos de inflação freada pelo padrão-ouro isso dava quatro vezes o que a renda fixa pagava – levando em conta o que a renda fixa paga hoje no Brasil (pouco mais de 10% anuais), era como se uma ação da Liverpool & Manchester pagasse mais de 50% anuais: você compra R$ 100 mil em ações e a cada doze meses recebe R$ 50 mil limpos na conta. Lindo. E isso só de dividendos. Um negócio bom demais para ser verdade. Mas era.

E o que não faltou foi empreendedor a fim de capitalizar com esse momento mágico. Se as pessoas queriam andar de trem, toca a fazer mais ferrovias. Vários investidores se reuniram, lançaram mais ações no mercado e botaram um exército de operários para marretar trilhos pelo país todo – principalmente em volta de Londres. Foi tudo tão rápido que, em 1842, a Grã-Bretanha já tinha 3.200 quilômetros de linhas.

Imagine o efeito disso num país menor que o estado de São Paulo. Outro jornal da época chegou a escrever: "O alcance das nossas vidas será duplicado no que concerne ao poder de adquirir informação. Podemos prever a chegada de um tempo em que o mundo terá se tornado uma grande família, falando uma única língua".

Qualquer semelhança com a empolgação que a internet gerou no fim do século 20 não é mera coincidência. Por exemplo: quando a rede começou a se disseminar para valer, no fim dos anos 1990, chegaram a propor uma nova forma de contar o tempo: o "horário de internet". O dia deixava de ter 24 horas. Agora ele tinha mil *beats*. E quando fossem 500 *beats* na Suíça (onde fica a sede da Swatch, que teve a ideia), seriam também 500 *beats* em Nova York, em Salvador, na Antártida ou na Lua. Essa seria a hora mundial – afinal, a internet tinha acabado com as distâncias, "transformando o mundo em uma grande aldeia" e aquela coisa toda. Claro que essa bobeira de abolir os fusos horários não deu certo. Mas com as ferrovias deu.

Os trens acabaram com os fusos da época. Antes das estradas de ferro, cada cidade inglesa (e do resto do mundo) fazia sua hora. Todo mundo ajustava o relógio pela posição do Sol: se em Londres eram 11h da manhã, em Penzance, na Cornualha, a cidade mais a oeste da Grã-Bretanha, ainda eram 10h45 – são os fusos horários naturais: quanto mais para oeste você anda, mais cedo vai ficando, e isso vale não só para as horas, mas também para os minutos, os segundos e os décimos de segundo.

Mas essa natureza do tempo virou um incômodo para as companhias ferroviárias. Principalmente depois de 1840, quando chegou o telégrafo. Imagine. Um empregado da companhia em Londres mandava uma mensagem para a Cornualha dizendo que o trem chegaria lá às 11h. Mas aí os cornualhos poderiam ficar em dúvida: era às 11h de lá ou às 11h da capital? Para evitar a bagunça desses fusos de minutos, quase todas as companhias impuseram o horário de Londres ao país inteiro. Era o "horário de ferrovia". O Parlamento tornou o horário de ferrovia a hora oficial do país em 1845. E a moda pegou no resto do mundo – se cada cidade tivesse seu horário no Brasil, quando fossem 12h em Brasília, seriam 12h04 em São Paulo e 12h28 em Salvador.

Mas a maior coincidência entre o impacto das ferrovias e o da internet foi outra: a subida irracional no mercado de ações. Algumas companhias ferroviárias valorizaram 500% de uma hora para outra. É exatamente o que o índice da Nasdaq subiu desde o começo da bolha, em 1996, até o fim da festa, em 2000. Num cenário como o do fim dos anos 1990, qualquer investidor que não apostasse em empresas de tecnologia era visto como ruim da cabeça ou doente do bolso. Quando a AOL comprou a Time Warner, no auge da bolha da internet, nem a revista *The Economist*, provavelmente a mais comedida do jornalismo econômico mundial, conseguiu se conter: "Essa fusão de US$ 150 bilhões não marca só um recorde no mundo dos negócios. Ela é um ponto de inflexão – um desses eventos que têm o potencial de mudar o cenário tão profundamente que nada deverá ser igual de novo".

Mais uma vez: qualquer semelhança com o deslumbramento dos ingleses com as linhas de ferro não é coincidência. Em janeiro de 1845 apareceram mais dezesseis projetos de estradas de ferro. Em abril, mais cinquenta. Em setembro, 450. Tudo isso junto daria pelo menos 12 mil novos quilômetros de trilhos – quase o quádruplo da malha viária que já estava funcionando. A demanda por ações dessas empreitadas era tão grande que começaram a surgir novas bolsas de valores dedicadas a esses papéis. Eram as Nasdaqs da época. Glasgow, Edimburgo, Bristol, Birmingham e várias cidades menores ganharam as suas.

"Leeds possuía três bolsas concorrentes onde meio milhão de transações eram processadas diariamente por 3 mil corretores", escreveu o historiador Edward Chancellor:

> *O jornal* Leeds Mercury *descreveu a intensidade desse mercado: "Nunca houve nada parecido com a quantidade de negócios que se faz nesta cidade [...] as ruas abençoadas com nossas três bolsas de valores lembravam uma feira naqueles dias. Multidões as apinhavam, e o vaivém apressado dos corretores, ávidos por economizar os preciosos momentos, era compatível com a rápida locomoção dos promotores [as companhias ferroviárias]".*[1]

A empolgação começava a ir além da conta. Culpa de uma falha de regulamentação, na verdade. Um projeto de ferrovia precisava ganhar a chancela do governo para virar realidade. Mas os empreiteiros podiam lançar ações no mercado antes disso, sem nem saber se teriam autorização para operar um dia.

E mais: as pessoas não precisavam pagar no ato pelos papéis. Você reservava, digamos, mil ações de uma empreitada por mil libras e só precisava dar o dinheiro depois que o projeto fosse aprovado. Como todo mundo queria ter essas ações, os mais espertos corriam para reservar as suas. E os muito espertos faziam isso sem nem ter dinheiro no bolso: reservavam ações e vendiam os próprios recibos das reservas com ágio no dia seguinte. Faziam dinheiro do nada.

Quem comprava esses recibos também não era necessariamente alguém que teria as mil libras na mão na hora em que fosse chamado para validar a reserva e se tornar, de fato, um acionista da empresa. Boa parte desse pessoal comprava só para tentar revender, sem nenhum intuito de pôr dinheiro ali na hora em que fosse chamado para isso. Era exatamente o que tinha acontecido com as tulipas na Holanda.

Ou pior. Em alguns trechos, havia nove, dez empresas concorrendo por uma única linha. Só uma receberia a concessão do governo. Mesmo assim todas estavam vendendo reservas de ações. E as reservas eram negociadas a todo vapor nas bolsas de ferrovias. A bolha tinha inflado da forma mais perversa: eram compradores de mentira negociando ações de mentira.

O Parlamento instaurou uma espécie de CPI para investigar o que havia de podre ali. Além de descobrir que quase um terço dos *parlamentares* estava metido nos negócios com ferrovias, a comissão de inquérito apurou que um monte de gente estava usando nomes e endereços falsos na hora de fazer as reservas para não ter de pagar nada se não conseguisse passar os papéis para a frente. E até gente muito pobre estava nessa. Dois jovens que, segundo os dados da investigação, eram filhos de uma faxineira que morava num sótão tinham reservado, em dinheiro de hoje, £ 30 milhões em ações.[2]

A picaretagem também rolava solta do outro lado do balcão – o das empresas. George Hudson, o maior magnata de ferrovias da Inglaterra, estava imprimindo ações secretamente para vender nas bolsas. O sigilo era porque, se ele contasse que estava colocando mais ações no mercado, o valor delas cairia, já que cada uma agora daria

Com o dinheiro roubado dos acionistas, o magnata das ferrovias comprou uma mansão de R$ 50 milhões em dinheiro de hoje. E gastou o mesmo tanto para decorá-la.

direito a uma fração menor do lucro da empresa. Lógico que, quando os acionistas vissem que as ações estavam rendendo menos dividendos do que antes, o valor dos papéis cairia, e o próprio Hudson ficaria menos rico, já que o maior acionista era ele mesmo.

Mas ele contava com uma artimanha para não deixar isso acontecer: pegava o capital da empresa e usava para pagar dividendos. O capital era o dinheiro dos próprios acionistas, que deveria ir para a construção de mais ferrovias. Afinal, era nisso que as pessoas estavam investindo. Mas Hudson tirava uma parcela desse dinheiro e dava de volta aos acionistas, dizendo que eram dividendos. Desse jeito, as ações não desvalorizavam. Ficavam até mais caras. Então Hudson ia lá e imprimia mais ações para vender caro no mercado. Uma tramoia financeira que dava resultados bem palpáveis: no auge da bolha das ferrovias, Hudson comprou uma mansão de cinco andares em South Kensington, o bairro chique de Londres onde Madonna moraria um século e meio mais tarde, por R$ 50 milhões em dinheiro de hoje. E gastou o mesmo tanto para decorá-la.

Na prática, Hudson estava fazendo o que governos incompetentes fazem: "imprimindo dinheiro" para si mesmo. Estava criando inflação. As ações subiam de preço por causa da fraude de pagar dividendos com capital, não por causa dos lucros. Era um esquema de pirâmide. Como a companhia estava bem-vista no mercado, já que pagava bons dividendos, mais acionistas novos entravam todo dia. Hudson, então, separava uma parte do dinheiro dos calouros e repassava aos investidores antigos, dizendo que eram lucros da empresa – além de pegar uma parte substancial para sustentar sua casa em South Kensington, entre outros brinquedos. Esses acionistas novos, que já tinham sido roubados e não sabiam, começavam a receber sua parte dos "lucros da empresa" alguns meses depois. E a fonte desse dinheiro eram acionistas mais novos ainda.

Na verdade, a empresa não tinha mais dinheiro em caixa. Era tudo um esquema com o único propósito de fazer com que cada vez mais gente colocasse grana na mão de George Hudson. Dá para imaginar que uma bandidagem dessas não teria como acontecer hoje. Afinal, estamos falando do século 19, uma época mais ingênua e coisa e tal. Mas não. Aconteceu no século 21 de novo. Só que foi bem pior.

Steven Spielberg e outros bilionários tomaram uma das maiores rasteiras financeiras da história. O algoz foi um banqueiro que, de suspeito, não tinha nada. Era Bernard Madoff, um senhor de setenta anos e reputação impecável. Era uma espécie de banqueiro de luxo, dono de um megafundo de investimentos, o Madoff Securities, que prometia retornos maiores que os da renda fixa sem o risco da bolsa de valores. Madoff era um investidor respeitado, não só pela carreira de sucesso em Wall Street desde os anos 1960 como por ser um grande filantropo – colaborava com várias instituições de caridade e doou US$ 6 milhões para pesquisas científicas sobre linfoma quando seu filho fora diagnosticado com esse tipo de câncer.

Poxa, um senhor com história no mundo dos negócios, caridoso e que nem prometia mundos e fundos, só um retorno honesto para os investimentos dos clientes – contanto que fossem investimentos gordos, para que ele também tivesse uma comissão rechonchuda. Até aí é do jogo. Normal.

O retorno do fundo de Madoff variava entre 10% e 17% ao ano. Ótimo para um negócio de baixo risco – era o triplo da forma mais comum de renda fixa dos EUA (o investimento em títulos do governo, esse, sim, seguro mesmo). Ganhar o triplo da RF com risco zero? Também quero.

Por isso mesmo o fundo nunca deixou de atrair clientes abonados. Inclusive grandes bancos – como HSBC e Santander – tinham dinheiro nos fundos de Madoff. Até que, em 2008, uma investigação nas contas da companhia constatou que ela praticamente não tinha dinheiro. Madoff dizia gerenciar US$ 17 bilhões naquele momento.

Mas a grana não estava nem investida, nem nos cofres da empresa, nem em lugar nenhum. Escafedera-se.

Os clientes tinham perdido tudo. Bancos, Spielberg, velhinhos que tinham confiado no caridoso Madoff para cuidar das economias da vida inteira se viram sem nada. Ele fazia um esquema de pirâmide também: pagava o retorno dos investidores antigos com o dinheiro fresco dos investidores novos. Uma hora a fonte secou – precisamente durante a crise do crédito de 2008, quando por alguns meses a economia mundial congelou, e ninguém era louco de pôr dinheiro em nada, nem em um negócio "seguro e honesto" como o que Madoff dizia manter. US$ 50 bilhões tinham girado nesse esquema ao longo de décadas. E tudo o que os acionistas ganharam foram aquelas porcentagens anuais de 10% a 17%. A grana mesmo – o "principal", no jargão financeiro – não existia. Já tinha ido embora para pagar acionistas mais antigos. Um único cliente, o magnata da moda Carl Shapiro, perdeu sozinho US$ 500 milhões nessa.

Investir que é bom, Madoff não investia nada. Exatamente como Hudson fez com suas empresas de ferrovia. Mas sem precisar de ferrovias – só de um bom nome no mercado e uma imagem de benfeitor. Foi uma das maiores fraudes de todos os tempos. E uma prova de que a história se repete, sim. Não só como farsa, mas principalmente no que diz respeito a farsas.

Madoff acabou condenado a 150 anos de prisão, e os bilhões que tinha foram confiscados para pagar uma parte (ainda que ínfima) do prejuízo. Hudson também se deu mal: foi preso, perdeu a mansão, seu sítio de 49 quilômetros quadrados, uma cadeira no Parlamento britânico que tinha conquistado e tudo o mais que possuía. Morreu na cadeia sem ter muito mais do que a roupa do corpo.

O esquema de Hudson só foi descoberto anos depois da mania especulativa. Mas só os boatos de que havia alguma coisa de podre no reino das ferrovias bastou para estourar a bolha. No fim de 1845, o número de pessoas querendo vender seus papéis superou o de gente a fim de entrar no negócio. Dois anos depois, era tanta gente vendendo e tão pouca se aventurando a comprar que o valor dos papéis tinha ido para o chão. Mesmo as companhias saudáveis, que tinham construído suas estradas de ferro e estavam pagando dividendos direitinho, sofreram com a fuga dos investidores. A desvalorização somada de todas as ações, calcularam depois, foi de £ 230 milhões da época. Isso dava metade do PIB do Reino Unido. Em valores de hoje, seria como se mais de US$ 1 trilhão tivessem evaporado.

As ferrovias jogaram o país na lama. Mas sabe quem tiraria ele de lá? As próprias ferrovias.

Apesar da especulação desenfreada e das picaretagens, a mania de construir estradas de ferro gerou... estradas de ferro. Entre 1844 e 1847, o governo aprovou a construção de 15 mil quilômetros de trilhos. Dois terços desses projetos não se materializaram, já que a maior parte das companhias envolvidas faliu.

Mas o que sobrou já foi o bastante para transformar a Grã-Bretanha num espaguete de linhas de trem. Em 1855, o país tinha 12.800 quilômetros de trilhos funcionando – 70% da malha ferroviária que existe *hoje* lá (17.700 quilômetros). Eram sete vezes mais estradas de ferro do que havia na França ou na Alemanha.

A construção dessas linhas empregou meio milhão de pessoas – o mesmo número de operários das fábricas do país. O dinheiro que os investidores tinham perdido foi parar nos bolsos dos mais pobres. E no de outros setores da economia também. As estradas de ferro baratearam o transporte do carvão – o combustível descia das minas no Norte da Inglaterra pela Great Northern Line para alimentar as máquinas a vapor das indústrias de Londres. Isso permitiu produtos mais baratos e ampliou o mercado consumidor. Para alguns historiadores, essa redistribuição de renda causada pela mania das ferrovias foi o que fez a Inglaterra passar batida pelas revoluções de 1848 – uma onda internacional de protestos antigoverno semelhante à que os países árabes viveriam em 2011, e que chacoalhou a Europa toda.

O Reino Unido ainda sairia dessa com um novo produto de exportação: engenheiros. Do mesmo jeito que o pré-sal no Brasil criou um *boom* de cursos relacionados à extração de petróleo, a mania dos trens encheu o país de engenheiros especialistas em ferrovias, especialmente no Norte da Grã-Bretanha, onde a bolha foi mais intensa.

Um desses engenheiros do Norte foi James Brunlees. Ele tinha treze anos quando a Rocket foi criada e viveu seus primeiros anos como profissional no embrião da mania das ferrovias. Ficou conhecido na década de 1850 por conseguir montar linhas em terrenos difíceis, usando túneis e viadutos para vencer a topografia. James Brunlees era o que o Brasil precisava naquele momento.

CORINTHIANS X PALMEIRAS

O barão de Mauá, maior empreendedor do país no século 19, era fã de estradas de ferro. Tinha estado na Inglaterra em 1840 e voltou empolgado para encher o Sudeste do Brasil de ferrovias: elas seriam uma mão na roda para escoar a produção de café, açúcar e algodão pelo porto de Santos – esses itens eram praticamente tudo o que o Brasil produzia para exportação, fora ouro e prata. E geravam receita suficiente para que o país fosse o quarto maior importador da Inglaterra na metade do século 19 – comprávamos o que havia de mais tecnológico na época: roupas finas, meias, manteiga, queijo, panelas, sabão e velas. A relação era tão forte, por sinal, que a matéria de capa do primeiro número da revista *The Economist*, até hoje a mais importante do mundo, foi sobre o Brasil. O artigo, de 1843, defendia a diminuição das barreiras tarifárias que a Inglaterra impunha aos produtos brasileiros, já que elas tinham estremecido as relações comerciais entre os dois países. Começava dramático: "O presente estado mal resolvido com o Império Brasileiro é um assunto mais importante que qualquer outro neste momento para o nosso comércio e, devemos adicionar, para a nossa existência como sociedade".

Para o Brasil, por mais que houvesse o eterno problema de exportar matéria-prima e importar manufaturados (e bota eterno nisso: hoje exportamos ferro para a China e compramos trilhos de volta), o comércio exterior não era menos vital para "a nossa existência como sociedade". O bem que as ferrovias fizeram para a Inglaterra já era bem conhecido. Não fazia sentido não termos as nossas.

O barão de Mauá, então, inauguraria a primeira ferrovia do país em 1854, uma linha de catorze quilômetros entre a baía de Guanabara e Petrópolis, voltada para o transporte de passageiros. O sucesso do projeto abriu as portas para a missão mais difícil: ligar o porto de Santos ao interior de São Paulo. Era só construir que o café viria para os vagões. O problema era que, no meio do caminho entre o porto e as plantações, tinha uma pedra. Uma das grandes: a Serra do Mar, o paredão de quase um quilômetro de altura que separa a cidade de São Paulo de Santos. Para construir sua ferrovia num trecho tão desafiador, o barão convocou em 1859 o que a mania das ferrovias na Inglaterra tinha produzido de melhor para esse tipo de desafio: James Brunlees.

A empresa responsável por fazer uma linha que ligasse Santos a Jundiaí, passando pela capital paulista, ficou sob o comando do escocês e ganhou o nome de São Paulo Railway Company. E aí vem o futebol.

A São Paulo Railway virou um cordão umbilical entre o Brasil e o Reino Unido. Brunlees trouxe levas de engenheiros e técnicos de seu país para coordenar o projeto. Um deles foi outro engenheiro escocês, John Miller. Ele se radicou por aqui, casou com uma brasileira e, em 1874, teve um filho: Charles. Charles Miller.

O garoto nasceu no Brás, ao lado da estação de trem que funciona até hoje no bairro paulistano, e foi estudar em Southampton, no sul da Inglaterra. Lá se engraçou por um esporte novo que tinha virado febre no Reino Unido do fim do século 19: o futebol. Voltou em 1894, aos vinte anos, para trabalhar na São Paulo Railway. Charles tinha deixado a Inglaterra, mas não o futebol: trouxe na bagagem duas bolas de couro, uma bomba para enchê-las, uniformes e um livro de regras. Com ele, o futebol aportava no Brasil.

O primeiro jogo no país aconteceu logo em seguida. Charles reuniu operários de sua empresa e de outra companhia britânica no Brasil, a São Paulo Gas Company. Onze de cada lado, com ele jogando na linha. Foram 4 x 2 para a São Paulo Railway.

Mas a participação das ferrovias na história do futebol brasileiro não para em Charles Miller. Operários da São Paulo Railway fundariam o Corinthians em 1910 – e um amistoso do time preto e branco contra o Torino, da Itália, em 1914, inspiraria a colônia italiana a montar também o seu time de futebol, o Palestra Itália (futuro Palmeiras). As linhas foram se expandindo para o interior do país no começo do século 20. E levaram o futebol junto, seja de forma direta, com os funcionários fundando clubes (caso do Corinthians), seja de forma indireta, inspirando a criação de times rivais aos dos ferroviários (caso do Palmeiras).

Não que o futebol brasileiro só exista por causa das ferrovias. No Rio de Janeiro, por exemplo, a história foi diferente: a maioria dos clubes surgiu como times de remo e acabou abraçando o futebol mais tarde. Mas a participação das estradas de ferro na expansão do esporte foi essencial. Não fosse a mania das ferrovias lá atrás, na Inglaterra, o futebol demoraria mais para se espalhar por aqui. E a história da bola no Brasil seria outra, talvez menos interessante.

Mas o maior fruto da bolha das ferrovias foi bem mais concreto que a relação com o nosso futebol. Foi concentrar a força empreendedora da Inglaterra num objetivo. Quando projetos apresentados no auge da mania especulativa começaram a sair do papel, em 1847, 7% do PIB do Reino Unido foi gasto com a criação de ferrovias. Daria US$ 180 bilhões de hoje. E esse poder construtivo das manias especulativas não foi um fato isolado no tempo e no espaço.

Aconteceu também com a bolha da internet. A febre pelos sites nos EUA motivou grandes empresas do mundo real a gastar US$ 190 bilhões de hoje no final dos anos 1990 em infraestrutura para as telecomunicações – principalmente redes de fibra óptica. Mas quem pode explicar o paralelo entre a bolha das ferrovias e a da internet não são as cifras bilionárias, mas uma cidadezinha do interiorzão americano. Vamos a ela.

DUAS BOLHAS E UM DESTINO

No começo, era só uma fazenda entre o nada e o lugar nenhum: a fronteira do Tennessee com a Virgínia. Mas Joseph Anderson, um enteado do dono das terras, quis transformar o lugar numa cidade. Era 1852, uma época em que não era devaneio pensar em fundar cidades. Além disso, a mania das ferrovias já tinha se refletido nos Estados Unidos, como um espelho cristalino do que acontecera na Inglaterra: também apareceram centenas de projetos, milhares de investidores... E pelo menos dois grandes picaretas – empresários de ferrovias – fizeram um esquema à la George Hudson em Wall Street: imprimiram ações para comprar mansões, sangrando o capital das próprias empresas e o bolso dos coitados dos acionistas.

Mas tanto de um lado do Atlântico como do outro o resultado concreto foi o mesmo: a explosão de construções de estradas de ferro. Nessa toada, Joseph Anderson ficou sabendo que duas linhas de trem iriam se cruzar na fazenda do padrasto dele. Haveria uma estação de trem lá dentro. Faria sentido, então, tentar fundar uma cidade ali, com fábricas, farmácia, correio, pracinha, igreja e moradores. "Construa que eles virão", ele deve ter pensado.

E começou a construir. Comprou uma parte da fazenda equivalente a cem campos de futebol, 50% num Estado, 50% no outro, e levantou sua casa. Depois conseguiu que o governo instalasse uma agência de correio lá. Em 1853, levou o mercadinho que tinha em Bountsville, a cidade mais próxima. Então veio a primeira agência bancária. A ferrovia trouxe empresas: mineradoras de carvão e madeireiras se instalaram. Pronto. "Eles vieram."

Anderson batizou a cidade de Bristol, em homenagem à Bristol inglesa, que já era um grande entroncamento ferroviário na época. E o novo município começou a andar com as próprias pernas. Sempre com dupla personalidade: metade parte do Tennessee, metade da Virgínia.

Hoje o lugar tem inclusive um autódromo que recebe corridas da Nascar. Mas a cidadezinha, de 25 mil habitantes, não estava indo bem até outro dia. O carvão e a madeira rarearam. Estava perdendo sua razão de existir. Mas acabou salva por uma nova ferrovia. Agora feita de fibra óptica.

Foi um acaso. A Bristol do Tennessee e a Bristol da Virgínia começam cada uma de um lado da avenida principal da cidade. Com o município divido entre dois estados, os moradores tinham de pagar interurbano para fazer ligações locais. Para driblar esse problema, a companhia de energia elétrica da cidade montou uma rede de cabos de fibra óptica entre suas sedes, em 1999, para que as ligações telefônicas acontecessem através delas. Era o auge da expansão da fibra óptica nos EUA – e o da bolha da internet também. Com a produção em massa dos cabos, eles tinham ficado acessíveis.

E as linhas de fibra óptica tinham um efeito colateral desejável para os moradores: podiam levar internet de altíssima velocidade para todas as casas.

Em meados dos anos 2000, Bristol e as cidades vizinhas se tornaram uma das poucas regiões do mundo com internet de fibra óptica para todos. E dessa vez era isso que traria empresas para o lugar.

Em 2007, a Northrop Grumman, maior empresa de equipamentos militares do mundo, e a CGI, uma multinacional de tecnologia, se instalaram na região de Bristol para aproveitar as conexões de 50 Mbps do lugar. Construída a rede de fibra óptica, eles vieram.

No século 19, as estradas de ferro tinham criado riqueza onde antes não havia nada. Hoje em dia as estradas de fibra óptica fazem exatamente a mesma coisa. Não fosse a mania das ferrovias e a da internet, duas das bolhas mais destrutivas da história, esse ponto do planeta Terra talvez tivesse continuado só como uma fazenda entre o nada e o lugar nenhum. Mas não. Bristol deve sua prosperidade à loucura dos especuladores. Não só Bristol. Você também.

A realidade em que estamos agora, aliás, só nasceria depois de outra bolha, que inflou oitenta anos depois da bolha das ferrovias. Foi instantâneo: no dia em que essa outra bolha estourou, o mundo moderno entrou em processo de parto. Sem anestesia.

9

UMA TEMPORADA NO INFERNO

Um mundo onde tudo fica mais barato o tempo todo parece o paraíso. Mas o diabo é traiçoeiro. Se um dia você estiver em um lugar assim, saiba: pode ter chegado ao inferno. Ao inferno da depressão.

EXISTE UM LUGAR MÁGICO, onde os preços só caem, sem parar. Quem viaja para lá volta com histórias ótimas. Um ficou num hotel que cobrava $ 100 de diária. Pagou a primeira adiantada e deixou o resto para a hora do *check-out*, dali a três dias. E acabou pagando só $ 90 a diária, já que os preços tinham baixado. Outro, esperto, segurou até o último dia para comer no restaurante mais caro da cidade. E a conta saiu por menos do que sairia no começo da viagem.

De quebra, lá também é o paraíso dos investimentos. Sabe qual é o melhor lugar para deixar o dinheiro rendendo? Dentro da carteira mesmo. Sem dor de cabeça com poupança, renda fixa, ações ou o que for. Como os preços caem toda hora, o poder de compra do dinheiro que você tem parado na mão só cresce. O melhor plano de aposentadoria nesse lugar é guardar dinheiro debaixo do colchão. Quando você o tirar de lá, ele vai pagar por muito mais diárias de hotel e restaurantes do que anos antes. O dinheiro rende sozinho. Fenomenal.

Esse lugar mágico é o inferno. O inferno da deflação.

Se todos os preços ali caem o tempo todo, o dono do restaurante acaba vendendo a comida por um preço mais baixo do que pagou pelos ingredientes. No mês seguinte, ele até gasta menos com os fornecedores, já que os custos também caem. Mas depois tem de baixar mais ainda os preços na hora de vender – os concorrentes, afinal, estão baixando os deles sem parar. E tome mais um mês de prejuízo. É o inferno dos donos de restaurante, ou de qualquer empresário. Para arranjar dinheiro emprestado no inferno, você tem de ir até o Banco do Diabo. À primeira vista, nem parece banco. Parece um paizão mesmo. Lúcifer empresta sem cobrar juro nenhum. Mas você sabe como é fazer pacto com o tinhoso: de primeira parece bom; só depois você descobre que entrou num buraco sem fundo.

É pegar dinheiro emprestado que se acabou o mundo: você levanta $ 100.000 no Banco do Diabo para pagar exatamente $ 100.000 em um ano, sem juros. Seria um negócio excelente em qualquer lugar. Mas no inferno é diferente.

Lá os preços caem toda hora... Então os $ 100.000 vão ter um poder de compra bem maior dali a um ano. Para visualizar isso melhor: se esse empréstimo for para comprar uma pousada, como você junta o dinheiro para pagá-lo? Com as diárias que recebe dos hóspedes. Só que lá os preços caem sem parar. Então as diárias da sua pousada têm de ficar cada vez mais baratas – senão como é que você vai concorrer com aquele hotel que cobra menos no *check-out* que no *check-in*?

Depois que as pessoas se acostumam com a realidade econômica do inferno, cada vez menos gente gasta dinheiro. Para que comprar hoje alguma coisa hoje se amanhã ela vai estar custando menos? Melhor esperar mais um pouquinho... Sem saber, elas estão fazendo exatamente o que o diabo quer que elas façam: alimentar um círculo vicioso de sofrimento eterno.

Quanto mais os preços caem, menos gente compra, esperando que eles baixem mais ainda. Só que, quanto menos gente compra, mais os preços caem, porque os comerciantes precisam fazer alguma coisa para ver se alguém consome. Aí as diárias dos hotéis caem mais ainda, os pratos dos restaurantes também... Mais hora menos hora, o dinheiro que entra não cobre mais os custos, e os hotéis e restaurantes começam a fechar as portas.

E isso alimenta mais ainda o círculo vicioso: com o comércio todo fechando as portas, o desemprego aumenta. O consumo baixa mais ainda. Mais estabelecimentos pedem falência. Chega um momento em que não existem mais empresas nem emprego. Esse é o único desfecho possível quando uma deflação contínua se instaura. Pronto. O diabo fez seu trabalho.

As deflações têm a ver com o que acontecia antes da criação do dinheiro: quando as minas de metais preciosos se esgotavam, o comércio definhava e as dívidas ficavam impagáveis. Aquela história toda. Mas a vida urbana na Antiguidade obviamente era exceção. A regra era plantar para comer. Os efeitos de uma decadência no comércio, por piores que fossem, não eram uma questão de vida ou morte numa realidade em que a maioria vivia da agricultura de subsistência.

Mas e hoje? Plantar para comer obviamente não é uma opção para você. Mesmo que não se incomodasse com isso, não iria arranjar terra nem saberia o que fazer com ela caso arranjasse. Uma deflação pesada no mundo moderno transformaria a realidade num inferno.

Foi o que aconteceu no episódio que você conhece como Grande Depressão. No fim de 1929, quando ela começou, os EUA eram um país de 121 milhões de habitantes, dos quais 90 milhões viviam em áreas urbanas. Dá 70% do total. Nem mudou grande coisa de lá para cá: hoje são 80% (no Brasil também dá isso). Entenda, então, a realidade de 1929 como bem parecida com a de hoje. Uma realidade com hora do rush, trânsito, cinema. Uma realidade que não teria como suportar uma deflação contínua. E não teve mesmo.

A Grande Depressão começou com uma onda de otimismo desenfreado. Vamos chamar essa fase de Grande Empolgação.

FUTURO DO PRETÉRITO

Os americanos viviam o futuro em 1929. Quase tudo o que para as últimas gerações parece parte da natureza era novidade ali. A frota de carros no país tinha crescido de 7 milhões para 23 milhões nos anos 1920. O cinema deixava de ser mudo. As primeiras companhias aéreas se formavam – não só lá: KLM (Holanda), Qantas (Austrália) e Avianca (Colômbia) começaram naquela década e continuam vivas.

O mundo antigo estava ficando para trás. Carvão e ferrovias, as forças que moviam a economia (e as manias especulativas) do século 19, não estavam mais com essa bola toda. A novidade agora era o petróleo e o transporte rodoviário. Caminhões chegavam fácil onde trem algum jamais pisaria. Uma tecnologia indiscernível de mágica acabava de chegar, conectando o país inteiro em tempo real: o rádio. E a bolsa de valores refletia a empolgação com tudo isso: em 1927, tinha subido 30%.

E fazia sentido. Os lucros das companhias estavam indo muito bem, obrigado. Cresciam numa toada de 10% ao ano. É menos do que a bolsa estava subindo. Mas tranquilo. Num cenário onde uma nova economia movida a motores de combustão interna e ondas de rádio começava a nascer, era natural esperar que cedo ou tarde as empresas arranjassem novas formas de fazer dinheiro e, quem sabe, triplicassem seus ganhos mais adiante. É normal. A bolsa lida com expectativas para o futuro. O presente é detalhe.

Mas, como sempre, acabariam exagerando na dose. Entre 1928 e 1929, a guinada da bolsa foi de 100%, ou seja, o valor somado de todas as companhias dobrou, sem que os ganhos saíssem do (bom) crescimento de 10% ao ano. O Google da época, a Radio City of America (RCA), que fabricava rádios e controlava emissoras, subiu 6.900% (70 vezes) na década.

Era improvável que o lucro das empresas viesse a crescer na mesma toada. O valor das ações tinha se desprendido da realidade. Agora a bolsa tinha virado jogo. O cassino estava oficialmente aberto.

E o que não faltava eram jogadores que elevavam a arte de levantar dinheiro sem fazer força à sua forma mais sofisticada – bom, "sofisticada" não é exatamente a palavra. Tinham era atingido um grau Bezerra da Silva de malandragem.

Eram grupos de megainvestidores que se juntavam para manipular o mercado. Eles não davam mole para mané: se o mercado dava uma acalmada, eles agiam em conluio para forçar altas nas ações. Entravam comprando loucamente algum papel, o preço de mercado da ação aumentava, e outras pessoas começavam a comprar o papel só pelo fato de ele estar subindo.

Quando o preço chegava lá em cima, eles revendiam tudo para a manezada, embolsavam o ganho e começavam tudo de novo. Numa dessas operações, fizeram os papéis da RCA saltar de US$ 95,50 para

US$ 160 em dez dias – uma guinada de 70%. Só que eles ganhavam bem mais.

O dinheiro alto mesmo entrava com derivativos, com opções de compra. Nesse caso, eles adquiriam opções para comprar RCA no futuro, dali a dez dias, a US$ 120, enquanto as ações dela ainda valiam menos de US$ 100. Qualquer dono de papéis da RCA, a fim de fazer *hedge* (veja no capítulo 5), venderia opções assim – baita negócio ter a garantia de que poderá vender suas ações com 20% de ganho em dez dias, pelo menos para os mais cautelosos, que não esperam milagres da bolsa.

Digamos que cada opção dessas custasse US$ 1, um valor normal dentro desse tipo de operação, no dia em que o grupo de investimentos fez a compra. Aí passam dez dias, e a ação chega a US$ 160. O que acontece com a opção? Bom, ela dá direito a comprar o papel por US$ 120. Cada uma se torna um papel capaz de conferir um lucro imediato de US$ 40. E cada uma custou só US$ 1. Resultado: um ganho de 3.900%. Cada US$ 1.000 em opções que o pessoal do grupo de especuladores colocou renderam US$ 3,9 milhões.

Vale tanto a pena que isso de entrar comprando um papel para estimular a subida dele e lucrar com opções depois não só é imoral como também ilegal. E engorda. Engorda o bolso, no caso. Então, sempre que aparece uma brecha, alguém ainda tenta aplicar uma dessas. É exatamente o que Naji Nahas, o especulador que virou sinônimo de falcatrua financeira no Brasil dos anos 1980, fazia na bolsa daqui, como vamos ver no capítulo 11.

Para bolhar de vez as coisas, os bancos americanos davam empréstimos aceitando ações como garantia. E quem tomava emprestado pegava o dinheiro e fazia o quê? Colocava de volta na bolsa! Claro que quem estava envolvido nisso nem queria saber se as empresas que emitiam as ações teriam mais ou menos lucros lá na frente. O esquema era fazer dinheiro na hora.

Era tão na cara dura que os grupos de investimento começaram eles mesmos a emitir ações. Mas espera aí: o lucro deles vinha de onde mesmo? Da especulação pura e cristalina. Os caras não produziam nada. Nem ideias (pelo menos isso as empresas de internet faziam...). E mesmo assim se capitalizavam vendendo ações no mercado.

"Meu cozinheiro tinha conta em uma corretora. Até o mendigo que ficava em frente ao meu escritório estava me dando dicas sobre o mercado financeiro."
— BERNARD BARUCH, investidor da década de 1920

"Capitalizar" é eufemismo... Os grupos combinavam entre si de um comprar ações do outro. Era um jeito de criar demanda falsa. Quanto mais gente quer uma ação, mais ela sobe, certo? Oferta e procura. Quando dois fundos simulavam a parte da procura comprando ações um do outro, era o equivalente a tirar dinheiro do bolso da esquerda e colocar no da direita. Ninguém perdia nada.

A façanha é que os dois ganhavam. Fulaninho via que as ações dos grupos de investimento tal e tal estavam subindo 10% em um dia. Aí não resistia e comprava essas ações. O pessoal estava colocando dinheiro de verdade para entrar num negócio de mentira. Mas você acha que eles estavam preocupados? Nada. O lance era fazer uma fezinha e ver se tirava a sorte de conseguir vender mais caro depois. Cassinão. E os próprios bancos estavam nessa também, arriscando cada vez mais dinheiro dos correntistas na bolsa para não ficar de fora do oba-oba. O que poderia dar errado, né?

Mesmo assim, não faltava gente respeitável dando sinal verde para a festa. Irving Fischer, um economista de Yale que praticamente inventou a análise de mercado, também estava no cordão dos deslumbrados. "O preço das ações atingiu o que parece ser um platô permanentemente elevado", disse, como se as tramoias dos grupos de investimento e os bancos que emprestavam descontroladamente, enchendo o mercado de dinheiro novo, não tivessem nada a ver com as altas mirabolantes dos papéis. A verdade é que ninguém queria perder esse trem. Do economista de Yale ao pedreiro, não havia quem não ficasse tentado pelo dinheiro fácil de uma bolsa que subia sem parar.

Uma história da época ilustra bem o espírito. Joseph Kennedy, pai do John, era um grande investidor da época. Um dia ele estava dando um lustre nos sapatos de cromo alemão em Wall Street, e o engraxate começou a conversar com desenvoltura sobre quais eram as melhores ações para comprar. Só que, em vez de achar lindo aquele momento de congregação entre dois extremos opostos da pirâmide social, Kennedy foi frio: tirou tudo o que tinha na bolsa. "Quando até um engraxate está dando dicas sobre o mercado, é hora de pular fora", escreveu em sua autobiografia. Claro, se todo mundo já estava atolado até o pescoço com ações, a hora em que não haveria mais compradores, só vendedores, estava próxima. E aí seria aquele Deus nos acuda.

A história do engraxate é um tanto boa demais para ser verdade, mas ilustra bem o fenômeno. A estimativa é de que um em cada dez lares americanos tinha dinheiro na bolsa. Bernard Baruch, outro tubarão de Wall Street, foi até mais exagerado que Kennedy para retratar o momento: "Meu cozinheiro tinha conta em uma corretora. Até o mendigo que ficava em frente ao meu escritório estava me dando dicas sobre o mercado financeiro. Acho que ele colocava o dinheiro das esmolas em ações".[1]

QUARTA-FEIRA DE CINZAS

Quem sinalizou mesmo que a bolsa estava perto de colapsar sob seu próprio peso não foi o cozinheiro, o engraxate ou o mendigo. Foi o governo dos EUA. Vários economistas achavam, sim, que a especulação na bolsa tinha passado dos limites da racionalidade. Alguns deles trabalhavam no Fed, o Banco Central americano – então tinham poder para dar um basta na farra. E assim fizeram, usando a saída clássica: fechar a torneira de dinheiro da economia. Colocaram os juros lá em cima para dificultar os empréstimos. A medida também aumentava os juros dos títulos públicos, para torná-los mais atraentes em relação à bolsa, tentar drenar mais dinheiro do mercado e desinflar a bolha.

Funcionou: chegou outubro de 1929, e em três semanas a bolsa perdeu quase tudo o que tinha ganhado nos dezoito meses anteriores.

Mas o freio do governo não brecou apenas a especulação financeira. Com menos dinheiro circulando na praça, em três meses a produção industrial caiu 10%. As importações, 20%. Nisso, a renda da população diminuiu, e, se ficou mais difícil pagar dívidas de crediários, imagine as dos empréstimos garantidos por ações. Com o calote comendo solto, bancos começaram a falir.

Só que um deles se chamava Banco dos Estados Unidos. Era um banco privado. Mas o nome fez muita gente achar que uma grande instituição financeira estatal (como o Banco do Brasil é aqui) estava quebrando. Ou que o país em si tinha falido. Aí socorro!

"A data-chave para a Grande Depressão foi 11 de dezembro de 1930, quando o Banco dos Estados Unidos fechou as portas", escreveu Milton Friedman. "Sua falência, então, causou uma crise de confiança particularmente séria." Tudo por causa do nome. Caso se chamasse Banco do Alfredo, a história poderia ter sido diferente.

O ponto é que essa falência serviu como a pedrinha que começaria a avalanche. Milhares de correntistas de outras instituições voaram para sacar, com medo de que suas contas deixassem de existir. Isso é justamente o que não pode acontecer no sistema bancário: uma instituição nunca vai ter dinheiro em caixa para devolver ao mesmo tempo os depósitos de todos os correntistas – a maior parte do dinheiro de um banco não fica lá dentro, está girando pela economia na forma de empréstimos. O banco não tem como pegar de volta com todos os devedores para honrar os pedidos de saques de todos os clientes. Imagine o terror. Multidões nas agências, e nada de dinheiro para sacar... O banco não tem alternativa senão fechar as portas. Para sempre. Foi o que aconteceu. O corre-corre às agências levou 352 bancos à falência em um mês. E esse foi só o primeiro deslizamento de terra. A avalanche mesmo viria depois.

Quando a massa de bancos falidos fica grande, mesmo as instituições financeiras que conseguem manter seus clientes se veem em apuros: quem financia os bancos são os outros bancos. Eles seguram as pontas uns dos outros com empréstimos vultosos. Sempre tem algum com a corda no pescoço – porque tomou muitos calotes naquele dia, por exemplo. E aí os bancos que fecharam o dia no azul vão lá e emprestam a juros camaradas para o que fechou no vermelho. Uma mão lava a outra. Com menos mãos no mercado (menos bancos), os que estão com as mãos sujas (devendo) têm mais dificuldade para levantar o que precisam. Alguns não conseguem. Fecham as portas. E, quanto mais portas fechadas, menos mãos para o sistema bancário se lavar. Aí é avalanche na certa.

E foi: dos 25 mil bancos que existiam nos Estados Unidos antes da crise, 10 mil fechariam as portas. Esse processo deletou 30% do dinheiro em circulação na economia americana – os dólares que as pessoas não conseguiam sacar (no próximo capítulo, vamos ver a fundo como esse sistema funciona e por que o dinheiro pode simplesmente evaporar numa crise, como se nunca tivesse existido).

Mas ainda tem o pior: sabe o que o governo fez? Mesmo com o dinheiro desaparecendo, continuou drenando grana da economia. Manteve os juros lá em cima. Sadismo? Precisamente.

A justificativa para continuar lipoaspirando a gordura financeira num país que já estava esquálido era "limpar" a economia dos "especuladores". "Isso expurgará o sistema, que está podre", disse Andrew Mellon, o secretário do Tesouro (equivalente ao nosso ministro da Economia). "Os padrões de vida altos serão reduzidos. As pessoas trabalharão mais, levarão uma vida mais de acordo com a moralidade. Os valores se ajustarão, e os empreendedores recolherão os destroços dos menos competentes."

O sistema acabou expurgado mesmo. Só que todo mundo dançou: competente ou desastrado, trabalhador braçal ou especulador de gravata. Empresas fecharam, e emprego fixo virou artigo raro. O PIB dos EUA caiu 25% em três anos. Na realidade de hoje, seria como se o país tivesse amputado US$ 4,8 trilhões em produtos e serviços. Dois Brasis, mais uma Argentina de troco. O desemprego bateu em 30% – índice equivalente ao dos países mais pobres da África subsaariana. O que aparecia eram trabalhos temporários, às vezes em uma cidade, às vezes em outra. A classe média começou a trocar suas casas por *trailers*, para ter como levar a casa junto na hora de trocar de emprego. Os mais pobres organizavam saques para roubar comida.

No andar de cima não rolava fome nem pinga-pinga residencial, mas não faltavam histórias trágicas. A do magnata Billy Durant é o caso mais marcante. Ele tinha enriquecido com uma *start-up* da "nova economia" da época: a General Motors, cujo valor de mercado cresceu vinte vezes nos anos 1920. Mas resolveu ganhar dinheiro de verdade mesmo e largou a GM para virar cabeça de um daqueles grupos de investidores que manipulavam o mercado. Quando a bolsa começou a cair, entendeu a ocasião como uma boa oportunidade para comprar papéis mais baratos. No primeiro ano após 1929, os papéis perderam, em média, metade do valor. Mas a quebradeira bancária que veio depois reduziria essa média a um sexto da cotação original. Uma ação que valesse US$ 100 no pico era comercializada em 1933 por US$ 15. Isso levando em conta as companhias sólidas. Quem acabou cheio de papéis daqueles grupos de investimento perdeu foi tudo mesmo. Caso de Durant, que terminou a vida como gerente de uma pista de boliche em Flint, no estado de Michigan, a cidade onde fundara a GM.

Entre 1929 e 1933 os EUA viraram uma versão real do "lugar mágico" que abre este capítulo: o inferno da deflação.

Os preços só caíam. O tempo todo, sem parar. Um quilo de borracha custava US$ 0,42 em 1929 – caro o bastante para que Henry Ford tivesse montado uma cidade americana no meio da Amazônia para produzir borracha de pneu e não ter de importar o produto da Malásia. Mas chegou 1932, e o quilo da borracha tinha baixado para US$ 0,03. Nada escapou: o quilo da seda diminuiu de US$ 10,40 para US$ 2,50; o do algodão, de US$ 0,32 para US$ 0,12.[2]

Aí era aquele mecanismo do inferno em operação: com os preços caindo, deixar dinheiro debaixo do colchão era um bom investimento: rendia 15% ao ano, já que essa era a deflação média.

Claro que para quem estava empregado isso não era ruim. O poder de compra desse pessoal crescia 15% ao ano sem que fosse necessário fazer nada. Era como se todo mundo que continuasse com a carteira assinada fosse promovido todo ano. Mas na economia nem sempre o que é bom para indivíduos é bom para todo mundo. Com os preços caindo nesse ritmo, menos gente se sentia encorajada a gastar, o consumo diminuía, então as empresas fechavam, e o desemprego aumentava. Isso cortava qualquer efeito benigno que a deflação pudesse ter. "Ah, não. Eu, que tô empregado, não quero perder essa bocada de poder comprar cada vez mais com o mesmo salário", diria alguém no meio da Grande Depressão. Ok. Mas, com cada vez mais empresas fechando, uma hora ele não teria muito o que fazer com esse poder de compra extra que a deflação deu. Não existe deflação grátis.

Para piorar, o medo de mais quebradeiras bancárias fez com que muitos convertessem seus dólares de papel em ouro, como uma forma de poupança ainda mais segura. De novo: nem sempre o melhor para o indivíduo é melhor para todo mundo. Era um período de queda violenta da economia. Então poupar ouro fazia todo o sentido, sim, pelo menos do ponto de vista individual. Dá que a sociedade acabasse mesmo? Que a barbárie tomasse conta de tudo? Pelo menos você teria ouro para trocar por comida quando precisasse. Só que, quanto mais gente fazia isso, aí é que o dinheiro ficava parado mesmo, levando a economia de vez para o buraco.

O Brasil também se complicou com a deflação americana. A gente praticamente vivia da exportação de café. Mas o preço do quilo tinha caído de US$ 0,56 para US$ 0,16. Aí quebrou nossas pernas.

Essa queda de preço, inclusive, deu origem àquele ato famoso do governo Vargas: o de comprar 80 milhões de sacas de café e queimar tudo para ver se a escassez elevaria os preços de novo. Não adiantou. Pelo jeito, a crise estava queimando dinheiro mais rápido do que as tochas de Getúlio queimavam café.

Se até por aqui o chão tremeu, na Europa foi bem pior. O continente já estava sofrendo antes de 1929: a empolgação com a economia americana fez com que o dinheiro fugisse da Europa em busca de oportunidades melhores nos EUA (dinheiro tanto de americanos que investiam por lá como de ingleses, franceses e alemães que preferiram apostar seu cascalho do outro lado do Atlântico).

Sem investimentos, a economia foi definhando. E, quando o Fed aumentou os juros, piorou. O dinheiro, em vez de voltar para a Europa, preferiu o conforto dos títulos públicos americanos – não é todo dia que um investimento de retorno garantido está pagando bem... Empobrecido, o continente virou terreno fértil para salvadores da pátria.

Se Hitler teve seu primeiro momento de notoriedade explorando a raiva dos alemães contra a hiperinflação, em 1923, agora era a deflação que serviria de combustível. Um combustível bem mais potente. Se a inflação é uma balbúrdia econômica, a deflação representa o próprio fim da economia. Em 1929, a Alemanha tinha 65 milhões de habitantes e 600 mil desempregados. Em 1933, eram mais de 6 milhões sem trabalho. A maioria provavelmente sem fazer ideia do motivo, porque essa massa parou para ouvir quando Hitler culpou os judeus e o mundo pelo desemprego.

A história da Grande Depressão na Alemanha é a história da ascensão do nazismo. Em setembro de 1930, o Partido Nazista conseguiu 6,4 milhões de votos. Sua presença no Reichstag, o Parlamento alemão, pulou de 12 para 107 membros (18% da Câmara). Agora os nazistas deixavam de ser um bando de loucos com alguma representação política para virar o segundo maior partido da Alemanha (a quem interessar possa: atrás dos social-democratas). No pico da depressão, em 1933, arrebanhariam 17 milhões de eleitores. Agora eram 288 assentos. Meio Reichstag. Era o bastante para colocar um bandeirão da suástica no Parlamento e empossar Hitler como chefe de Estado. O resto da história você conhece.

OURO DE TOLO

Quando Franklin Roosevelt tomou posse nos EUA, em 1933, seu governo decidiu cortar a deflação pela raiz. Mas pela raiz errada. Usaram uma lógica burra. Do tipo: "O problema é que os preços estão caindo demais, certo? Mas, se a produção cair mais ainda, e começar a faltar coisas demais no mercado, eles vão ter de subir!".

A equipe econômica de Roosevelt tinha vivido a Primeira Guerra Mundial. Eles sabiam que, quando há racionamento de comida, por exemplo, não existe outro caminho: as pessoas preferem pagar mais caro a morrer de fome. Se dessem um jeito de racionar a produção de alimentos, os preços não teriam outra direção para ir senão para cima, impulsionados pelo estômago da população. Esse seria o pontapé inicial para quebrar o círculo vicioso da deflação. E a economia voltaria à vida.

Um plano infalível. Mas daqueles do Cebolinha contra a Mônica, que sempre se voltam contra o feiticeiro. Roosevelt aumentou os impostos sobre os alimentos e recompensou com isenções os fazendeiros que diminuíssem a produção. Pronto. Agora os americanos mais pobres, que já nem tinham colchão para botar dinheiro embaixo (quanto mais ouro), começaram a passar fome. Valia mais plantar para comer no quintal do que sair para comprar.

Foi um pontapé inicial mesmo. Um pontapé para a sociedade americana sair do estado de civilização e regredir à barbárie. "Roosevelt e sua equipe inverteram causa e efeito", escreveu Robert Higgs, um economista célebre. "Eles não entenderam que os preços tinham caído por causa da Grande Depressão. Acreditaram que a depressão era culpa da queda nos preços. O remédio óbvio, então, era forçar aumentos, o que eles conseguiram diminuindo artificialmente a produção. O plano era tão autodestrutivo que custa a crer que alguém tenha colocado fé nele."

Roosevelt, porém, não era exatamente um Cebolinha. Esse *front* do plano naufragou, de fato. Mas uma outra medida do pacote de combate à deflação deu certo. E teve um efeito colateral inesperado: dar à luz o mundo em que a gente vive hoje.

O governo anterior, de Herbert Hoover, tinha deixado tudo degringolar porque não aceitava quebrar o padrão-ouro. Jogar mais dinheiro na economia aumentaria os preços naturalmente, lógico. Para isso era só o governo imprimir mais notas para zerar os juros dos bancos ou para mandar abrir buraco e tapar depois – criando empregos onde não havia e pagando os salários dos tapadores de buracos com dinheiro fresco. Só que no começo dos anos 1930 os EUA estavam sob o padrão-ouro. O governo, então, só podia elevar substancialmente a quantidade de dinheiro na praça se arranjasse ouro para deixar como lastro nos cofres do banco central. Como ouro não dá em árvore...

A crença da equipe econômica de Hoover era a de que o mercado acabaria se ajustando mais dia, menos dia. Chamá-los de idiotas agora é fácil, mas o ponto é que a economia mundial tinha fluído bem com o padrão-ouro até o fim dos anos 1920. Para o comércio internacional, era uma mão na roda: saber que todas as moedas do mundo desenvolvido podiam ser convertidas numa unidade universal, o ouro, facilitava tudo. O governo americano, por exemplo, estipulava que US$ 1 valia 1,5 grama de ouro; o britânico, que £ 1 era 7,3 gramas.[3] Para saber quantos dólares correspondiam a £ 1, era só dividir 7,3 por 1,5. Ou seja: £ 1 = US$ 4,86. Além de evitar inflação, o sistema impedia que um país importasse produtos do outro só imprimindo dinheiro. Era um grande acordo de cavalheiros.

O ponto é que todo dinheiro de papel podia ser convertido em ouro nos bancos. E todo banco precisava ter barras de ouro nos cofres para poder ser chamado de banco. Mas a maior parte ficava com o banco central de cada país – a quantidade de ouro que ele tinha no cofre determinava quanto dinheiro iria circular. A coisa era tão aceita que 59 países chegaram a usar o padrão-ouro ao mesmo tempo nas primeiras décadas do século 20. O Brasil também? Não, nada. Estávamos fora do clube. Nossa economia era simplória na época: consistia basicamente em exportar café, receber o pagamento em moeda estrangeira lastreada em ouro e usar essa moeda estrangeira para importar todo o resto. Na prática, éramos pobres demais para ter toneladas de ouro guardadas com o único fim de servir de lastro para as notas. E a economia interna era mais parecida com a da Antiguidade europeia, com base em moedas de bronze e de cobre (também havia as de prata e de ouro, para transações mais polpudas, mas naturalmente em pequeno número). Cédulas eram poucas e, quando emitiam, eram sem lastro.

Não que os países ricos fossem essa maravilha. O valor somado de todas as cédulas em circulação não refletia exatamente a quantidade de ouro que essas nações tinham no cofre. Os governos sabiam que suas populações nunca iriam chegar e sacar todo o ouro de uma vez, por mais que as notas lhes dessem esse direito. Nos EUA, por exemplo, a lei exigia que houvesse ouro o bastante para que pelo menos 40% do papel-moeda pudesse ser convertido instantaneamente. Seja como for, a quantidade de dinheiro disponível na praça tinha um freio.

Só que em 1933 não tinha mais jeito. Ou Roosevelt dava um jeito de pôr dinheiro novo para girar ou terminaria o mandato sem um país para governar. E ele foi engenhoso: copiou os ingleses.

O Reino Unido tinha abandonado o padrão-ouro em 1931. Passou a imprimir dinheiro à vontade para combater a deflação, sem ligar se tinha ou não ouro estocado para servir de lastro, e a Grã-Bretanha foi voltando aos eixos.

Roosevelt, então, agiu por etapas. Uma das primeiras medidas foi dar um jeito de fazer com que o ouro sob poder da população voltasse a circular na forma de dinheiro. Era aquele ouro que muitos estavam usando como poupança, mas que, ao mesmo tempo, travava mais ainda a economia. O governo precisaria roubar o ouro da população para que o plano desse certo. Como organizar um assalto dessas proporções? Fácil, até: tornando o ouro ilegal.

Roosevelt proibiu a posse e o comércio de ouro – exatamente o que nosso amigo John Law (capítulo 6) tinha feito na França do século 18, e que levou a um desfecho trágico. E agora, como seria? Bom, tudo o que a população tivesse guardado em casa ou em cofres de banco deveria ser dado ao governo. Em troca, o Estado pagava o preço oficial do ouro, US$ 20,67 a onça (ou US$ 0,75 o grama).

Meses depois, Roosevelt começou a pagar US$ 35 a onça (US$ 1,25 o grama). Nisso, quase dobrou a quantidade de dinheiro que estava jogando na economia por essa via. Mais na veia que isso, impossível.

A proibição do ouro foi particularmente engenhosa. Se Roosevelt só tivesse imprimido dinheiro e pronto, era capaz de as pessoas pegarem a grana extra para comprar mais ouro e deixar guardado na gaveta, com medo de um futuro ainda mais incerto. E aí a estagnação continuaria na mesma. Sem o ouro como alternativa de proteção, as pessoas ficariam mais encorajadas a gastar.

A outra frente de ação foi criar as vagas de emprego que a economia não dava mais conta de gerar depois de quatro anos na UTI. Aí tome construir estradas, ferrovias, prédios, abrir buraco para tapar depois... Tudo pago com dinheiro fresco.

Agora que o governo imprimia dólares sem lastro, poderia surgir outro problema. Se a capacidade de produção do povo americano não se mostrasse robusta o bastante, a deflação poderia se trans-

> "O que pôs um fim na Grande Depressão foi um programa massivo de obras públicas chamado Segunda Guerra Mundial."
> — PAUL KRUGMAN

formar numa hiperinflação. Roosevelt, porém, contou com uma ajuda inesperada do outro lado do Atlântico: a de Hitler. A Segunda Guerra Mundial, cortesia do maníaco, foi o impulso que faltava para fazer a produção americana deslanchar.

Fabricar navios, aviões e tanques de guerra ajudou a colocar o dinheiro novo numa tarefa produtiva. O aparato militar virou o lastro dessa grana. O destino dos aviões e dos navios podia ser afundar no meio do Pacífico. Mas ok: levantar as fábricas e construir o maquinário para produzir tudo isso fazia o dinheiro circular leve e solto pelas veias econômicas dos EUA. Emprego, que era o grande problema, não faltava mais. Como disse o economista Paul Krugman, Nobel de Economia em 2008: "O que pôs um fim na Grande Depressão foi um programa massivo de obras públicas chamado Segunda Guerra Mundial".

Depois da guerra o padrão-ouro voltou, justamente para não dar margem à inflação. Mas foi como o retorno de Michael Jordan ao basquete em 2001, depois de três anos aposentado: apenas uma sombra daquilo que tinha sido antes.

Em 1946, representantes dos 44 países aliados que venceram a Segunda Guerra (Brasil incluído) se reuniram num hotel em Bretton Woods, no estado de New Hampshire, para fixar as bases da economia mundial. Ficou decidido que os bancos centrais não precisariam ter reservas de ouro para facilitar o comércio internacional. O dinheiro americano seria o novo metal precioso: cada país teria sua moeda valorada em dólar. E os dólares que cada banco central tivesse em seus cofres serviriam como lastro da moeda do país. O ouro continuava na forma de um eco, como um lastro indireto.

O governo dos EUA se comprometia a trocar os dólares que os outros países tivessem em seus cofres por ouro ao preço de US$ 1,25 o grama sempre que requisitado. Isso só acabou em 1971. Era o ponto-final do padrão-ouro na história da humanidade.

Demorou. Converter moeda em ouro não fazia mais sentido. Com a depressão seguida pela Segunda Guerra, o mundo desenvolvido tinha aprendido a fazer dinheiro de papel sem lastro da forma como ele deve ser feito: como se o lastro existisse. É aquela história do capítulo 2: se a moeda de papel for mantida como um recurso escasso, a população vai confiar nela.

Um dos melhores exemplos da história veio do povo russo. O país entrou em um processo de inflação severa depois da Revolução, em 1918. Tanto que precisou trocar de moeda. Em 1924, o rublo novo chegou valendo 50 bilhões de rublos velhos.

Antes disso, os russos continuaram usando cédulas de papel antigas, dos tempos da Rússia czarista, como substituta do rublo inflacionado. Como em praticamente qualquer cédula de papel do planeta impressa no começo do século 20, vinha escrita nela a promessa de que o governo converteria aquele valor em ouro se o portador da nota quisesse. "Como a possibilidade de que um czar voltasse para cumprir essa promessa não era das maiores, surpreende que essas notas circulassem mantendo intacto seu poder de compra", disse Milton Friedman. Por que isso aconteceu, então, Milton? "Elas mantiveram seu valor precisamente porque nenhuma nota de rublo czarista foi criada depois da Revolução, então a quantidade delas em circulação se manteve fixa."[4]

O padrão-ouro parecia fazer todo o sentido, tanto que muita gente acha que o dinheiro de hoje é lastreado em metal. Mas no fundo era um sistema imbecil. É só pensar: mantê-lo consistia em desenterrar o metal em uma mina num grotão qualquer para enterrá-lo de novo nos cofres dos bancos. O mecanismo rende um episódio de *South Park*. Era o planeta inteiro mobilizando uma força soberba de trabalho para minerar e transportar o metal. Tudo com a única função de fazer as pessoas acreditarem que o dinheiro de papel que elas carregavam não era só papel.[5] E mais importante. Na prática, eram governos fazendo um grande trabalho de autopoliciamento. Para não sucumbir à tentação de imprimir dinheiro demais, valia a pena colocar milhares de homens a serviço de uma tarefa que, em última instância, era completamente inútil: desenterrar ouro e enterrá-lo de novo. Isso não enchia barriga nem produzia nada de útil. Sim, havia as joias. E ainda há. Mas praticamente todo o ouro ia para essa função abstrata que era servir de lastro para o dinheiro de papel.

Para piorar, isso prendia toda a economia à produção de ouro. Se descobrissem quantidades imensas de novas minas, como aconteceu na Califórnia e no Alasca no século 19, por exemplo, rolava inflação. Os preços subiam porque a quantidade de moeda aumentava subitamente. Quem controlava as minas levava uma vantagem absurda: podia converter o metal em casas, roupas e carruagens – ou seja, bens de verdade – antes dos aumentos de preços, quando o mercado ainda não estava saturado de ouro. Até por isso o Tio Patinhas começou sua fortuna quaquilionária minerando ouro no Alasca. Por outro lado, a escassez de ouro levava à deflação. E aí era o inferno na Terra.

O fim dos grilhões do ouro pode ter causado surtos de inflações esporádicas – até os EUA quase perderam a mão no fim dos anos 1970, com inflações seguidas na casa dos dois dígitos anuais. Mas foi isso que deu à luz o mundo em que vivemos.

A liberdade dos governos sobre o estoque de moeda foi fundamental para que a economia global crescesse como cresceu nas décadas do pós-guerra. O jornalista inglês Matt Ridley traduziu isso da melhor forma: "A classe média de 1955, luxuriante em seus carros, confortos e aparelhos elétricos, hoje seria descrita como 'abaixo da linha da pobreza' nos EUA".[6] Ele continua: "Hoje, dos americanos oficialmente designados como pobres, 99% têm energia elétrica e geladeira e 95% têm televisão. Mesmo em 1970, só 36% dos americanos tinham ar-condicionado; em 2005, 79% *dos pobres* tinham".

No Brasil, a recessão seguida de estagnação que marcou boa parte desta década baixou uma nuvem de pessimismo. Mesmo assim, qualquer análise de longo prazo mostra o lado meio cheio do nosso copo. Em 2015, 97% dos domicílios tinham televisão. Em 1992, só 74%.

As famílias com máquina de lavar passaram de 24% em 1992 para 61% em 2015. No final do século 20, 40% dos lares não dispunham de água encanada. Hoje, os tubos chegam a 86% das casas.[7]

Nada disso seria possível sem que a quantidade de moeda em circulação fosse administrada de forma científica. Uma inflação pesada emperraria tudo. Uma deflação destruiria o que já tinha sido construído. No próximo capítulo, vamos entender como a economia de hoje realmente funciona.

10

A FÍSICA QUÂNTICA DO DINHEIRO

Os mesmos R$ 50 podem estar em dois lugares ao mesmo tempo, e as pessoas atrás de você na fila do caixa pagam a sua conta. De quebra, entenda como o governo controla a economia usando dinheiro mágico. Com vocês, o realismo fantástico do universo financeiro.

DA PRÓXIMA VEZ que pagar alguma coisa na padaria com o cartão de crédito, dê uma olhada em quem está atrás de você na fila – no motorista do ônibus, no casal entrelaçado, na moça lá atrás tomando um sorvete... E tenha em mente: são eles que estão pagando a sua conta.

O dinheiro deles está diluído no sistema bancário. E é a grana desse sistema que você pega emprestada na hora em que faz uma compra no cartão. Todo o resto da população que tem conta em banco é seu credor. Isso não é uma licença poética. Trata-se de uma lei da física de partículas do dinheiro.

Não que exista uma física de partículas do dinheiro (os físicos estão preocupados com coisas mais relevantes), mas, se existisse, ela mostraria nitidamente: o motorista do ônibus, o casal entrelaçado e a moça do sorvete estão pagando, sim, uma fração da sua conta. Alguns bilionésimos de centavos saíram direto do bolso deles.

Para entender isso de verdade, é só pensar no básico: o que é um banco? A princípio, não passa de um intermediário entre pessoas comuns com algum dinheiro sobrando e pessoas comuns com algum dinheiro faltando. Se você mora num apartamento financiado, deve dinheiro não exatamente ao banco, mas aos milhares de pessoas que, sem saber, ajudaram você com uma fração do salário delas. O banco só faz o meio de campo nessa transação e cobra pelo serviço. É chato pagar, mas a alternativa a usar um banco na hora de comprar um apartamento de R$ 400 mil seria ir até a catraca do metrô e pedir microempréstimos de R$ 4 para 100 mil cidadãos. Você não faria isso. Mas o banco faz – ele monta agências em qualquer rincão justamente para isso.

Desnecessário dizer que o seu dinheiro também está nessa roda de microempréstimos. O que você tem na conta-corrente não está exatamente lá. Já foi emprestado. Virou crédito. Alguém já trocou de carro, ou comprou uma casa, ou pagou a conta da padaria com o seu dinheiro. Mas não fica nisso.

A grande função dos bancos é maior do que fazer essa coleta e cobrar juros. O que eles fazem é uma mágica. Os bancos multiplicam dinheiro: R$ 400 se transformam em R$ 800, que se tornam R$ 1.600... Tudo isso sem entrar grana nova na jogada.

Como funciona: digamos que você vai acertar o financiamento daquele apartamento de R$ 400 mil. Quando você fecha o financiamento, o banco vai lá e dá a grana toda à vista para a construtora. Aí é aquela história: esse dinheiro saiu dos depósitos que milhares de outros clientes fizeram nas contas deles.

Mas acaba aí? Se o dono da construtora converter o cheque dele em moedas e colocar tudo numa caixa-forte para ficar nadando nelas, que nem o Tio Patinhas, acaba.

Mas provavelmente ele vai preferir colocar os R$ 400 mil numa conta bancária. Só que o dinheiro não vai ficar parado. Isso não existe. Os R$ 400 mil vão ficar disponíveis para o outro banco emprestar. (Nota: não fica o dinheiro todo, porque existem certas regras, e vamos falar delas depois, mas por enquanto fique com os R$ 400 mil em mente.)

Bom, aí o dono da padaria – aquela lá do motorista, do casal e da moça do sorvete – foi pedir um empréstimo nesse banco: R$ 400 mil, para financiar a compra de fornos novos. Vamos imaginar que o banco pegou os mesmíssimos R$ 400 mil que a construtora depositou lá e repassou como empréstimo para o dono da padaria. Nisso, ele vai comprar os fornos com um dinheiro que tinha sido emprestado para você comprar um apartamento – um dinheiro que você ainda não pagou, mas que já está girando na economia.

E não para aí. Alguma empresa vendeu os fornos novos para o dono da padaria. E agora ela tem os R$ 400 mil na mão. Recapitulando: a construtora recebeu R$ 400 mil. O dinheiro foi para a empresa de fornos. Só que continua no saldo da construtora. Na verdade, consta no saldo dela *e também* no saldo da empresa de fornos. Segundo a mecânica quântica, um elétron pode estar em dois lugares ao mesmo tempo de vez em quando. Com dinheiro é a mesma coisa. Eis mais uma lei da física financeira.

Como os R$ 400 mil estão em dois lugares diferentes ao mesmo tempo, eles viraram R$ 800 mil. Preciso perguntar se para por aí? Não, né? Os R$ 800 mil logo começam a dar cria. Esse é o milagre da multiplicação que os bancos operam. O nome técnico disso é "fator multiplicador bancário". E ele existe desde que banco é banco. Para a economia, é extremamente produtivo. Pense num exemplo mais simplificado ainda. O dono da padaria tem R$ 100 mil na conta. Nem aplicado o dinheiro está. Ele é tão conservador e avesso a riscos que não confia nem na poupança (passou pelo Plano Collor, coitado). Então faz questão de ter uma boa grana na conta-corrente mesmo, só para garantir. "Nunca se sabe o dia de amanhã... ó, pá..."

Nisso o banco fez o papel dele e colocou os R$ 100 mil no mercado de crédito. Vamos dizer que quem pegou emprestado foi aquela empresa de fornos de pão, que precisava de mais um pouquinho para manter a produção.

Aí chega um dia, e um dos fornos do dono da padaria quebra. Como ele é um homem precavido, não tem problema. O dinheiro de que ele precisa está lá na conta-corrente. Então o homem saca a grana e compra equipamento novo. De quem? Claro: da empresa de fornos que tinha pegado os R$ 100 mil emprestados no banco, só para deixar a história redonda.

Moral da coisa: o dinheiro "parado" do dono da padaria produziu o forno. Sem esse tipo de artifício, sem o milagre da multiplicação de moeda, a economia não teria como funcionar na velocidade que funciona. Nossas vidas mudariam. E para pior – você não encontraria fornos no mercado quando o da sua padaria quebrasse, nem teria a possibilidade de financiar um apartamento.

Mas esse sistema carrega um problema com ele: de onde vem o dinheiro da multiplicação? Se está tudo emprestado por aí, como é que todo mundo pode sacar quando quiser? A verdade é que poder, não pode. Pelo menos não todo mundo ao mesmo tempo. Se todos os clientes de um banco resolvem materializar seu dinheiro de uma vez, se todo mundo tiver a ideia genial de converter sua conta-corrente em moedas para ficar nadando em cima delas, não vai ter moeda para todo mundo. Nem nota, nem nada. Esse é o calcanhar de Aquiles do sistema financeiro.

E ele está entre nós desde as origens do sistema bancário moderno. Pense naqueles ourives da Idade Média que acabaram virando banqueiros, os do capítulo 3. Eles guardavam ouro para os clientes e davam um recibo, que acabava circulando como dinheiro de papel, certo? Mas o ouro não ficava parado lá. O ourives aproveitava-se dessa posse e emprestava o metal a juros. Quando recebia a dívida pelo empréstimo do ouro alheio, embolsava os juros para si. E tudo certo.

Só que o ourives não emprestava exatamente o metal. Era só dar um "vale-ouro", já que esse tipo de recibo circulava como dinheiro. O que aconteceu, então? Um cliente deixou uma barra de um quilo com ele e pegou seu "vale um quilo de ouro". Outro pediu emprestado e ganhou um vale igual. Na prática, duas barras de ouro estavam circulando pela economia na forma de recibos, enquanto só havia uma no cofre.

É exatamente o que acontece hoje.

E com o mesmo ponto fraco: o milagre da multiplicação que os bancos operam só funciona se ninguém vier sacar tudo ao mesmo tempo. No caso do ourives, se chegam duas pessoas para sacar o quilo de ouro na mesma hora, ferrou. Só há uma barra lá. Hoje, se todos os clientes resolverem sacar de uma vez, complica também. Não vai haver dinheiro para todo mundo nos cofres, está tudo voando por aí.

A realidade aqui vale por mil parábolas: para cada R$ 1 de verdade na economia brasileira, existem R$ 7,60 voando por aí na forma de crédito. A proporção e os valores exatos mudam toda hora. Mas os números mais recentes do Banco Central até o término da última edição deste livro eram os seguintes: R$ 407 bilhões "de verdade", na forma de notas e de depósitos em conta-corrente, contra R$ 3,1 trilhões em crédito.

No capítulo anterior, vimos que um terço do dinheiro dos EUA deixou de existir durante a Grande Depressão, certo? Foi justamente depois de um corre-corre generalizado às agências bancárias para sacar tudo. A maior parte do dinheiro que circulava pela economia não existia na forma de papel. Era igual a hoje: quase tudo virtual. Não havia dinheiro eletrônico, mas era como se houvesse. Eram dólares que só existiam registrados nos livros-caixas dos bancos, mas que, mesmo assim, giravam por aí, como nos exemplos que você viu aqui. Os economistas chamam essa forma de dinheiro de "moeda escritural" – ela está no seu saldo e pode ser usada à vontade via cartão de débito, transferência, cheque. Se você quiser sacar, o banco pega notas do cofre dele e entrega na sua mão. O dinheiro é seu. Mas não tem existência física, nunca foi impresso pelo governo.

Então, se todo mundo correr para sacar, não tem jeito. Ou o banco central imprime dinheiro novo para transformar a moeda escritural em moeda de verdade, ou tchau. Na Grande Depressão não tomaram essa providência, como vimos no capítulo anterior. E a brincadeira da economia quase acabou.

O CABRESTO DOS BANCOS

Por isso o milagre da multiplicação do dinheiro é extremamente perigoso. A questão, porém, é que ele não rola solto. Os casos que entraram como exemplo eram situações hipersimplificadas. Mas agora fica mais fácil entrar no mundo real.

O governo de qualquer país tem uma regra para frear a multiplicação infinita do dinheiro: cada vez que alguém faz um depósito, uma parte tem de ir para os cofres do seu banco central. A proporção varia de tempos em tempos. No Brasil do início de 2019, estava em 25%. Daqueles R$ 400 mil que a construtora recebeu, R$ 100 mil são creditados na conta do BC automaticamente. É o chamado "depósito compulsório". Feito esse depósito, sobram só R$ 300 mil para o banco emprestar. Vamos dizer, então, que a empresa dos fornos de padaria ficou com os R$ 300 mil e depositou. Agora um quarto dessa grana vai de novo para o Banco Central. E R$ 225 mil ficam livres para girar na forma de empréstimos. Depois que os R$ 400 mil originais forem redepositados vinte vezes, só R$ 1,23 vai estar disponível para virar crédito. Ou seja, nada. Nesse esquema, os R$ 400 mil de moeda real só têm como gerar R$ 1,2 milhão. Mais precisamente, outros R$ 1.199.999,99. Depois disso, conforme a divisão continua, o dinheiro original só teria como gerar décimos, centésimos, bilionésimos de centavo. Aí já é assunto para a física quântica do dinheiro, e essa disciplina ainda não existe.

O depósito compulsório também serve como uma reserva para o caso de pânico da população. Se der na telha de todo mundo sacar tudo ao mesmo tempo (deu na Grande Depressão e quase deu de novo na crise de 2008, então nunca se sabe), uma parte razoável estará segura no Banco Central.

Seja como for, essa não é a única proteção. Os bancos mantêm uma sociedade privada para dar alguma segurança aos clientes: é o Fundo Garantidor de Crédito (FGC). Todas as instituições financeiras do país depositam um pouco lá todo mês: o saldo mais recente do Fundo era de R$ 27 bilhões. Funciona assim: caso algum banco quebre, o FGC banca os clientes que ficaram na mão. Ele garante até R$ 250 mil do que o correntista tiver na conta ou na poupança.

Tem outra: dependendo da gravidade da situação, o Banco Central pode liberar dinheiro do compulsório para o Fundo Garantidor – fizeram isso em 2008, quando o risco de quebradeira bancária era real. Então esse depósito que impede a moeda de se multiplicar indefinidamente também serve de colchão para os correntistas – e tudo isso junto faz com que uma situação igual à da Grande Depressão, com quase metade dos bancos quebrando e um terço do dinheiro virando fumaça, seja improvável hoje.

O dinheiro das contas-correntes, por sinal, é só uma parte do que vira crédito. Entra dinheiro aplicado também. Poupança e CDBs se transformam em empréstimo. O CDB (Certificado de Depósito Bancário) é só um empréstimo que você faz para o banco – e ele usa como bem entender, ou seja, empresta para outras pessoas. A poupança deve ir majoritariamente para o crédito imobiliário, mas isso é empréstimo do mesmo jeito. Também existem as Letras Financeiras (uma espécie de CDB de longo prazo, que paga um pouco mais) e as Letras de Crédito, que também tendem a pagar um pouco mais e que vão para setores específicos da economia. É o caso das LCIs (Letras de Crédito Imobiliário, também destinadas ao financiamento de imóveis), e das LCAs (Letras de Crédito Agrícola, que devem ir para o agronegócio). Em suma, são as aplicações mais populares fora os fundos DI e de renda fixa.

O dinheiro que existe nas contas-correntes e na forma de papel-moeda some perto desse, até porque ninguém deixa muita coisa parada. Em dezembro de 2018, a grana em poupança, CDBs e afins somava R$ 2,4 trilhões.

Tudo em dinheiro escritural, diga-se. Quando você deposita uma nota de R$ 50 na poupança, por exemplo, ela vai para o bolo de dinheiro de papel que fica nos cofres do banco para o caso de algum outro correntista precisar sacar. Não fica num "cofre da poupança" – isso não existe. Os R$ 50 são só registrados no sistema do banco. Tornam-se moeda escritural na hora. Mas tudo bem: moeda escritural movimenta o crédito do mesmo jeito. E é daí que sai o grosso daqueles R$ 3,1 trilhões em crédito.

Para não bagunçar muito as coisas, o Banco Central divide os "tipos de dinheiro" que existem no Brasil. Vai da grana que está mais perto de você, a mais fácil de sacar, até o dinheiro congelado no freezer da economia, que existe, mas não dá para usar na hora.

O basicão é o que eles chamam de "papel-moeda em poder do público": o dinheiro físico que está nas carteiras das pessoas e nos cofres de banco. Eram R$ 218,6 bilhões em dezembro de 2018. Além dessa grana, existiam R$ 188,5 bilhões em moeda escritural na forma de depósitos em conta-corrente. A soma do dinheiro de papel com o dinheiro virtual que você pode usar no cartão de débito é o que os técnicos chamam de "Meio de Pagamento 1" (M1, para os íntimos da macroeconomia). Total: R$ 407 bilhões.

Bom, aqui vale uma analogia com a cozinha. M1 é a moeda que dá para usar na hora. É só ir lá e sacar, ou, o que é mais comum, ir debitando de lá o que você gasta no cartão. De uma forma ou de outra, esse dinheiro é como se fosse um prato de comida pronto, quente, para consumo imediato.

Depois do M1, vem o M2. Ele é o equivalente à comida congelada no freezer. Está lá, mas não dá para comer no ato: é o dinheiro aplicado em poupança, CDB, LCIs etc., mais as contas do FGTS. Dá aqueles R$ 2,4 trilhões que vimos lá atrás.

Mas ainda não é tudo. Até agora não entrou o dinheiro investido em títulos públicos. Essa forma de poupança merece uma explicação à parte (e você terá), mas vale adiantar o tamanho deles na economia. Os bancos têm R$ 123 bilhões em títulos públicos. Os clientes, R$ 3,2 trilhões – é a grana investida nos fundos DI e nos de renda fixa. O dinheiro que você tem nesse tipo de fundo está aplicado em títulos públicos. E essa quantia de R$ 3,2 trilhões em títulos forma o terceiro andar do dinheiro: o M3.

Pela analogia com a comida, ele está mais longe da sua boca que o prato pronto ou que a carne do freezer. É o boi vivo, a plantação de trigo. Está lá, mas não vira dinheiro para valer tão rápido – no jargão dos economistas, "tem menos liquidez".

Para fechar essa fauna, ainda tem o M4: são R$ 500 bilhões que pessoas físicas e empresas possuem em títulos públicos que elas compraram por conta própria, sem a intermediação dos fundos de renda fixa e DI. Somando M1, M2, M3 e M4, dá R$ 6,6 trilhões. Esse era o total de dinheiro em moeda nacional que existia no Brasil em dezembro de 2018. Agora, enquanto você lê este livro, provavelmente é um pouco mais. É que o montante cresce rápido: em 2016, havia R$ 5,8 trilhões – R$ 900 bilhões a menos. Isso acontece em boa parte porque o governo faz dívidas novas o tempo todo para pagar as antigas e para cobrir o tanto que gasta a mais do que arrecada, como vamos ver mais adiante. Só isso já faz o montante de dinheiro na forma de títulos públicos (M3) engordar continuamente.

Um aparte: aqui cada "M" (M1, M2...) entrou separadamente com a sua contribuição para o total. Mas, como economista gosta de complicar, na verdade cada um inclui a grana do "M" anterior. Assim:

M1: R$ 407 bilhões (moeda e contas-correntes)

M2: R$ 407 bilhões + R$ 2,4 trilhões (poupança, CDBs e afins) = R$ 2,8 trilhões

M3: R$ 2,8 trilhões + R$ 3,3 trilhões (títulos dos bancos e dos fundos) = R$ 6,1 trilhões

M4: R$ 6,1 trilhões + R$ 500 bilhões = R$ 6,6 trilhões

Ou seja, o M4 é o total propriamente dito.

Só que o mais importante aqui é outra coisa: o tamanho dos títulos públicos nessa história. Como eles respondem por mais da metade da bolada, são o grande pilar da economia. E é usando esse poder – associado ao do compulsório – que o governo faz aquela coisa onipresente neste livro, aquela que começou na Grécia Antiga: injetar dinheiro novo na economia. Ou tirar dinheiro, quando existe perigo de inflação. Apesar dos nomes burocráticos (compulsório, M3, M4...), a coisa toda funciona de um jeito simples. Agora, para deixar tudo às claras, vamos para aquela explicação à parte que os títulos públicos merecem.

COMO FUNCIONAM OS TÍTULOS PÚBLICOS

De novo: o governo, mesmo sendo o dono das impressoras de dinheiro, também pega dinheiro emprestado. Ele faz isso na forma de papéis de dívida: você compra um título de R$ 1.000 em 2019 e vem escrito ali que você pode trocar o papel por R$ 1.400 em 2029 (hoje é tudo eletrônico, não existe papel algum, e o que "vem escrito" é a taxa de juros que o título vai pagar por ano, mas a imagem do papelzinho é mais confortável, e igualmente precisa). Bom, quando uma empresa emite um papel desses e coloca no mercado financeiro para levantar grana, ele se chama "debênture". Quando o Estado faz a mesma coisa, o papel se chama "título público".

O Estado faz isso porque também precisa de dinheiro emprestado o tempo todo. Em 2017, por exemplo, o governo federal gastou R$ 155 bilhões a mais do que arrecadou com impostos. De onde vem esse dinheiro extra? Da grana que o Estado levanta com os títulos.

E esse foi só o chamado "déficit primário". É uma parte pequena do rombo, porque só contabiliza as despesas correntes – hospitais, escolas, potes de sorvete para o avião presidencial, aposentadorias, funcionários públicos (só o presidente da Câmara dos Deputados tem 72 funcionários exclusivos a seu dispor – a Netflix do Brasil tem cinquenta, provavelmente mais atarefados).

Somando essa parte com o pagamento das dívidas, temos o "déficit nominal". Trata-se de um eufemismo para "rombo geral". Em 2017, o governo arrecadou R$ 1,34 trilhão na forma de impostos, mas gastou R$ 1,9 trilhão em sorvete, mordomos, saúde, cartão de crédito corporativo (R$ 50 milhões), educação e pagamento de dívidas. Ou seja: um rombo de R$ 563 bilhões só em 2017.

Note que essa não é uma característica exclusiva do Brasil. Os Estados Unidos amargaram um déficit de US$ 666 bilhões no mesmo ano. Mas espera: se o governo é dono das impressoras de dinheiro, por que não imprimir tudo, zerar as contas, e pronto, vida nova? De acordo com o jornalista Bob Woodward, do *Washington Post*, o próprio Donald Trump fez essa pergunta no início de seu governo. A resposta que ele recebeu provavelmente foi a de que fazer isso causaria inflação de imediato.

Nisso, os brasileiros têm Ph.D. A construção de Brasília, por exemplo, foi bancada basicamente com dinheiro impresso a toque de caixa, para pagar os funcionários e o material de construção (saiu caro: boa parte do aço usado ali foi transportada de avião até o Planalto Central). A brincadeira jogou tanto dinheiro a mais no mercado que ajudou a inflação a subir de 12% ao ano, quando a construção começou, para 90% em 1964.

Com títulos públicos é diferente. O governo pega emprestado dinheiro que já está circulando na economia. A grana dessa dívida (que os economistas chamam de "dívida pública interna") só sai de um bolso e vai para outro. Como não está sendo impresso dinheiro extra, a coisa não cria inflação. De quem o governo pega emprestado, exatamente? De você: quando seu dinheiro está em um fundo de renda fixa, por exemplo, você está comprando títulos públicos – o banco está comprando por você, na verdade, mas dá na mesma.

Os juros que os títulos vão pagar, nesse caso, são a "renda fixa" do fundo renda fixa. Você pode comprar títulos do governo via Tesouro Direto também, sem pôr banco no meio. E nesse caso funciona exatamente assim: você deixa R$ 1.000 (ou seja lá quanto for) na conta do governo, e ele se compromete a devolver os R$ 1.000 mais juros depois de certo tempo, que é quando "o título vence", no jargão financeiro.

Esse tempo pode ser de meses ou anos. Existem títulos que vencem no ano seguinte, e títulos que só vão ser pagos dali a trinta anos – quanto mais tempo você der para o Estado devolver o dinheiro, mais juros você ganhará, essa é a mecânica da coisa. No caso dos fundos de renda fixa, é só um pouco diferente. Eles são administrados por bancos, que fazem o meio de campo entre o seu dinheiro e os títulos do governo. Os bancos juntam a grana de um monte de correntistas interessados em aplicar em renda fixa e compram uma montanha de títulos públicos. São tantos que todo dia há alguns vencendo. Sempre pinga alguma coisa que o governo já está pagando. Ao entrar nesse bolão, portanto, você não precisa esperar um título vencer. Pode entrar num dia e tirar no outro já com algum rendimento – o banco cobra por esse trabalho, claro, então comprar pela internet pode até ser mais trabalhoso, mas não tem esse encargo.

Existe o risco de o governo dar calote? De não conseguir arrecadar impostos o suficiente para pagar os títulos? Existe. Em 1987, o governo Sarney resolveu não honrar os títulos públicos que tinha vendido para investidores estrangeiros – a dívida externa. O resultado é que o Brasil passou anos sendo visto pela comunidade internacional como o sujeito que pede fiado na quitanda é visto pela comunidade de quitandeiros. E cansou de ver bancos estrangeiros apontando para o cartaz de "Fiado só amanhã" cada vez que tentava pegar dólares emprestados lá fora em troca de títulos para equilibrar o caixa – se o Estado compra coisas no exterior, como turbinas para uma hidrelétrica, não adianta usar moeda nacional, tem de pagar em dólar, claro (ou seja qual for a moeda que a empresa gringa aceite).

O risco, portanto, não é zero. Só que em tempos de bonança econômica fica quase nisso. Se o governo está com as contas em dia, não vai ter problema em pagar o que deve – claro: quem paga no fim das contas é você, que deixa uma parte gorda do que ganha com o Estado.

Bom, se o dinheiro dos impostos não der conta de pagar a dívida dos títulos públicos, o governo: 1) lançará mais títulos para tapar o buraco e verá se consegue fechar as contas na próxima; ou 2) apelará para a impressora de dinheiro. Quando a economia está bem, o normal é usar a opção 1, para não pressionar a inflação. Na prática, então, os títulos públicos são o investimento mais seguro do país para grandes investidores – para os pequenos é a poupança, já que o FGC cobre até aqueles R$ 250 mil.

Isso vale para o mundo todo. Tanto que os próprios governos investem em títulos públicos de outras nações. Só a China tem

US$ 1,3 trilhão em títulos públicos dos EUA, o que faz dela a grande financiadora do governo americano. E dos EUA, o maior devedor de dinheiro para a China. O Brasil não está tão atrás assim nesse quesito. O país aproveitou os anos em que o dólar esteve barato, por volta de R$ 2, para comprar toneladas de títulos públicos americanos. Em 2008, eram US$ 190 bilhões. Em 2014, ano derradeiro do último ciclo de baixa do dólar, US$ 375 bilhões. Mas então: como os títulos públicos são um investimento extremamente seguro, e deixar dinheiro parado ninguém deixa, os bancos mantêm centenas de bilhões aplicados neles.

E é justamente o fato de os bancos terem bilhões em títulos públicos como sua própria forma de poupança que dá poder ao Estado sobre a economia. Como o governo é o emissor dos títulos e, por consequência, devedor de todo mundo, usa essa sua dívida para manipular o sistema – para injetar e tirar dinheiro da economia quando bem entender. Vamos ver como ele faz isso, finalmente.

A BALADA DO *OVERNIGHT*

"O governo aumentou os juros..." – ok. Mas espera um pouco: você pega dinheiro emprestado do governo quando vai comprar um carro em 36 vezes, por acaso? Não, você pega de um banco. E o banco cobra de juros basicamente o quanto ele quiser. O Estado não determina isso por decreto. O que ele faz é influenciar em outra frente: a do preço que os próprios bancos pagam para obter dinheiro.

Para quem eles pagam por dinheiro? Para outros bancos. É que acontece o seguinte: quando chega o fim do dia, e as instituições financeiras têm de depositar o compulsório no Banco Central, e nem sempre todas têm o dinheiro na mão.

Imagine que veio uma empresa e pediu R$ 100 milhões para o seu banco. Se você não tem como emprestar naquela hora porque tudo o que sobrou no dia é para pagar o compulsório, o que você faz? Fala para o megaempresário ir atrás de outro banco? De jeito nenhum. Fazer isso seria rasgar dinheiro. Você, banqueiro, empresta primeiro e, na hora de pagar o compulsório nosso de cada dia, pega emprestado. No banco.

Uma instituição financeira pede para outra, na boa. Isso não significa que ela esteja com dificuldades. A coisa mais comum do mundo é um banco estar com pouco dinheiro no cofre hoje porque emprestou demais, e outro estar folgado porque acabou de receber vários empréstimos com juros. O dia de vacas magras de um é o de vacas gordas do outro.

Nisso, o banco que está pedindo emprestado para pagar R$ 100 milhões de compulsório ganha na diferença dos juros. Se ele pagar 1% para o outro banco e cobrar 2% lá do empresário, já embolsa R$ 1 milhão de lucro. O empresário poderia ele mesmo ir até o outro banco e tentar obter os R$ 100 milhões pagando esse 1% de juros? Poder, poderia. Mas não conseguiria. Um banco paga menos pelo dinheiro emprestado porque ele tem uma garantia valiosa: seus próprios títulos públicos, aquela "poupança pessoal" que os bancos fazem.

Quando uma instituição financeira pega R$ 100 milhões emprestados com outra, ela deixa R$ 100 milhões em títulos públicos de garantia. Se rolar calote, o emprestador não perde nada – uma hora chega o vencimento do título, e ele embolsa a grana das mãos do próprio governo. Como a garantia é boa demais, as taxas para conseguir dinheiro nesse esquema acabam sendo as menores possíveis em todo o sistema financeiro.

Essas megaoperações de empréstimos entre bancos acontecem todos os dias. É praticamente um pregão: quem não está dando empréstimo, está recebendo. Ninguém fica de fora, porque é dinheiro líquido e certo. Você as conhece pelo nome de *overnight* – isso porque o banco empresta em um dia para pegar de volta com juros no outro, aí fica como se o rendimento tivesse acontecido ao longo da madrugada, "*overnight*".

O nome ficou famoso no Brasil porque, até 1991, pessoas físicas podiam participar do *over*. Você tinha como emprestar para um banco e pegar o rendimento no dia seguinte. A aplicação virou mania entre os endinheirados dos anos 1980 porque o governo injetava dinheiro novo nessa ciranda de empréstimos para repor as perdas que os bancos teriam com um dia de inflação – entre 1988 e 1991, a inflação ficou numa média anual de 1.177%. Óbvio que isso atulhava a economia de dinheiro e só fazia crescer a inflação. Mas foi só uma das tantas besteiras que os nossos governos fizeram naqueles tempos. Outras aplicações também recebiam dinheiro na veia para compensar a inflação. Mas só o *over* garantia esse cascalho *todo dia*.

Hoje não existe mais esse sistema de reposição inflacionária com moeda nova. Só as instituições financeiras podem participar do *overnight*. E os juros que uma cobra da outra no *over* são... a gloriosa "taxa básica da economia".

O engraçado é que o nome "*overnight*" sumiu do noticiário do mesmo jeito que a palavra "maremoto" acabou assassinada pela expressão "tsunami". Virou "taxa Selic". Mas tudo bem, é até mais preciso. Selic é a sigla para Sistema Especial de Liquidação e Custódia. Ele é só um sistema mesmo, um programa de computador que calcula em tempo real qual é a média de juros que um banco está cobrando do outro na ciranda de empréstimos.

E a Selic é a "taxa básica" porque ela indica qual é o preço que os bancos estão pagando pelo dinheiro que vão emprestar depois. Se esse preço for de 12% ao ano, nenhuma taxa no mercado vai ser menor que essa, senão o banco não lucra. Se ela pular para 15%, 20%, as taxas dos financiamentos subirão junto. Os carros e os imóveis financiados ficam automaticamente mais caros. E você vai pensar três vezes antes de comprar alguma coisa a prazo.

Só tem uma coisa: os bancos são entidades privadas. O que eles cobram de juros entre si é problema deles. Se o Itaú quiser dar dinheiro de graça para o Bradesco, tudo bem. Eles que são grandes que se entendam. O governo não tem poder para determinar as taxas de juros interbancárias por decreto.

Então está na mão dos banqueiros decidir algo tão importante? Não. O que o governo não pode é colocar um revólver na cabeça desses caras e obrigá-los a cobrar mais ou menos juros. Só que ele faz basicamente isso. De um jeito diferente, mas faz: entra de café com leite no bailão do *overnight* e começa a manipular as coisas.

Quando existe pouco dinheiro no sistema bancário como um todo, os juros do *over* ficam naturalmente mais altos. Oferta e demanda. Vai ter muito banco pedindo e pouco banco oferecendo grana. Os que estão bem das pernas vão aproveitar para fazer o dia à custa dos pedintes: botam os juros lá em cima e que se dane. Os outros bancos vão pegar emprestado de qualquer jeito. E o contrário também vale, claro: se tiver muito dinheiro circulando, os juros dos empréstimos entre os bancos vão cair.

Essa é a ordem natural das coisas. Mas o governo, na pele do Banco Central, consegue manipular a economia. Quando quer derrubar as taxas de juros do mercado, o BC simplesmente injeta dinheiro nessa ciranda de empréstimos.

Como? Comprando aqueles títulos públicos que os bancos usam como poupança. O BC chega e oferece uma grana sedutora pelos títulos que o Itaú tem, por exemplo. O Itaú entende que a jogada é um bom negócio e vende.

A diferença é que o BC não é um banco qualquer. Ele tem o poder de fabricar dinheiro, então pode comprar quantos títulos quiser. Essa grana nova, criada num passe de mágica, vai direto para a conta que Itaú mantém no Banco Central. Vira dinheiro do banco. E acontece a mesma coisa com todos os outros bancos. O BC sai comprando títulos a rodo, e o sistema se enche de dinheiro novo. E aí é só deixar a natureza fluir: com mais dinheiro circulando, o preço do dinheiro vai lá para baixo. Os juros que os bancos cobram dos outros bancos caem. A Selic é a média desses juros. Então ela vai cair.

No dia seguinte, essa grana nova estará na rua, e vai alimentar o crédito. Dinheiro mais barato para os bancos significa juros menores para a gente. Qualquer coisa a prazo (casa, carro, TV...) vai ficar mais barata.

É assim que os governos injetam dinheiro novo na economia – a versão moderna das moedas batizadas de Atenas. No fundo, o governo até imprime dinheiro, só que faz isso de forma racional. Ao comprar títulos públicos que estão em poder dos bancos, o Estado alivia um pouco da dívida que ele mesmo tem com essas instituições (já que os títulos públicos são títulos de dívida). Uma mão, de certa forma, lava a outra, e a inflação fica quietinha.

O problema é quando o governo, no afã de bombar a atividade econômica, exagera na dose. Foi o que aconteceu entre 2011 e 2013, no governo Dilma. A presidente e seu ministro da Fazenda, Guido Mantega, forçaram uma baixa violenta na Selic num momento em que já havia dinheiro demais circulando. A inflação vinha em alta. Tinha subido da casa dos 4% ao ano em 2009 para ficar próxima dos 6% de 2010 em diante. A Selic foi elevada, para conter a alta. Mas, de uma hora para outra, decidiram baixá-la, sem que a inflação tivesse dado qualquer sinal de cansaço. Os juros caíram de 12,5% para 7,25% em dois anos.

Erro feio. Erro rude. A combinação pouco ortodoxa de Selic baixa e inflação alta colocou nosso juro real no menor patamar da história. Juro real é a diferença entre a Selic (7,25%, no início de 2013) e a inflação (5,9% na época). Ou seja: 1,25% – para dar uma ideia, em 2018, a Selic fechou até mais baixa que em 2013, em 6,5%. Só que a inflação estava domada, em 3,75%, o que dá um juro real mais gordinho, de 2,75%.

Se não houvesse perigo de inflação, tudo bem, tudo ótimo, ter juro real baixíssimo. Mas no início da década havia esse risco. E os dois anos de juros rastejantes jogaram gasolina na fogueira inflacionária. Tanto que, em 2015, ela saltaria para 10,6%. Por essas, não existe milagre: só dá para bombear dinheiro na economia quando não existe ameaça de inflação no horizonte.

A quantidade de dinheiro novo que o Banco Central injetou não sai no noticiário. O que divulgam é um número mais objetivo, até: a "meta da Selic". Lembre-se de que Selic é só um sistema, um programa passivo que calcula qual foi a média de juros que um banco cobrou do outro no *over* para o empréstimo de um dia. Essa taxa aparece sempre anualizada. Tipo, se ela deu 0,025% (coisa que para um dia só é um jurinho razoável), o que surge na tela é 7% (já que 0,025% a cada dia útil, contabilizando juros sobre juros, dá isso ao ano). Então, o que o BC faz é estipular o que quer ver na Selic no fim do dia. Se os empréstimos entre os bancos estão na faixa de 7% e o governo quer injetar dinheiro na economia, anuncia, por exemplo, que *a meta é baixar os juros para 6,75%*.

Foi exatamente o que aconteceu no início de 2018. O BC anunciou uma redução da meta da Selic de 7% para 6,75%. Mas a coisa não é uma ciência exata, já que os bancos cobram o quanto querem. Nesse caso, entrou um pouco a mais de dinheiro extra do que era necessário para baixar até 6,75%. E a Selic estabilizou-se em 6,65%.

Outro jeito de o governo injetar moeda na economia, vale lembrar, é pelo depósito compulsório, aquele dinheiro que o Banco Central segura. Então, se você baixar a porcentagem do compulsório, vai sobrar mais dinheiro para o crédito. É dinheiro novo em circulação na hora – algo bom para situações de emergência. Em condições normais de temperatura e pressão, o compulsório no Brasil gira em torno de 50%. A recessão desta década, porém, fez o governo reduzi-lo. Em 2018, ele caiu de 40% para 25%, liberando alguns bilhões a mais para os bancos emprestarem.

Vale o contrário também. No Plano Real, uma das formas de combater a inflação foi botar o compulsório em 100%. Os bancos ficaram proibidos de emprestar grana de conta-corrente. Foi um tiro na cara do milagre da multiplicação de dinheiro, e uma medida necessária para matar a hiperinflação.

Mas, claro, a forma usual de drenar dinheiro do mercado é outra: subir a Selic. Quando essa é a intenção, o Banco Central começa a vender os títulos públicos que tem em seu poder por valores atraentes. Atraentes a ponto de os bancos entenderem que é mais negócio comprar esses títulos públicos para fazer poupança do que ter dinheiro livre em caixa. Os juros desses títulos sempre vão estar abaixo daqueles que um banco pode ganhar fazendo empréstimos para pessoas e empresas. Só que o risco de calote do governo é quase zero. Então, se aparecem títulos com uma renda um pouquinho maior que a normal, eles vão prestar atenção. E vão pagar por esses títulos com dinheiro que, de outra forma, teria crescido e se multiplicado economia afora na forma de crédito.

É assim que os governos drenam dinheiro da economia.

Esse processo acaba tirando dinheiro da praça em duas frentes. Primeiro, seca a grana dos bancos – boa parte do que estava disponível para empréstimos passa a repousar na forma de títulos públicos; em termos técnicos, sai da agitação do M1 e hiberna no M3. Segundo, faz com que todas as taxas de juros do mercado subam, já que a Selic, como você viu, é a mãe de todas elas. E aí você mesmo, que estava pensando em comprar uma TV de LED em 12 vezes, muda de ideia, porque o aparelho vai sair mais caro no final. Não existe meio mais eficiente de impedir que o consumo suba mais do que a capacidade de produção. É isso que mantém a inflação sob controle.

E tudo acontece em ciclos. Sempre haverá um momento em que os juros precisam cair, para oxigenar a economia. E sempre haverá alguma ocasião em que os juros precisam subir, caso contrário a inflação destrói a moeda.

Na época de implantação do Plano Real, por exemplo, elevaram os juros dos títulos públicos para perto de 50% (hoje, 8%, 9% já seria muito). Para ter como pagar essas dívidas sem ter de criar dinheiro novo, o governo cortou da própria carne – limou 9% dos gastos federais e mais 2,5% dos estados e dos municípios. Para completar, tascou um aumento geral de impostos na faixa de 5%. Também foi catando umas migalhas. Os estados deviam US$ 55 bilhões para a União em dinheiro de hoje (corrigido pela inflação do dólar). Brasília obrigou-os a pagar com a grana dos impostos estaduais. Também fecharam mais o cerco contra a sonegação de impostos – a estimativa é que o governo perdia entre US$ 70 bilhões e US$ 100 bilhões em dinheiro de hoje por ano.[1]

Paradoxal. Mas drenar dinheiro da praça era o que tinham de fazer para que a economia crescesse, pelo menos naquele momento. Com a inflação controlada, os consumidores puderam se planejar melhor – num cenário em que os preços aumentam sem parar, mal dá para ter cartão de crédito. Menos inflação = mais crédito. O consumo aumenta, e as empresas produzem mais. Produzindo mais, elas passam a gerar justamente os impostos de que o Estado precisa para pagar as dívidas dos títulos públicos. Foi o que aconteceu.

A revista *Exame* fez um levantamento com 72 empresas e constatou que o lucro somado delas em 1994 tinha sido de US$ 5,5 bilhões, contra apenas US$ 867 milhões em 1993.[2] Nisso, a receita do governo foi aumentando, e a dívida pública ia sendo quitada. Acabou sendo um pouso suave. Então, sim. É possível controlar a inflação com juros altos sem criar um monstro depois.

Quem determina as metas da Selic é o Copom (Comitê de Política Monetária, formado pelo presidente do Banco Central mais sete diretores da instituição). A cada 45 dias, esse grupo decide o que fazer: se vai baixar a meta, se deve mantê-la na mesma ou se o mais certo seria forçar um aumento de juros.

Mas quando é melhor fazer uma coisa, a outra ou a mais outra? Por mais que equipes econômicas sejam um alvo tradicional de piadas no Brasil, o trabalho delas faz com que dirigir um Celta com pneu careca debaixo de um temporal pareça uma tarefa simples.

O Banco Central precisa manter a quantidade de dinheiro que circula na economia pau a pau com a quantidade de coisas que os cidadãos produzem. Se a produção dá pinta de crescer, bota mais dinheiro. Mas, se não colocarem o suficiente, todo mundo acaba com menos grana na mão, e o incentivo para manter a produção em alta vai para o espaço. Para que uma empresa de eletrodomésticos vai fabricar cem máquinas de lavar por semana se só existe dinheiro no mercado para comprar cinquenta? E para que manter todos os funcionários na fábrica de máquinas de lavar se a produção vai ter de cair? Quando as empresas começam a responder a essas perguntas na prática, fechando fábricas e demitindo funcionários, a economia anda para trás. Entra em recessão.

COPOM

A coisa se chama "Comitê de Política Monetária" porque "política monetária" é justamente a tarefa de decidir quanta moeda deve circular no país. E a sigla ficou sendo "Copom", em vez de CPM, por razões poéticas. Fica com uma sonoridade parecida com a da versão americana do comitê. Lá o nome é Federal Open Market Committee (Comitê Federal de Mercado Aberto), em referência àquelas compras e vendas de títulos públicos para controlar a quantidade de moeda na praça. E a sigla é FOMC. Não é que "Copom" ficou mais sonoro, até?

Decidir, então, quanto dinheiro precisa estar em circulação para que o país continue crescendo, e sem que a moeda perca o valor (!), é um trabalho de tirar o sono. Num mundo perfeito, os governos saberiam prever exatamente qual é o aumento possível na produção e colocariam a quantidade exata de dinheiro na economia para sustentar esse ritmo sem causar inflação nenhuma.

Eles têm como prever que a economia vai crescer com uma baixada de 1% nos juros? Têm. A tendência é que as pessoas saiam mesmo para as compras e façam todos os setores girar, gerando mais empregos e aumentando salários. Mas dá para dizer que cada 1% significa a venda de mais vinte Hondas Civic em Porto Alegre nos próximos dois meses? Ou vão ser 327 Hondas em duas semanas?[3]

Eles têm como prever se você vai finalmente trocar sua máquina de lavar por uma daquelas que secam a roupa também e que são tão bonitas que daria para deixar na sala? Não. Se você preferir trocar de máquina, ótimo. Vai ajudar todos os setores da economia envolvidos na produção delas – da mineração ao desenvolvimento de software, passando por escritórios de design. Se preferir pegar o dinheiro e gastar fazendo compras em Miami, mau negócio para o governo. E se você preferir comprar mesmo a máquina bonitona, mas o pessoal do seu prédio inteiro e o de todos os condomínios em volta tomarem a mesma decisão? Complica. É sinal de que o governo jogou mais dinheiro na economia do que a produção de máquinas de lavar pode dar conta. Inflação.

Se toda a economia fosse feita só de Hondas Civic e máquinas de lavar bonitas, já seria difícil fazer qualquer previsão. O governo teria de saber quanto ferro as mineradoras conseguem escavar a mais, quanto aço as siderúrgicas dão conta de produzir com esse minério para fazer a carcaça das máquinas e dos Hondas novos, quantos motores a indústria tem como fabricar para eles... E até quanta gente vai largar o emprego de gerente do Banco do Brasil para abrir uma loja de eletrodomésticos ou uma concessionária da Honda. *Não dá para saber.*

Desse jeito, é impossível manter a inflação permanentemente igual a zero. A tendência, então, é que sempre pingue um pouco mais do que a economia precisa de verdade. Por isso mesmo, o BC trabalha com o que o governo chama de "meta de inflação". Quem estipula isso não é o BC sozinho – o Ministério da Economia também apita,[4] já que a tal meta determina os rumos da nossa economia (até por isso não sai do noticiário).

A meta é sempre uma de inflação baixa, de um dígito por ano, mas dificilmente é zero, para evitar o risco de deflação. O que eles tentam é equilibrar a quantidade de dinheiro de que o país precisa, mas sem correr o risco de travar o crescimento. Se a meta for baixa demais, os juros aumentarão, e o país crescerá de menos. Se for alta, a inflação poderá sair do controle. Por isso que a meta da Selic é tão determinante para as nossas vidas.

No fim das contas, qualquer governo do mundo prefere gerar um pouco de inflação a correr o risco de assistir ao país ser tragado por uma espiral deflacionária e cair em recessão.

Justamente por isso, até as moedas tradicionalmente mais fortes vão desvalorizando com o tempo. O dólar, por exemplo, perdeu boa parte do seu valor ao longo do século 21 – qualquer coisa que valia US$ 1.000 no começo da década já custava US$ 1.450 em 2019. E isso sem que os EUA tenham vivido nenhum risco sério de inflação no período – a ameaça era de deflação, por causa da crise de 2008. No Reino Unido, foi mais ainda. O que custava 1.000 libras no ano 2000 passou para 1.650 libras duas décadas depois (uma inflação média de 2,8% ao ano).

No Brasil, a desvalorização foi mais pesada, naturalmente. Para comprar algo que custava R$ 1.000 no ano 2000, seria necessário gastar R$ 3.200 em 2019. Uma inflação acumulada de 220%.

Em suma: a inflação, mesmo quando é praticamente invisível, continua viva, comendo dinheiro. Se a democracia é a pior forma de governo à exceção de todas as outras que já tinham sido tentadas, como brincou Winston Churchill, o mesmo vale para o modo como os bancos centrais lidam com as subidas de preços. Muita inflação é ruim, mas, se a taxa cair para abaixo de zero, pior ainda.

O que resta, em todos os casos, é o de sempre: azeitar as coisas para que a própria economia cresça e os salários subam acima da inflação. E aí entram fatores que não dependem de banco central nenhum: diminuir a burocracia e os custos para quem quer abrir uma empresa, distribuir renda para que haja mercado consumidor de verdade, cortar impostos para aumentar o valor real dos salários e, aí sim, as pessoas terem como fazer a economia girar de verdade. Tudo isso dando certo, ótimo. O Honda Civic vai custar R$ 400 mil no futuro, mas você vai ganhar isso em menos meses de trabalho, porque a economia cresceu.

Só tem um detalhe: no Brasil, mesmo com a inflação sob controle e os juros em patamares terrenos, algo deu rudemente errado. Vamos aos motivos no capítulo seguinte. Antes, porém, uma escala num Brasil até mais zoneado que o dos últimos anos. O Brasil de Naji Nahas, o personagem mais corrosivo que já passou pelo nosso mercado financeiro.

11

O PAÍS DO FUTURO. E O DO PRESENTE

Naji Nahas faz a bolsa subir 2.000%, e destrói a galáxia no dia seguinte. O Brasil sai da lama, mas por pouco tempo. E você dá um pé na bunda do seu banco.

O BRASIL ERA UMA TERRA MUITO ENGRAÇADA, não tinha bolsa, não tinha nada. Ter, tinha. Mas a inflação não a deixava ter uma vida decente: os preços do supermercado subiam mais rápido que os das ações. Normalmente, os papéis até acompanham a inflação. Os produtos das companhias ficam mais caros, então elas acabam pagando dividendos maiores. E quando os dividendos sobem, o preço das ações vai junto. Aquela história toda.

Mas os papéis começavam a corrida contra a inflação em desvantagem. Era comum a bolsa subir 10%, 15% num mês (um número impressionante para os padrões de hoje) e mesmo assim ter sido um investimento pior do que estocar arroz – chegava o dia 30, e a inflação já tinha dado 20%, 25%... Cruel.

Para piorar, tinha um problema cultural. Nos anos 1970 o país teve seus anos de crescimento chinês, só que com a iniciativa privada financiada pelo Estado – e não pelas bolsas, como acontecia desde o século 17 na Europa. O governo se financiava tomando empréstimos com bancos estrangeiros. Isso bombava a dívida externa. Sempre devendo as calças, o Estado precisava captar dinheiro de algum jeito. Então pagava juros altos pelos títulos públicos. Nisso, as pessoas que tinham bala para investir iam para os títulos, e a bolsa que se danasse – aí que ela não ultrapassava a inflação mesmo.

O título mais conhecido da época era a ORTN (Obrigação Reajustável do Tesouro Nacional): você comprava um título do governo, e a remuneração que o Estado ia dar no dia do vencimento subia com a inflação. Não que funcionasse direito. O governo sempre se via sem grana para quitar regularmente suas dívidas. Então pegava e imprimia dinheiro novo. De vez em quando, porém, batia uma luz, e a equipe econômica da vez decidia desligar as impressoras para não alimentar mais a inflação. Sem essa opção, o jeito era mudar as regras do jogo com a partida rolando, ou seja, diminuir o rendimento prometido pelos títulos. E as ORTNs acabavam com reajustes abaixo da inflação.

Resultado: os investidores começaram a fugir das ORTNs também. Com menos dinheiro entrando por essa fonte, o governo ligava as máquinas da Casa da Moeda para tocar a vida. Aí tome mais inflação...

Tem um parâmetro que ajuda a entender melhor o que foi a aversão aos títulos do governo. Quanto maior é a confiança dos investidores, maior tende a ser o prazo de vencimento deles. Recapitulando (e andando): o "vencimento" de um título é a data em que o dinheiro que você colocou nele vai voltar com juros. Quando a fé do público investidor está em alta, o governo pode lançar títulos que só vão se pagar anos depois. Isso dá um sossego para o Estado arranjar o dinheiro – de preferência guardando uma parte daquilo que vai arrecadar na forma de impostos. Quando a confiança é baixa, acontece o inverso: as pessoas só compram títulos que vençam mais rápido, para diminuir o risco de que o governo arme alguma no meio do caminho e dê um jeito de pagar menos do que deveria. Ou de não pagar nada.

Olha só: em 1982, o prazo médio de vencimento dos títulos era de 29 meses. Em 1988, já tinha caído para quatro meses. Era o Estado sendo tratado pela população como um caloteiro em potencial – com toda a razão. Hoje, só para dar uma ideia, esse prazo médio de vencimento é de três anos e meio. Dá 42 meses. Dez vezes mais.

O cenário dessa nossa idade das trevas estava mais para o da pré-história: o melhor jeito de se proteger contra a incompetência econômica do governo era partir para algo que não tinha ligação com o Estado, algo cuja oferta não dependia do governo: o ouro. Era comum o metal render 30% em um mês contra uma inflação de 25%. O ouro podia até ter caído no mercado internacional que não tinha galho. Aqui subia sempre. Era o fim da crença no dinheiro de papel.

A não ser que o papel fosse verde. O dólar naturalmente subia no mesmo patamar do ouro, já que era impresso por outro banco central, mais responsável que o nosso. A *Folha de S.Paulo* tinha até um apelido carinhoso para o dólar e o ouro: "dupla verde e amarela". Tudo a ver.

O *overnight* era uma exceção na fauna de investimentos possíveis. Ele permitia que pessoas físicas dessem empréstimos a bancos e recebessem de volta no dia seguinte. Se você leu o capítulo anterior, sabe que o *over* ainda existe. É a ciranda de empréstimos que os bancos fazem entre si todos os dias. E sabe também que o governo está sempre no meio dessa dança – seja injetando dinheiro para não deixar os bancos sem moeda, seja enxugando dinheiro do sistema bancário, quando a ideia é conter a inflação. Naquela época, porém, o normal era o governo entrar no *over* para repor as perdas de inflação que os bancos tiveram no dia. É que, entre 1988 e 1991, a inflação ficou numa média anual de 1.177%. Isso dá 2,7% *ao dia*. Contando só os dias úteis, que é quando o *over* acontecia, vai para 4% – um patamar só aceitável hoje para *um ano* inteiro.

Então o Banco Central providenciava moeda nova a rodo para manter os bancos vivos. Como pessoas físicas podiam agir como bancos, participando da balada de empréstimos entre instituições financeiras e governo, isso as deixava extremamente próximas da torneira de dinheiro do Estado, e o *over* acabava funcionando como uma "correção monetária instantânea". Desnecessário dizer que isso só alimentava a inflação. Mas, do ponto de vista de quem vivia naqueles tempos, o que interessava era salvar o próprio dinheiro da avalanche de desvalorização. E que tudo o mais fosse para o inferno.

A tolerância com a emissão de dinheiro novo não era grande só no governo. A própria sociedade pedia. Entre os que clamavam pelo "gatilho salarial" – aumentos obrigatórios de salário que o governo impunha de vez em quando para repor as perdas da inflação nos contracheques (sempre à custa de mais dinheiro impresso) –, havia até alguns dos melhores analistas de finanças. Em 1984, por exemplo, saiu na *Folha de S.Paulo*:

A emissão de cruzeiros precisa acompanhar de perto a alta dos preços – caso contrário, a moeda escasseia, e, sem ela, todo mundo encontrará dificuldades para fazer negócios. Como se esperava uma inflação de 180% (haja otimismo!), a meta de 50% [de emissão de moeda nova] era claramente maluca.

O argumento tinha seu sentido para a realidade da época. O jornal estava certo ao afirmar que, com pouca moeda, a economia travaria. Mas, do ponto de vista de hoje, maluco é aliviar os sintomas da inflação criando mais inflação. Isso é injetar mais vírus num paciente com gripe para ver se ele melhora. E não surpreende que a cura só tenha vindo quando o Plano Real fez exatamente o oposto: drenou dinheiro da praça, coisa que o governo continua fazendo hoje quando os preços começam a ficar loucos.

Seja como for, o doce do *over* para pessoas físicas – o da grana nova direto da fonte – não era para qualquer um: a aplicação mínima para que alguém obtivesse um rendimento de um dia proporcional ao dos bancos girava na faixa de US$ 100 mil. Para quem não estava com essa bola toda, restava a poupança, a aplicação que alimenta um sistema de crédito imobiliário a juros baixos regulado pelo governo.

A poupança se firmou como a aplicação mais popular por praticamente não exigir investimento mínimo – coisa rara no resto do mundo quando o assunto é aplicação financeira. Bom, ela tendia a perder a corrida contra a inflação, já que os rendimentos eram (e ainda são) mensais, na data de aniversário da aplicação. Mas a poupança também recebia seu quinhão de dinheiro novo do Estado para compensar as perdas. E a perspectiva de ganhos, apesar de pequena, era menos zoneada que a dos títulos públicos, cujas regras viviam mudando. Em comparação com a bolsa, então, era covardia. Sair do relativo sossego da poupança para tentar a sorte no mercado financeiro era pedir para viver emoções fortes. Geralmente negativas.

Um comentário da *Veja*, publicado em setembro de 1981, deixa claro o ambiente. A revista noticiou um súbito aumento na bolsa dando logo um senão: "Isso não significa que uma legião de pequenos investidores tenha trocado o lucro certo das cadernetas de poupança pelo fascínio e pelo risco do pregão".[1] Naquele caso, a subida das ações veio porque o governo estava colocando uma parte do dinheiro do imposto de renda das pessoas físicas no mercado financeiro, para ver se fazia a bolsa pegar no tranco. Naquele ano até deu certo: o Índice Bovespa (Ibovespa) subiu 114%, contra uma inflação de 95%. Saudáveis 19% de ganho real. Mas um ano depois seriam 99% de inflação contra 64% de subida da bolsa. Perda de 25%... Aí todos choram... E fogem das ações.

O QUE É O IBOVESPA

Uma amostra do efeito nefasto da inflação sobre a bolsa era a própria dificuldade que tinham para manter o Índice Bovespa atualizado. O índice é um jeito de medir a variação coletiva dos preços das ações. A Bovespa vê quais são as ações mais negociadas dos pregões e tira a média em que subiram ou desceram. A quantidade de companhias na lista varia, mas geralmente fica entre sessenta e setenta (a cada quatro meses eles revisam). Bom, as empresas mais gordas contam mais, já que o volume de ações delas trocando de mãos tende a ser maior. Se 10% de todo o dinheiro que flui na Bovespa são ações da Vale, por exemplo, a mineradora vai responder por 10% da variação do Ibovespa naquele dia. Quer dizer: se todas as ações da bolsa ficarem no zero e a Vale subir, vá lá, 5%, o *Jornal da Globo* vai anunciar no fim do dia que o Ibovespa subiu 0,5%, "puxado" pela alta da Vale.

O índice, enfim, serve como um termômetro para analistas de mercado. Para o acionista comum, você e eu, olhar só para esse número não significa grande coisa: suas ações podem ter subido enquanto a média caiu.

Tem o lance dos "pontos" também. O pessoal diz que a Bovespa chegou a "70 mil pontos", certo? Vale uma explicação aí. Em 1968, quando criaram o Índice Bovespa, fizeram o seguinte: somaram o preço de todas as ações das maiores empresas da bolsa e atribuíram a esse valor 100. Nem 100 dólares, nem 100 cruzeiros velhos, nem 100 quilos de ouro. Mas 100 *pontos*. Aí, se o valor médio dessa baciada de empresas subisse 1% no dia seguinte, os 100 pontos viravam 101. Fácil.

Em cinco anos a bolsa tinha perdido de goleada para a inflação em quatro. No único ano em que ela deu mais, o jogo tinha sido roubado. E tivemos nosso crash.

Mas aí é que entra aquele problema da inflação. Enquanto você tem como comparar o histórico de pontuação do Dow Jones (o índice da Bolsa de Nova York) desde os anos 1920, aqui não tem jeito. Aqueles 100 pontos de 1968 não valem mais hoje.

É que o índice foi ganhando vários zeros à direita com o passar do tempo – não porque as empresas ficavam milhões de vezes mais valiosas, mas porque a inflação do cruzeiro engordava os preços. Então fizeram como faziam com a moeda: foram cortando zeros do índice de tempos em tempos. Vários zeros: os 100 pontos de 1968 dão precisamente 0,00000001 ponto de hoje. Mas aí já é assunto para aquela disciplina ainda não inventada: a física quântica do dinheiro.

Tudo isso foi deixando a nossa bolsa cada vez mais liliputiana. Um jeito bom de medir a relevância do mercado de ações numa economia é comparar o tamanho dele em relação ao PIB. Em 2019, o valor somado de todos os papéis da Bovespa dava 66% do nosso Produto Interno Bruto. Em 1991, eram só 5%, contra 12% na Venezuela, 15% no México e 43% no Chile – a mesma proporção que os EUA tinham na época.[2] Em valores, a diferença entre hoje e ontem fica mais clara ainda: as ações da bolsa valiam US$ 1,2 trilhão em 2019. Em 1991, US$ 20 bilhões (são US$ 37 bilhões de hoje, o que mal dá metade do valor de mercado da Ambev). Realmente, como comentou a mesma *Veja* naquele ano, "a bolsa tinha virado um pequeno botequim de especuladores, sem importância".

Na verdade, a coleção de resultados financeiros era até mais bisonha do que você viu aqui até agora. Em 1987, o Ibovespa subiu 34%, e a inflação fechou o ano em 415%. Em 1990, outra goleada histórica: Inflação 1.476% x Bolsa 308%.[3] Era Santos de Pelé contra XV de Jaú.

Às vezes o XV até ganhava, como tinha acontecido em 1981. Em 1984, deu Bolsa 440% x 223% Inflação. Até o dólar, que jogava numa divisão superior e batia a bolsa e a inflação sempre que colocado frente a frente com qualquer uma das duas, se deu mal. Subiu "só" 181%.

Mas entre 1986 e 1990, quando a economia descarrilou de vez, foi só goleada da inflação. Nesses cinco anos, ela "rendeu" mais que as ações em quatro. Foi uma época em que valeu mais a pena estocar comida na área de serviço do que investir na bolsa.

Naji Nahas chegou a ter 12% das ações da Vale e 7% da Petrobras. Essa fatia seria o suficiente para que ele fosse a 79ª pessoa mais rica do mundo hoje.

Agora, um enigma: no único ano em que as ações renderam mais, foi uma goleada histórica do XV de Jaú sobre o Santos de Pelé: Bolsa 2.549% x Inflação 1.037%. Foi em 1988. Como uma coisa dessas pode acontecer, Arnaldo? Fácil, Galvão: o jogo foi roubado. Uma cortesia do maior especulador que a nossa bolsa já conheceu: Naji Nahas.

GOLPE DE MESTRE

A bolsa era tão pequena que Nahas, sozinho, chegou a ser dono de 7% das ações da Petrobras e 12% dos papéis da Vale.[4] Se alguém tivesse frações desse tamanho das duas empresas hoje, levando em conta o que cresceram de lá para cá, seria dono de US$ 15 bilhões[5] – o bastante para assumir a posição de 79º mais rico do mundo em 2019 na lista de bilionários da Forbes, e de segundo mais rico do Brasil, logo atrás de Jorge Paulo Lehman (o 35º da lista geral, com US$ 22,8 bi). As duas eram companhias menores na época, de fato – ambas lançaram bilhões de ações a mais no mercado, e isso diluiria a participação de Nahas no bolo se tivesse ficado com os papéis até agora. Mesmo assim, ter 7% das ações de uma e 12% das da outra nos anos 1980 já significava um portfólio monstruoso: US$ 500 milhões da época, ou US$ 1 bilhão de hoje.

E isso era só uma parte da fortuna dele. Esse fumante de charutos nascido no Líbano, criado no Cairo e formado em Londres chegou ao Brasil aos 22 anos com US$ 2 milhões (cortesia da família) atrás de oportunidades. Achou várias: de criação de coelhos a jogadas no mercado internacional de prata. Mas foi na bolsa que ele se encontrou. Aos quarenta anos, já era multimilionário, e visto como o melhor especulador que já tinha pisado nestas terras.

Uma das melhores tacadas de Nahas foi em 1988. Ele adquiriu um caminhão de opções de compra da Petrobras quando as ações estavam em baixa. Vale uma recapitulada rápida para entender o que Nahas fez: digamos que a ação está a R$ 50. Aí você paga R$ 1 por um papelzinho que dá o direito de comprar essa mesma ação dali a um mês por R$ 100.

Se um mês depois a ação estiver abaixo de R$ 100, você perde seu R$ 1 – porque o papelzinho não dura para sempre, vence em trinta dias. Se a ação estiver, vá lá, a R$ 130, maravilha: você compra por R$ 100 e revende na hora pelo preço de mercado. Cada R$ 1 rende R$ 30. Lucro de 2.900%. Se você gastar R$ 1 milhão em papeizinhos de R$ 1, leva R$ 30 milhões para casa. Isso é um cenário possível no mundo das opções. Um cenário que existiu de verdade na vida de Nahas.

Nahas comprou seu caminhão de opções e passou a trabalhar para que os preços subissem. Como? Comprando ações no mercado, mas na surdina, sem fazer alarde – quanto mais papéis comprava, mais o preço subia. Oferta e demanda, como sempre. Mas aí que entra o grande problema de uma bolsa pequena. À primeira vista, comprar ações para forçar uma alta parece um negócio tão inteligente quanto vender o carro para comprar a gasolina. Mas naquele caso, não.

Os lucros do mercado de opções dão e sobram para fazer essa jogada valer a pena. Mas isso só acontece dentro da realidade de uma bolsa pequena, em que há relativamente pouco dinheiro circulando. Hoje um investidor sozinho até consegue botar para cima o preço de uma ação, mas precisaria gastar bilhões para mantê-lo no alto por semanas. Em 1988, bastavam alguns milhões.

Não que fosse fácil: Nahas teve de levantar empréstimos vultosos para conseguir as carretas de dólares de que precisava para comprar suas toneladas de ações. Ele precisava da aprovação de altos executivos de banco para conseguir empréstimos desse tamanho. Mas nisso quem ajudava era seu iate ancorado em Mônaco. Ele levava o pessoal dos bancos para assistir ao GP de Fórmula 1... O tamanho dos juros que Nahas pagava pelos empréstimos para comprar ações também facilitava as coisas. Era na casa dos 40%. E, quando Nahas pagava com quarentinha de volta, a operação rendia comissões obesas para os diretores que lhe concediam as boladas.

Bom, as semanas foram passando, Nahas foi comprando, e as ações da Petrobras foram subindo. E lá vamos nós: quanto mais uma ação sobe, mais gente compra. O papel ganha vida própria... Neuroeconomia aplicada.

Quando chegou o vencimento das opções de Nahas, a Petrobras tinha subido 400%, bem acima do que ele mesmo precisava para ter um lucro pornográfico com as opções. Aí Nahas exerceu o direito que seus "papeizinhos" lhe davam: o de comprar as ações por um preço defasado. Então ele foi lá, comprou barato e revendeu os papéis com lucro na mesma hora.

Foi mais interessante que isso, na verdade.

A operação envolvia um monte de valores diferentes. Cada lote de opções foi comprado por um preço distinto, porque isso muda todo dia. E cada um desses lotes dava direito a comprar os papéis a preços diferentes, já que esse número também não permanece estático. Mas vamos simplificar as coisas aqui. Digamos que as ações da Petrobras tinham chegado a R$ 40 cada uma, e que as opções davam a Nahas o direito de comprá-las por R$ 20. Mas ele estava com tantas ações na mão que já não existiam tantos papéis assim da Petrobras disponíveis para comprar no pregão. Quando Nahas exerceu seu direito de compra, então, o pessoal que tinha vendido as opções para ele lá atrás precisou adquirir boa parte das ações da Petrobras de que precisava *com o próprio Nahas*. A R$ 40 cada uma. Tudo para repassar a ele por R$ 20. Nahas ficava com a diferença em dinheiro *mais* as ações. Mestre.

Depois de quitar os empréstimos, terminou a jogada toda US$ 30 milhões mais rico – esse é o valor real, estimado por analistas da época.[6] E foi só a primeira vez. Depois viria outra megaoperação dessas, que prometia mais dinheiro ainda. Entre 1988 e 1989, ele fez os papéis da Vale subirem 1.600% em oito meses, sempre com empréstimos vultosos, enquanto ia lucrando com as opções. Manipular preços é ilegal? É. Só que aí entram filigranas jurídicas: o sujeito pode dizer que estava comprando as ações porque não há nada na lei que impeça detentores de opções de fazer isso. Mesmo assim, o caso de Nahas era mais complexo: três empresas dele estariam comprando e vendendo ações entre si para puxar os preços do mercado para cima ainda mais rápido.[7]

Nahas, porém, só se complicou quando o presidente da Bovespa, desconfiado, convenceu os bancos que emprestavam para ele a fechar suas torneiras de dinheiro. Só que o libanês já tinha passado milhões de dólares em cheques para comprar mais ações da Vale. Como os empréstimos não vieram, os cheques voltaram. Estavam sem fundos. A casa do maior especulador que já pisara nestas terras tinha caído.

A bolsa confiscou sua carteira de ações de US$ 500 milhões para cobrir os cheques. E o caso lhe rendeu uma condenação de onze meses de prisão domiciliar.[8] Nahas também foi processado por "crime contra o sistema financeiro", mas acabou absolvido de todas as acusações em 2004. Ele ainda abriria um processo contra a Bovespa, exigindo uma indenização de US$ 10 bilhões pelas ações que lhe foram confiscadas. E passaria os anos seguintes se dizendo vítima de uma rasteira do presidente da Bovespa – aquele que persuadiu os bancos a não lhe emprestarem mais dinheiro, deixando-o sem fundos para seguir com seu esquema. "Sem esse golpe, o homem mais rico da América Latina não seria o Carlos Slim", disse numa entrevista em 2008, referindo-se ao magnata mexicano. "Seria eu."[9]

Mas o golpeado mesmo foi o mercado financeiro. Quando Naji Nahas virou assunto do *Jornal Nacional*, a bolsa quebrou. Era 9 de junho de 1989, uma sexta-feira. E não teve pregão na segunda. O medo era de uma queda massiva. Ninguém sabia quanto daqueles 1.600% das ações da Vale tinha subido só pela influência de Nahas. E se ele tivesse alavancado o preço de outras ações também? Pior: a manipulação dos preços tinha criado uma corrida para a bolsa, aquilo que sempre acontece quando algumas ações sobem demais. Nisso até papéis que não tinham nada a ver com a operação de Nahas não paravam de subir – daí aquela arrancada de 2.549% em 1988. Descontando os 1.037% de inflação, isso ainda significava uma escalada de 1.512%. Era uma das maiores altas que um mercado acionário teve *na história da humanidade*.

Agora que estava claro para todo mundo que tinha coisa ali, ficou óbvio: era uma senhora bolha. Uma onda gigante prestes a arrebentar e levar o mercado financeiro junto. O pensamento geral seguia a lógica de bolha estourando: todos tentariam vender tudo com medo de que todo mundo tentasse vender tudo.

E foi o que aconteceu: na primeira semana após a reabertura do mercado, as ações negociadas em bolsa perderam 40% do valor.[10] Um crash. Só não foi uma tragédia para a economia porque a bolsa brasileira representava menos de 5% do PIB. Se fosse hoje, com a bolsa valendo 50% do PIB, sai de baixo. Seria uma bomba de hidrogênio.

DINHEIRO DE GRAÇA

Uma bolsa mirrada pode até não causar crises financeiras, mas é um problema para a economia. Primeiro porque as empresas ficam sem essa fonte de financiamento – a única onde conseguem levantar dinheiro sem acumular dívida. Só as maiores empresas de Eike Batista, por exemplo, arrecadaram quase R$ 10 bilhões limpos quando abriram capital na Bovespa – R$ 6 bilhões para a petroleira OGX, R$ 1,1 bilhão para a mineradora MMX e mais R$ 2 bilhões para a MPX, uma companhia de termelétricas. De quebra, isso catapultaria a fortuna do próprio Eike. Depois de as ações de suas três maiores companhias terem tomado um tombo com a crise de 2008, elas dispararam: a MPX subiu 110%; a MMX, 220%; a OGX, 650%.

Como Eike sozinho continuava dono da maior parte das ações de suas empresas, viu sua fortuna pessoal saltar de US$ 6 bilhões para US$ 30 bilhões (e sua posição no *ranking* de bilionários da revista *Forbes* decolar de 1.142º, em 2008, para 7º, em 2012). Seus acionistas não foram para nenhuma lista de bilionários, mas conseguiram a mesma porcentagem de ganhos. Alguns, mais ainda.

A LLX, empresa de logística de Eike, teve um IPO modesto, e suas ações caíram a quase zero no início de 2009. O valor de cada ação baixaria até R$ 0,50. Mas depois ficaria estável na casa de R$ 10. Quem colocou na baixa e vendeu na alta conseguiu 1.900% de retorno em um ano.

Usar as empresas de Eike como exemplo soa leviano hoje. E já soava em 2011, quando saiu a primeira edição deste livro. Mesmo assim, a imagem da bolsa como uma orgia financeira para aventureiros não faz sentido.

A própria BM&FBovespa, a empresa que controla a Bolsa de Valores de São Paulo (e que obtém seus lucros cobrando porcentagens sobre as negociações de papéis), conseguiu R$ 12 bilhões com seu IPO.[11] E tem o caso mais famoso, o da Petrobras, que vendeu 4 bilhões de ações novas em 2010 e levantou R$ 120 bilhões, no maior lançamento de papéis da história do mundo – tudo bem que aí entra também uma rebolada do governo, que aproveitou a emissão de ações para aumentar sua participação na companhia de 40% para 48%. Mas aí é conversa para outro livro. Seja como for, sem uma bolsa forte, a Petrobras não teria como juntar esse dinheiro sem acumular uma dívida insustentável. E o plano de gastar meio trilhão de reais para tirar petróleo enterrado debaixo de 2 quilômetros de sal pastoso, 2 quilômetros de sedimentos e mais 3 quilômetros de água nem existiria.

O PORTO SEGURO DOS TÍTULOS PÚBLICOS

Mas não bastou derrubar a inflação para que a bolsa deixasse de ser um botequim sem importância e virasse essa balada de três andares que é hoje. O Plano Real controlou os preços à custa de manter os juros dos títulos públicos lá no alto, justamente para enxugar dinheiro da economia. Estamos falando em juros de mais de 40% ao ano. Aí não dava para a bolsa. Para os investidores, grandes ou pequenos, foi a era de ouro dos títulos públicos. Não que isso seja ruim, já que a confiança em emprestar dinheiro para o governo voltou E foi quando a biodiversidade de investimentos que existe hoje se consolidou.

CDI

"Tenho um investimento sensacional aqui. Está pagando 120% do CDI." Beleza. Mas o que é "CDI"? É a média da taxa de juros que os bancos pagam pelo dinheiro que pegam emprestado dos outros bancos. Você provavelmente já leu aqui que essa média é a Selic. E não leu errado. A diferença é que a Selic é a taxa cobrada nas operações que usam títulos públicos como garantia. O CDI (Certificado de Depósito Interbancário) é a taxa das operações diretas, sem a garantia dos títulos públicos. Para quem não trabalha no mercado financeiro, não faz muita diferença, já que o CDI e a Selic tendem a ser iguais. Motivo: se o CDI estiver menor que a Selic, o banco pode pegar dinheiro emprestado com outro banco pagando o CDI e emprestar para outro cobrando a Selic. E isso realmente acontece. Com isso, os bancos emprestadores ficam espertos e começam imediatamente a cobrar uma taxa igual à da Selic. Se acontecer o contrário e o CDI estiver mais alto, os bancos só vão tomar empréstimos garantidos por títulos públicos (os da Selic). Então quem quiser ganhar dinheiro no *over* concedendo empréstimos via CDI vai ter de baixar seu juro para uma taxa próxima à da Selic. Logo, as duas taxas tendem de novo a se encontrar. Também usam a sigla DI para denominar esses empréstimos entre bancos – daí os "fundos DI", que têm como objetivo pagar taxas próximas àquelas que os bancos cobram uns dos outros – taxas que, de uma forma ou de outra, acabam sempre demarcadas pela Selic.

Neste momento, metade da moeda que existe no Brasil está em fundos que investem em títulos públicos. São R$ 3,3 trilhões, como vimos no capítulo 10. Existem vários tipos de títulos do governo. Então os fundos estão divididos em dois grandes reinos: o da renda fixa e o do DI.

Os fundos de renda fixa colocam a maior parte do dinheiro em títulos que você sabe de antemão quanto vão render (os "prefixados", no jargão do dinheiro). O Estado já lança esses títulos dizendo quanto vai pagar de juros. Os títulos mais comuns entre os desse tipo pagam a inflação mais um jurinho preestabelecido, algo como a variação do IPCA mais uns 4% ou 5% – até por isso esses títulos se chamam "Tesouro IPCA+". Sim, cada tipo de título público tem um nome, como se fosse um produto de consumo mesmo, e o "Tesouro" é de "Tesouro Nacional", o caixa do governo.

Outros títulos são ainda mais "prefixados". O governo já os lança dizendo que vai pagar um tanto de juros, mas sem corrigir nada pela inflação. Se for 10% ao ano, é 10% e pronto. "Ah, mas e se a inflação estourar no ano que vem?" Problema seu.

Para quando a expectativa é de inflação (e, por consequência, de aumentos fortes nos juros), existem os fundos DI. Eles aplicam em títulos com juros mutantes, que sobem quando a inflação cresce e baixam quando ela diminui. São os títulos com juros "pós-fixados", que seguem a Selic – o nome deles é justamente "Tesouro Selic".

E é por render de acordo com a Selic que os fundos que colocam o seu dinheiro em títulos assim se chamam "DI", sigla para "Depósito Interfinanceiro", uma atividade que faz parte do troca-troca de empréstimos que os bancos fazem todos os dias (entenda melhor no boxe da página ao lado). Como a Selic baliza a taxa de juros desses empréstimos, os fundos DI acompanham o sobe e desce da Selic.

Qual dos fundos é melhor, então? DI ou renda fixa? Depende. Se a perspectiva é de inflação alta, os juros aumentam, porque é assim que o governo combate os aumentos de preços. Então a Selic aumenta. Aí o que rende mais é o DI.

Se a expectativa for de inflação baixa, os juros caem. É o governo bombeando moeda na praça para fazer com que a economia cresça sem o risco de a inflação degringolar. Nesses cenários, a renda fixa sempre compensa mais, porque a Selic vai baixando ao longo dos meses (ou dos anos, quando o medo de inflação é zero).

Em 2013, por exemplo, a inflação tinha saído do controle (chegaria a de 10,6% em 2015, a maior desde 2002). Essa pressão fez o governo aumentar os juros paulatinamente, de 7,25% para 14,25% em dois anos. Aí o negócio era o DI, que cresce junto com a Selic. Num momento assim, os títulos prefixados sofrem. Imagina: o fundo de renda fixa comprou um título público que paga 10% ao ano. Com a inflação a 10,6%, ele perde dinheiro com esse título. Enquanto isso, o fundo DI está rendendo mais de 14%.

E tem o contrário. Em 2016, com as expectativas de inflação sob controle, o governo deu uma marretada nos juros. A Selic cairia de 14,25% para 6,5% no início de 2018. E a renda fixa ficou mais atraente.

Em 2019, aquele título prefixado de 10% ao ano é o que estava rendendo mais, quase o dobro da Selic.

O que vale guardar na memória, de qualquer forma, é algo mais simples: os fundos de renda fixa tendem a apostar em prefixados, e fundos DI se concentram em comprar títulos que acompanhem a Selic. É isso.

Mas cá entre nós: nem o Banco Central, nem o mercado, nem o Walter Mercado sabem como a economia vai estar daqui a dez ou vinte anos, quando alguns títulos que o governo está lançando hoje vão vencer. A decisão entre o melhor tipo de fundo, então, é toda sua.

E essa autonomia pode ser maior ainda, já que dá para investir em títulos sem a intermediação de fundos. Você mesmo pode comprar do governo, via Tesouro Direto. Se já sabe bem como esse tipo de investimento funciona, pode pular a próxima seção e ir direto para a seguinte, que é sobre a Bovespa. Caso contrário, vem comigo.

DÊ UM PÉ NA BUNDA DO SEU BANCO

Ter dinheiro em fundo de banco tende a ser melhor do que deixar na poupança ou escondido no forro do sofá. Mas quem se dá bem mesmo com isso é a própria instituição financeira, por conta das taxas de administração que impõe.

O Tesouro Direto, por outro lado, não cobra taxa de administração. Para comprar títulos por essa via você também precisa ter conta num banco ou numa corretora, já que são essas instituições que fazem a intermediação entre você e o governo. O normal hoje, de qualquer forma, é que elas não cobrem pedágio nenhum por esse serviço.

Nos fundos tradicionais de DI e de renda fixa sempre tem alguma taxa. Elas tendem a diminuir ao longo dos anos, conforme cresce a concorrência entre bancos e corretoras. Mesmo assim, ainda não faltam fundos de banco que cobram coisa de 2% ao ano em taxas. Parece pouco, mas é uma facada.

Um cálculo simples ajuda a visualizar: se a taxa básica de juros estiver em 6%, por exemplo, um fundo DI que cobra 2% de taxa vai render 4% ao ano. Em dez anos (caso a Selic se mantenha relativamente estável por esse tempo todo), o fundo vai ter dado algo próximo a 48% (fora o nosso amigo imposto de renda).[12] Legal, só que não: se você comprar via Tesouro Direto o tal do Tesouro Selic, vai ganhar 75% nesses mesmos dez anos.

Esse cálculo foi simplificado, mas não grosseiro: na segunda conta, descontei o 0,25% anual da "taxa de custódia" (sim, o Tesouro Direto não é tão direto assim: mesmo quando a taxa da corretora é zero, você precisa pagar 0,25% ao ano para a Bolsa de Valores de São Paulo, que funciona como um atravessador oficial). De qualquer forma, o 1,75% a menos de taxa se transforma numa diferença de 27% em um intervalo de dez anos, graças à magia dos juros compostos. É o suficiente para que o Tesouro Direto seja sempre mais negócio que qualquer fundo de banco.

Mas isso só é certeza com os títulos que acompanham a Selic. No caso daqueles que pagam um juro prefixado, faça chuva ou caia o ministro da Economia, é diferente. Eles são mais oito ou oitenta: podem dar um dinheiro gordo ou, até, te deixar no prejuízo.

Vamos à prática. Entre os títulos com juro predeterminado, os mais populares são aqueles indexados pela inflação: os do tipo Tesouro IPCA+. Se você compra um título do tipo IPCA+ de R$ 1.000, é como se o governo te desse um papelzinho onde aparece escrito "vale R$ 1.000, mais toda a inflação acumulada nos próximos dez anos, mais 3% anuais de juros". De novo, não há papelzinho, só uma conta no site do Tesouro Direto para você monitorar o rendimento do título. Mas essa é uma imagem importante para mostrar como a coisa funciona, porque um título é um vale. Um vale-dinheiro, com data de vencimento. Um IPCA+ vai pagar a inflação apurada de acordo com o Índice de Preços ao Consumidor *mais* um juro prefixado até uma certa data. Pode ser até 15 de agosto de 2024, até 15 de maio de 2035... Depende da IPCA+ que você comprar.

Então você vai e compra. Compra em 2020 um IPCA+ que pagará a inflação mais um montante de juros equivalente a 3% ao ano no dia 15 de agosto de 2024. Desembolsa R$ 1.000 por ele. O que acontece, então? Bom, quando chega a data de vencimento, o governo deposita automaticamente na sua conta os R$ 1.000 corrigidos mais os juros, pagando pelo empréstimo que você fez aos cofres públicos. Se a inflação ficar em, digamos, 5% ao ano, o título terá rendido 8% anuais (o IPCA mais 3%). Seus R$ 1.000, então, terão se transformado em R$ 1.360. Legal: 36% em quatro anos.

Mas e se você não quiser esperar até o vencimento? Faz todo o sentido precisar do dinheiro antes, já que existem títulos à venda hoje que só vencem em 2050 – e daqui a pouco chegam uns mais longevos ainda. Bom, o que acontece? Acontece que dá para vender o título, como se ele fosse um carro. Do mesmo jeito que existe um mercado exuberante de carros usados, há um não menos vibrante de "títulos usados". Mas você não precisa levar o seu Tesouro IPCA+ às seis da manhã num feirão de títulos usados para ver se acha quem o compre. O governo mesmo é quem compra de volta. Se ele não fizesse isso, deixando tudo na mão do mercado, você gastaria mais tempo tentando vender um título usado por um preço justo do que trabalhando – e o Tesouro Direto seria inútil. Mas o governo se compromete a recomprar, para depois vender a outros interessados – geralmente bancos, que, como já dito aqui, guardam sua "poupança pessoal" na forma de títulos públicos. Então beleza.

O problema aí é que não dá para prever quanto o governo vai desembolsar. O preço é o de mercado, o quanto os tais dos interessados estão dispostos a pagar. E esse montante varia bem.

Vamos ver dois cenários. Primeiro, um negativo. Pegue aquele título Tesouro IPCA+ de R$ 1.000. Ele dá a inflação mais 3% ao ano não porque está escrito na Bíblia. Ele paga isso porque a Selic, no momento em que esse título constava na prateleira do Tesouro Direto, estava em 6,5%. O governo esperava uma inflação em torno de 4% para os anos seguintes. Então esses 3% além do IPCA entravam para que o rendimento desse basicamente a Selic mais um chorinho (o extra de 0,5% ao ano vai para compensar o tempo generoso que você está dando para o governo pagar o que te deve).

Bom, imagine agora que rolou uma expectativa de alta na inflação, e a Selic acabou subindo para 9,5%, de modo a conter os aumentos de preços. Sabe o que acontece num cenários desses? O governo começa a lançar títulos que pagam a inflação mais 6%, de modo que esses novos títulos IPCA+ possam competir no mercado com os títulos Tesouro Selic, que agora estão rendendo mais. Aí o seu titulozinho, que só paga a inflação mais 3%, vira um mico desgraçado.

Se você esperar até o vencimento, não chega a se dar mal. O dinheiro continua protegido, já que, a parte da inflação, o Tesouro IPCA+ cobre, seja ela qual for, e o rendimento de 3% ao ano fica intacto – é o que os economistas chamam de "rendimento real", aquele acima da inflação.

Os títulos novos, porém, vão pagar a inflação mais um juro fixo bem mais alto, de 6%. Aí complica para quem precisa vender o antigo, de 3%, antes do vencimento. Ele vai sofrer uma concorrência desleal. Só vai aparecer comprador para o título de 3% se houver um jeito de fazer com que ele renda tanto quanto o de 6%. E tem um jeito. Assim: um de 6% que custasse R$ 1.000, com vencimento em dez anos, pagaria R$ 1.790 mais o IPCA lá na frente. Ou seja: 79% de rendimento real. Bom, então o seu titulozinho de 3%, também com vencimento em dez anos e também adquirido por R$ 1.000, teria que render pelo menos 79% para que alguém se dê ao trabalho de comprá-lo. Mas o valor final dele daqui a dez anos, fazendo o mesmo cálculo e cortando fora a inflação, seria de R$ 1.343. Ou seja: 34% de rendimento.

Como fazer com que o rendimento dele chegue a 79%, então? Diminuindo o valor a ser pago pelo título. Se, em vez de R$ 1.000, ele custar R$ 750, vai render tanto quanto o de 6%. É isso mesmo. A diferença entre R$ 750 e R$ 1.343 (o valor do título no vencimento fora a inflação) dá justamente 79%. Então não tem choro. Se você tiver que vender antes do vencimento num cenário desses, o governo vai comprar o título de volta por exatamente R$ 750. Aí, você, que pagou R$ 1.000 pelo título, terá perdido R$ 250 na jogada. E vai ficar com saudade do banco...

Agora vem o lado positivo. Se a Selic cair, acontece o contrário: o preço do título sobe, invertendo o exemplo aí de cima. O governo passa a lançar títulos que pagam só 2% mais a inflação, por exemplo. Aí o seu título de 3% vira ouro. Vai chover comprador. E você consegue vender por muito mais do que pagou anos e anos antes do vencimento, já que o governo simplesmente não está mais oferecendo títulos de 3% ao ano no Tesouro Direto.

Na prática: um título de 2% transforma R$ 1.000 em R$ 1.218 em dez anos. Um de 3% transforma essa grana em R$ 1.343. Uma diferença de

R$ 125 (em rendimento real). Você pagou R$ 1.000 no título. Nesse cenário, então, quem comprar esse IPCA+ de você por R$ 1.100 ainda tira um lucro R$ 25 lá na frente. Então dá para vender o título por R$ 1.100 tranquilamente (o preço de mercado dele estará nessa faixa). Pronto: você tira 10% de lucro de cara, sem ter de esperar o vencimento.

Por essas, os títulos IPCA+ foram o melhor investimento do país nos últimos ciclos de queda da Selic. Quando a Selic estava a 14,5%, o governo vendia títulos IPCA+ que pagavam a inflação mais 8%. Quando a Selic começou a cair, o Tesouro Nacional baixou os juros dos IPCA+ para 6%, depois 5%, depois 4%. Agora, quem tinha IPCA+ de 8% era rei. Dava para vender séculos antes do vencimento por 30% ou 40% a mais do que o sujeito tinha pagado, e isso depois de alguns poucos meses com o título na mão. Show.

Mas claro: tudo isso dá mais trabalho que banco. E, como vimos, no caso dos IPCA+, você corre o risco de perder dinheiro se não tiver como segurar o título até o vencimento. Só que, mesmo com esse tipo de inconveniente, o Tesouro Direto continua sendo uma bela opção de poupar para o futuro. De poupar só para você, sem dar de presente pra um banco boa parte do que ganha.

Agora vamos falar de um assunto mais traiçoeiro.

A DECOLAGEM DA BOVESPA

Depois de os títulos terem virado um investimento confiável, foi a vez da bolsa. A estabilidade econômica dos anos 2000 fez com que investidores estrangeiros passassem a apostar na Bovespa – ações de país em desenvolvimento sobem muito mais em bons momentos que papéis de países ricos.

Outra coisa que ajudou: sem inflação cortando zeros toda hora, o Índice Bovespa passou a ser legível, principalmente pelos gringos, nada habituados com correções numéricas.

O Ibovespa começou 1998 a 10.479 pontos, e de lá para cá a base da pontuação é a mesma. Quando a bolsa está a 60 mil pontos hoje, você vai saber o que isso significa em ganhos reais – ou quase: a inflação de 1998 para cá foi de 220%. Mas ok. Isso espalhado em mais de dez anos não chega a atrapalhar tanto na hora de saber qual foi o valor

O Ibovespa subiu 400% entre 2003 e 2007, contra uma inflação de 35% no período todo. Agora sim.

real que uma empresa ganhou ao longo dos anos.

E foi a partir de 2003 que a bolsa começou a se erguer de verdade. Naquele ano, estava em 12 mil pontos. Em 2004, eram 24 mil. A grana começava a entrar com força.

Essa disposição dos investidores atraiu mais empresas para a bolsa. Entre 1995 e 2003, apenas seis companhias tinham aberto capital na Bovespa. Nos três anos seguintes, vieram 44. E mais 63 só em 2007. As empresas novas chamaram mais grana, e no fim de 2007 o Ibovespa estava em 60 mil pontos – 400% mais que em 2003, contra uma inflação de 35% no período todo. Agora sim.

Quem tinha colocado o dinheiro da entrada de uma casa na bolsa em 2003 já podia pensar numa compra à vista. Mas isso do ponto de vista de quem investiu em uma carteira diversificada a ponto de refletir o crescimento do Ibovespa inteiro. O índice é só uma média, claro. O que dava assunto para mesa de bar eram as ações que não tinham só subido, mas escalado o Everest. As da siderúrgica Usiminas foram das que mais cresceram nesse período: começaram 2003 valendo R$ 7. Dois anos depois, estavam a R$ 50, uma decolagem de 614%. Mas o *boom* não tinha nem começado. No fim de 2007, chegaram a R$ 89 – 1.171% em cinco anos. Quem colocou R$ 100 mil nesses papéis em 2003 se viu com mais de R$ 1 milhão em meia década. E estamos falando nas ações de uma empresa fundada em 1956 que ganha dinheiro fazendo chapas de aço – nada parecido com as empresas de vento da bolha da internet.

A subida na bolsa foi só um dos reflexos do crescimento econômico que o Brasil viveu naqueles tempos. Entre 2004 e 2011, o PIB aumentou numa média de 4,4% ao ano. Não parece muito quando a gente olha só o número. Mas isso significa um aumento de 84%. Em oito anos, a riqueza do país, a quantidade de coisas sólidas que o país produz, quase dobrou.

Quando saiu a primeira edição deste livro, em meados de 2011, a onda de crescimento tinha formado uma crista alta. O crescimento no ano anterior tinha sido de 7,5%, o maior desde a euforia inicial com o Plano Cruzado (7,9%, em 1986). A diferença era que a macroeconomia estava ajeitada: havia 200% de confiança na capacidade do governo em conter a inflação e honrar as dívidas dos títulos públicos.

Mas algo deu errado. Em 2012, o crescimento desacelerou para 1,9%. Em 2014, para 0,5%. E aí veio o abismo: perda acumulada de 7% entre 2015 e 2016. E sem retomada: em 2017 e 2018 seguimos praticamente estagnados, com um crescimento desnutrido de 1% ao ano. Nesse meio-tempo, o desemprego subiu de 5,4% em 2013 para 12,7% em 2017, com uma queda tímida para 12,3% em 2018.

O Ibovespa, que tinha chegado a 73 mil pontos em 2008, refletiu esse clima fúnebre, caindo para 38 mil pontos no início de 2016. Se você corrigir o índice pela inflação, vai ver que a queda foi maior ainda. Os 73 mil pontos de 2008 equivalem a 133 mil pontos de hoje. Os 38 mil pontos de 2016, a 43 mil de hoje. Ou seja: em termos reais, corrigidos pela inflação, as empresas listadas na bolsa tinham perdido quase 70% do seu valor.

O que aconteceu?

Aconteceu que o Brasil ganhou na mega-sena e gastou tudo no bar. Explico.

GOLDEN YEARS

O Brasil começou a ganhar na mega-sena entre 2003 e 2007, os cinco anos anteriores à crise de 2008. Nesse meio-tempo, o Produto Interno Bruto do planeta cresceu em média 5% ao ano – com a China chegando a picos de 11%, 12%, depois 14%. "A economia mundial vem passando por uma fase de exuberância maior ainda que nos *golden years* da década de 1960", escreveu o economista Fabio Giambiagi na época.

O Brasil surfou nesse trem vendendo matéria-prima para o resto do mundo. Principalmente minério de ferro, petróleo e comida – *commodities*, como dizem os economistas. Do começo da década de

1990 até 2002, exportávamos uma média de US$ 54 bilhões por ano. De 2003 até 2011, essa média quase triplicou e chegou a US$ 155 bilhões.

Era a nossa mega-sena. Não por coincidência, foi exatamente nesse período que 40 milhões de brasileiros saíram da pobreza e entraram para a "classe C". Outros 9 milhões saíram da C e subiram um degrau, para a A ou a B. O dinheiro das exportações azeitou os motores da nossa economia. Funciona assim: imagine um diretor da Vale. Ele se aposenta, pega os milhões que juntou de bônus nos anos dourados e abre uma rede de pizzarias. O gerente de uma dessas pizzarias resolve comprar um carro. O dono da concessionária ganha um dinheiro a mais e compra este livro... e eu queimo minhas calorias nadando na piscina de dinheiro que mandei construir. São as engrenagens da economia girando.

Um efeito colateral disso foi o aumento no preço dos imóveis. Agora o gerente da pizzaria, o dono da concessionária e os autores de livros não dependiam mais do Baú da Felicidade para tentar o sonho da casa própria. Sentiram que dava e foram atrás de apartamento para comprar.

Mas prédios novos não dão em árvore e, como dizia Toni Soprano, mafioso e investidor do mercado imobiliário: "Deus não está abrindo terrenos novos por aí". A escassez de oferta de terrenos foi de encontro à fome dos compradores. E o preço dos imóveis, que estava mais ou menos estagnado havia dez anos, começou a subir. O engraçado foi que isso não desencorajou o gerente da pizzaria, o cara da concessionária nem os autores de livros. É que a economia tem uma lógica peculiar: quando os imóveis estão subindo de preço fica mais fácil comprar um apartamento, não mais difícil.

O motivo é o seguinte: os bancos começam a financiar mais quando o mercado imobiliário esquenta. O banqueiro se sente protegido. Se o tomador do financiamento der calote, o banco acha que pode vender o apartamento depois por um valor bem maior do que pagou. E geralmente consegue. Imagine um cara que financiou um apartamento de R$ 380 mil em São Paulo e perdeu o emprego. O que acontece com o banco que pagou esse valor pelo apartamento? Vai e vende o apartamento por R$ 1 milhão. Lindo. É dinheiro certo, na alegria ou na tristeza. Nisso, os gerentes de banco começam a receber qualquer interessado em financiamento de braços abertos. Nem parecia banco...

Foi o milagre da multiplicação do crédito. Se em 2007 os financiamentos habitacionais representaram 1,5% do PIB, em 2012 já eram 5,5%. Em 2003, havia R$ 4 bilhões voando pelo sistema financeiro na forma de crédito imobiliário da Caixa. Em 2013, eram R$ 100 bilhões.[13]

Se a demanda já estava quente, com o estouro da boiada do crédito, pegou fogo. Rio, São Paulo, Brasília, Recife, Fortaleza, Belo Horizonte... Em todas essas capitais o metro quadrado passou a subir mais que a inflação. No Rio, a cidade campeã do *boom*, foram 200% de subida entre 2008 e 2013, contra uma inflação acumulada de 25% – Deus, afinal, não tem mais para onde aumentar Ipanema, Leblon e a Lagoa.

De quebra, o preço do cimento, do aço e de tudo o mais que você precisa para levantar um prédio também subiu. Quem reformou a casa recentemente sentiu o peso da argamassa de ouro. A unidade monetária dos mestres de obra passou a ser o "dois pau". "Quanto sai para arrumar essa parede aqui?" "Dois pau." "E esse cano?" "Ah, dois pau."

Como dissemos, isso começa a explicar o aumento dos imóveis. Mas não termina. Existe outra razão para os aumentos, menos glamorosa que a piscina de dinheiro das exportações: o Brasil é lerdo.

CUSTO BRASIL

Dá para entender nossa lerdeza sem sair do mundo dos imóveis. O método mais comum de construção por aqui continua sendo basicamente o mesmo da Mesopotâmia de 8 mil a.C., a alvenaria: levantar paredes unindo tijolo por tijolo – ou bloco de concreto por bloco de concreto – com argamassa. Lá fora, usam mais material pré-fabricado: uma usina vai e monta placas de concreto ou de cerâmica. As placas saem da indústria, vão para a construção, e os operários montam o prédio como se fosse uma estrutura de lego. Vão encaixando tudo. "Se aqui um empreendimento com duas torres de 35 metros exige até 1.500 trabalhadores e leva 42 meses para ficar pronto, os americanos erguem uma obra dessa magnitude em trinta meses e com metade dos funcionários", disse Alessandro Vendrossi, diretor da Brooksfield, uma construtora, numa entrevista à revista *Exame*. Na China, usando ainda mais material pré-moldado e uma logística do demônio, já conseguem levantar prédios de trinta andares em quinze dias.

Se fosse assim no Brasil, a oferta de prédios novos acompanharia qualquer demanda, e o preço dos imóveis não teria explodido. Pelo menos não tanto. Por que não é assim, então? Porque, historicamente, gastamos pouco para melhorar nossos meios de produção – ou seja, a aquisição de máquinas mais modernas e a construção de novas fábricas, como usinas de material pré-fabricado.

Na China, esse tipo de investimento corresponde a 48% do PIB. Metade do que o país produz tem em vista justamente produzir mais. Investir em mais meios de produção é bom porque baixa os custos lá na frente. Trata-se de um PIB que gera mais PIB. A argamassa não sobe de preço, já que o país passa a produzir material em maior quantidade e de melhor qualidade – ou seja, placas pré-fabricadas. E aí não tem como surgir a cultura do "dois pau".

O nome que os economistas dão para esse tipo de investimento é, bom, "investimento" mesmo (economistas às vezes são econômicos nas palavras). E a regra é óbvia: quanto menos desenvolvido for um país, mais precisa gastar em investimento. Os emergentes colocam em média 31% de seus PIBs nisso. A Mongólia, novo quintal de commodities da China, 51%. O Brasil, 19%. É o mesmo tanto que o Egito – e olha que a última vez que eles gastaram para valer em investimento foi com as pirâmides, que só estão se pagando agora, com o *boom* do turismo internacional.

Quem pode se dar ao luxo de gastar nessa faixa egípcia são nações que já se desenvolveram há tempos: Suíça, Bélgica, Finlândia... Esses também estão no clube dos 19%, mas já são bem industrializados. Ainda não é o nosso caso. E, se continuarmos investindo pouco, nunca será.

A falta de investimento é a explicação por trás do "custo Brasil" – o fato de que produzir aqui é mais caro e penoso do que em países desenvolvidos. Ferrovia, por exemplo, é um caso clássico de investimento: custa caro, mas dá retorno de longo prazo, tornando fretes mais baratos. O Brasil tem 29,8 mil quilômetros de linhas férreas. Dez mil foram construídas por d. Pedro II. E hoje os trilhos não alcançam os lugares que mais precisam, como as regiões produtoras de soja no Mato Grosso. Assim, a soja percorre boa parte do trajeto até os portos de caminhão.

Resultado: enquanto o custo de transporte por tonelada de soja é de US$ 35 nos EUA, aqui é de US$ 160. Já a China, sempre ela, adicionou mais de meio Brasil em trilhos só entre 2007 e 2011: 19 mil quilômetros. E hoje eles têm 98 mil quilômetros. Ficam atrás só dos Estados Unidos e da Rússia, outros dois países continentais, que também precisam de ferrovias para respirar – são 226 mil km no território americano e 128 mil km no russo. Sem uma malha ferroviária decente, o custo do transporte vai lá para cima. E acaba embutido nos preços.

Mas fica difícil investir quando se leva em conta outro insumo que custa muito dinheiro: o próprio dinheiro. Pois é. O empréstimo para capital de giro – que os empresários usam para tocar despesas do dia a dia, como folha de pagamento – sai por uma taxa média de 19% ao ano. No Chile, é 5,8%. Na China, 3,7%. Na Alemanha, 2,5%. Nos EUA, 1,1%. Cortesia do nosso *spread* bancário. *Spread* é a diferença entre os juros que o banco paga pelo dinheiro que pega emprestado (via CDBs, por exemplo) e o quanto cobra quando repassa essa grana (na forma de crédito para capital de giro, por exemplo). E nosso *spread* é o maior do mundo, vício de um sistema bancário acostumado a taxas pornográficas de juros. Seu cartão de crédito serve como prova disso. E os preços altos também: em 2013, a Fiesp apurou que pelo menos 7,5% do preço final de qualquer produto é culpa dos juros que os bancos cobram, e que a indústria gasta R$ 156 bilhões anuais só para pagar esses juros. Era o mesmo tanto que o BNDES emprestava por ano na época para fomentar o "desenvolvimento econômico e social" que faz parte de sua sigla.

E assim entramos em outra seara: o péssimo uso que o Brasil fez do BNDES nos anos de bonança econômica. Um exemplo disso foram os empréstimos a juros de pai para filho que o BNDES fez para a JBS. A empresa recebeu R$ 6 bilhões, que usou para comprar frigoríficos americanos – o que provavelmente gerou "desenvolvimento econômico e social" nos EUA. Aqui, não. E não foi o único caso de dinheiro público brasileiro gasto fora do Brasil. Só para tocar obras no exterior, a Odebrecht recebeu, em média, US$ 3 bilhões por ano entre 2006 e 2016. E tome hidrelétricas no Peru, no Equador, em Angola e na República Dominicana; gasoduto na Argentina, aeroporto em Moçambique, rodovias África adentro e, claro, o glorioso porto de Mariel, em Cuba. Além disso, US$ 2,2 bilhões foram injetados na construção do metrô de Caracas – nossas capitais, afinal, já têm todas um transporte público vienense, certo? Em 2019, aliás, as obras ainda estavam pela metade na capital venezuelana.

Esses bilhões em dinheiro público jogados no lixo tinham um propósito: matar dois coelhos de uma vez. O primeiro coelho era o das doações de campanha. Como ensinou o ex-diretor da Petrobras Paulo Roberto da Costa: "Não existe doação de campanha. Nenhuma empresa vai doar 3 milhões, 4 milhões, 5 milhões porque gosta de fulano de tal. Ela está emprestando pro cara, e depois vai cobrar dele".[14] Liberar dinheiro a juros de mãe para empreiteira doadora fazer obra é uma forma consagrada de pagar esse tipo de dívida.

Mas por que tanta obra lá fora? Aí entra o outro coelho. O objetivo ali era ideológico: estreitar laços com a periferia do mundo, que o Brasil da época desejava liderar, formando um bloco capaz de fazer frente às alianças econômicas dos países desenvolvidos.

Não rolou. Tudo o que essa política produziu para a país foi ironia, na forma de piada pronta. O próprio Marcelo Odebrecht escreveu na *Folha de S.Paulo* em 2013, quando ainda não se cogitava a hipótese de que o maior empreiteiro do país pudesse acabar preso, como aconteceu: "Quanto mais portos de Mariel, melhor para o Brasil". Desnecessário comentar. O fato é que, por essas e outras, conseguimos jogar fora a maior chance que o Brasil teve de deixar de ser o país do futuro.

Outro caso clássico de beneficiário do BNDES nos tempos de fartura, aliás, foi Eike Batista, que recebeu US$ 10 bilhões do banco estatal para concretizar seus sonhos e entregou um pesadelo. Ele é o personagem do nosso próximo capítulo.

12

THE MAN WHO SOLD THE WORLD

Eike Batista: o homem que vendeu o mundo, e não entregou.

EIKE BATISTA foi campeão mundial de offshore em 1990. E entendia o *ranking* mundial de bilionários como se fosse o de pilotos de lancha. "Quando você é um piloto, quando compete, isso nunca sai do seu sangue", ele disse numa conferência em Los Angeles, em 2011. "Então... eu tenho que competir com o Sr. Slim". A plateia deu risada. Achou que fosse piada a referência ao então homem mais rico do mundo, dono da mexicana América Móvil e, no Brasil, da Claro e da Embratel. Não era: "Não sei se eu vou passar o Carlos Slim pela direita ou pela esquerda. Mas vou passar".

Naquele ano, a participação majoritária de Eike em suas companhias de petróleo, energia, mineração, logística e construção de plataformas marítimas equivalia a US$ 30 bilhões. Era o preço somado das ações que detinha. Isso deixava apenas seis pessoas à sua frente na lista de bilionários que a revista *Forbes* compila anualmente: Larry Ellison (dono da Oracle), com US$ 36 bi; Amancio Ortega (Zara, US$ 37 bi); Bernard Arnault (Louis Vuitton, Carrefour, US$ 41 bi); Warren Buffett (US$ 44 bi); Bill Gates (US$ 61 bi); Carlos Slim (US$ 69 bi).

Eike dizia que, por volta de 2015, deixaria esse pessoal todo para trás. Em março de 2012, chegou a aparecer na lista diária de bilionários da Bloomberg com US$ 34,7 bilhões. Mas, quando chegou 2015, ele tinha perdido tudo. Mais do que tudo. Suas empresas ou não existiam mais ou tinham sido vendidas a preço de fim de feira. Seu balanço pessoal estava negativo em US$ 1 bilhão, de acordo com a mesma Bloomberg. Ou seja: seu patrimônio menos as dívidas que ainda tinha na praça somava US$ 1 bi no vermelho.

Depois piorou. Em janeiro de 2017, ele foi preso preventivamente sob a acusação de ter pago, em 2011, US$ 16 milhões de propina a Sérgio Cabral, ex-governador do Rio de Janeiro e cleptomaníaco confesso em troca de vantagens para suas companhias no âmbito estadual. Passou noventa dias numa cela com mais duas pessoas no presídio de Bangu 9; segundo ele próprio, na mesma ala de um matador de aluguel que se gabava de ter mais de duzentos homicídios no currículo. Um fim de linha difícil de imaginar para alguém que, ao longo da vida, conquistou mais fama e fortuna que boa parte dos personagens deste livro.

Sua trajetória profissional começou aos 22 anos, quando abandonou a faculdade de engenharia na Alemanha para tentar ganhar dinheiro com o ouro da Amazônia. Era o final dos anos 1970, e o garimpo estava virando febre por lá. Teve até filme do Renato Aragão sobre o fenômeno – *Os Trapalhões na Serra Pelada*.

Eike, então, fez como Didi, Dedé, Mussum e Zacarias: foi tentar a sorte no garimpo. Não exatamente com peneira e picareta. Sua ferramenta era dinheiro mesmo. Pediu US$ 500 mil emprestados a dois joalheiros conhecidos para se estabelecer como comerciante de ouro no meio do mato. Comprava na Amazônia em moeda nacional e revendia no Sudeste em dólares. A margem era tão gorda que, em pouco tempo, os US$ 500 mil tinham virado US$ 6 milhões. É mais dinheiro do que parece. Esses US$ 6 milhões do começo dos anos 1980 equivalem a US$ 18 milhões de hoje, levando em conta a inflação do dólar. Ou R$ 70 milhões. Não tinha nem 25 anos e já estava com quase tanto dinheiro quanto o Renato Aragão.

E certamente mais dinheiro que o pai, o que não é uma tarefa simples para o filho do presidente da Vale. Eliezer Batista, pai de Eike, foi presidente da mineradora até 1986. Sua gestão, aliás, foi responsável pela mina de Carajás, a maior do mundo – e a melhor, no que toca à qualidade do minério de ferro que sai dali.

Eike já havia tido uma infância razoavelmente endinheirada, graças à carreira de Eliezer. Mas superar financeiramente o pai, como ele conseguiu àquela altura, talvez fosse seu grande objetivo na época. Não sem motivo: quando o rapaz disse por telefone que estava largando a faculdade para comprar e vender ouro, o pai recebeu a notícia com a delicadeza de um minerador: "Vou te dar um diploma de idiota!".

Diplomado ou não, o fato era que, se quisesse, Eike podia parar tudo por ali mesmo e torrar seus milhões vivendo a melhor juventude que o dinheiro pudesse comprar. Mas ele fez o que pareceria menos sensato à maioria: reinvestiu o dinheiro. Agora queria deixar de ser um mero comerciante de ouro para virar minerador. Gastou tudo em máquinas que faziam extração mecânica, mais eficiente que as peneiradas de garimpeiros. Anos mais tarde, diria que essa foi uma das melhores tacadas que deu na vida. Em sua autobiografia, *O X da questão*, de 2011, afirmou que os US$ 6 milhões viraram US$ 1 milhão. Por mês. Um faturamento de US$ 3 milhões em dinheiro de hoje a cada trinta dias. Uau.

Só que não. A jornalista Malu Gaspar mostra que a história foi menos colorida. "Em poucos meses, segundo pessoas que conviveram com ele naquela época, quase todo o dinheiro havia sido enterrado na lama e nenhum grama de ouro fora produzido. Eike acumulava dívidas e não tinha dinheiro para pagá-las", escreveu Malu em seu livro *Tudo ou nada – A verdadeira história do Grupo X*.[1]

Quem ajudou o rapaz a sair do buraco, continua Malu, foi justamente o homem que tinha concedido seu único diploma: o pai. Eliezer arranjou um comprador para a mina falida do filho, e Eike saiu dessa com pelo menos US$ 1 milhão para sacudir a poeira e tentar sua volta por cima.

Eike tinha uma confiança cega na extração mecanizada de ouro. E foi buscar sócios na capital mundial da exploração aurífera: Toronto. Encontrou por lá um trio de investidores que já estava de olho no Brasil. Eliezer foi chamado para dar seu aval de presidente da Vale aos canadenses. Funcionou. Em 1983, Eike e seus sócios de Toronto abriam sua companhia de mineração: a Treasure Valley.

Para levantar o dinheiro necessário à empreitada, fizeram um IPO na bolsa canadense. E a sigla escolhida para a ação foi "TVX", de Treasure Valley EXploration. O "X" de "exploration" no final é algo recorrente entre companhias de mineração – na mesma bolsa de Toronto, hoje há a ARX, a RGX e a ANX, todas exploradoras de alguma coisa. Eike, você sabe, passou a usar o X em todas as outras empresas que abriu na vida, segundo ele próprio porque o "X" é o sinal de multiplicação. Bom, a Treasure Valley acabou adotando sua sigla de bolsa como nome oficial. E, de fato, multiplicaria o dinheiro de Eike.

O primeiro fator multiplicador que apareceu para a TVX foi a Rio Tinto, maior mineradora do mundo na época. A empresa anglo-australiana estava atrás de um sócio brasileiro para explorar ouro por aqui, por um motivo mais marqueteiro que prático. "Predominava o discurso nacionalista, que via empresas estrangeiras como usurpadoras da riqueza nacional. Por isso as multinacionais se calçavam recorrendo a sócios locais", escreveu Malu Gaspar.[2]

A TVX era canadense. Mas o passaporte brasileiro de Eike e o cargo do pai o qualificavam para esse papel de "sócio local". Foi aí que a TVX encontrou seu nicho: se associar a grandes mineradoras, com estofo para assumir os riscos de exploração. De grão em grão, sempre como minoritária de algum peixe grande, acabou se tornando a maior empresa de ouro da América Latina. Mas Eike preferia ser cabeça de sardinha do que rabo de tubarão. E foi atrás de uma sardinha para encabeçar, que tivesse potencial de virar tubarão. Era uma mina de ouro meio que esquecida no deserto do Atacama: La Coipa.

Quem cuidava da mina era a tubaroa britânica Anglo American. Mas não vinha saindo caroço daquele angu. A região da mina, no norte do Chile, era pleiteada por mais de quarenta proprietários de terra, que brigavam na justiça pelo direito de explorar as reservas de metal precioso. Um labirinto jurídico, que empacava os trabalhos na mina e acabou desanimando o pessoal da Anglo.

Eike aproveitou o momento e, via TVX, comprou a mina por US$ 45 milhões. Como bom brasileiro, não desistiu nunca diante da burocracia jurídica. Ele e os sócios negociaram com cada um dos proprietários até limpar o terreno para as operações. E deu mais do que certo. La Coipa não só começou a dar ouro como revelou uma outra vocação: em pouco tempo, viraria a maior produtora de prata da América Latina.

Dali em diante, o dinheiro começou a fluir para suas contas em lotes de dezenas de milhões de dólares. Começaram a pipocar reportagens na imprensa canadense sobre o novo "magnata do ouro e da prata". Os jornalistas aproveitaram a juventude e a origem "exótica" de Eike para colorir suas matérias chamando o empresário de "Indiana Jones" – um cara boa-pinta que buscava tesouros em florestas e desertos hostis.

Pelo jeito, Eike gostou da imagem de aventureiro. Na mesma época, começou a competir em provas de *powerboat* – lanchas com motor de 1.100 cavalos (50% mais que um Fórmula 1). Depois de ganhar tudo o que dava para ganhar no Brasil, foi competir no Offshore Professional Tour (OPT) em 1990. Era o campeonato americano de superlanchas, disputado por uma fauna de endinheirados e de celebridades em várias cidades costeiras dos EUA. Na última prova daquele ano, inclusive, Eike tirou uma fina do barco de Don Johnson, tentando ultrapassá-lo por dentro de uma curva. O ator de *Miami Vice* venceu o duelo com o presidente da TVX e fechou a prova em primeiro lugar. Mas nenhum dos dois levou o campeonato. O título ficou com outro piloto, que só precisava de um quarto lugar para garantir a taça: Chuck Norris.

No final de 1990, terminado o campeonato americano, vinha a cereja do bolo da Offshore Professional Tour: o campeonato mundial. Apesar do nome, era um evento menor que o campeonato americano. Em vez de várias provas pelo país, só uma série de baterias ao longo de três dias, em Key West, na Flórida. Chuck Norris e Don Jonhson não participaram – o primeiro se aposentou das lanchas, o segundo saiu temporariamente do circuito para gravar o futuro cult *Caçada sem tréguas*. Mas quem não deu trégua mesmo foi Eike. O brasileiro se cercou dos melhores profissionais que o dinheiro podia comprar. Seu copiloto para o mundial, por exemplo, era o americano Bob Moore, um multicampeão de corridas marítimas, com 25 anos de experiência, que tinha participado das últimas três equipes campeãs mundiais.

Isso de não economizar em RH, aliás, era exatamente o que Eike faria em algumas de suas empresas anos depois. Principalmente na OGX, quando trouxe executivos de primeira grandeza da Petrobras dobrando os salários dos caras e completando os contracheques com bônus anuais de sete dígitos. Só com uma diferença: nas corridas de lancha deu certo. Muito certo. Eike venceu o mundial sem problemas. Aos 34 anos, sem nunca ter sido exatamente um atleta profissional, já podia se dizer campeão mundial num esporte. Para completar, logo se casaria com a então mulher mais cobiçada do Brasil: conheceu Luma de Oliveira numa das corridas de 1990, e engatou ali uma relação de treze anos.

Eike estava levando tão a sério o hobby que prometeu bancar os próximos campeonatos da OPT caso a organização não conseguisse levantar os US$ 2 milhões de que precisava para se manter. Outra coincidência com o futuro, aliás. Mais de vinte anos depois, quando sua OGX já estava à beira da falência, ele faria uma promessa parecida. Se comprometeu a injetar US$ 1 bilhão das próprias contas bancárias para sanear o caixa da empresa, caso fosse necessário. No momento em que seus próprios diretores avisaram que, sim, era necessário, ele pulou fora. E a OGX naufragou.

Mas no mundo das lanchas as coisas foram mais redondas. Eike já começou a temporada de 1991 esmerilhando. Seu *superboat*, o *Spirit of Amazon*, era pelo menos 30% mais veloz que os outros. Na primeira prova, fez 145 km/h de média, contra 115 km/h do segundo colocado.

O título mundial, somado ao desempenho no campeonato americano de 1991, transformou Eike numa celebridade entre os fãs de motonáutica – e, como nos Estados Unidos tem até fã de competição de quem come mais cachorro-quente, dá para dizer que ele ficou relativamente famoso. Tanto que a primeira reportagem do *New York Times* sobre Eike não foi no caderno de economia, mas no de esportes. O título: *Brazilian Superboat Driver Finds Speed "in the Blood"* [Piloto brasileiro de *superboat* tem velocidade "no sangue"].

Eike afirmou ao repórter que era amigo de Ayrton Senna e de Nelson Piquet. E completou: "A velocidade está no sangue da maioria dos brasileiros. As pessoas dirigem o mais rápido que podem. Existem limites oficiais de velocidade, mas pouca fiscalização. É uma cultura diferente".[3] No mesmo ano nasceria seu primeiro filho, Thor Batista. O mesmo que, em 2012, teria problemas com a justiça por atropelar e matar um ciclista com o Mercedes SLR McLaren de Eike, na Baixada Fluminense.

Bom, a década de 1990 estava sendo mágica para o piloto Eike. Mas o empresário não ia tão bem das pernas. Depois do sucesso em La Coipa, decidiu abrir mais minas mundo afora. Investiu pesado em projetos na Grécia e na Rússia, que também precisavam passar por um corredor polonês de burocracia para entrar em operação. Era uma jogada que fazia sentido. No Chile, afinal, deu tudo certo. Mas dessa vez não. E Eike se viu obrigado a desistir e encarar o prejuízo.

No Brasil, tentava algo ainda mais ambicioso: estabelecer uma montadora de carros. Jipes, na verdade. A empresa foi fundada em 1992, com o nome de JPX. Eike imaginou que, fabricando jipes, supriria a demanda de veículos das próprias minas que operava e, de quebra, entraria no mercado automobilístico. Para evitar os custos de desenvolver um modelo a partir do zero (coisa que para uma grande fabricante fica na casa das centenas de milhões de dólares), a JPX comprou o projeto de um jipinho francês, o Auverland, para fazer a carroceria e o chassi. Só trocou o nome do carro para "JPX Montez". O motor e o câmbio chegavam prontos, da Peugeot.

Eike levantou sua montadora em Pouso Alegre (MG), uma cidade a meio caminho entre São Paulo e Belo Horizonte, ao lado da Fernão Dias, a rodovia que liga as duas capitais – o que facilitava a parte logística. Se a escolha da cidade para abrigar a fábrica seguia uma estratégia coerente, não dá para dizer o mesmo sobre o resto da operação. Eike, sempre otimista, montou uma fábrica com capacidade para produzir quatrocentos jipes por mês. Seria o suficiente para colocar seu Montez entre os trinta modelos mais vendidos do país em 1994 – logo à frente do Fiat Prêmio, por exemplo, que vendeu uma média de 315 unidades mensais naquele ano. Entre os carros da categoria do JPX Montez, a dos utilitários, o líder do ranking foi a Mitsubishi L200, com 22 unidades por mês. Vinte e duas. Eike achava que seu jipe venderia quase vinte vezes mais. Esse foi o tamanho da insanidade.

A linha de montagem começou a despejar os primeiros JPX no mercado em 1994. Como a produção era bem maior do que a demanda, os pátios foram enchendo, e os prejuízos, se acumulando. Para piorar, a montadora incorporou ao jipe um turbo de fabricação nacional que não conversava bem com o motor Peugeot. Os carros superaqueciam e acabavam pifando com frequência. Mesmo assim, a JPX obteve algum sucesso. Fechou um contrato com as Forças Armadas para fornecer quinhentos veículos e conquistou clientes fiéis – até hoje existe uma comunidade de fãs do jipinho espalhada pelo Brasil.

***

Na virada do século, Eike deu uma amostra daquilo que, mais tarde, chamaria de "Visão 360 graus". É o nome místico que ele inventou para algo mais simples: sempre que possível, ter a si mesmo como cliente. Funciona assim: ele montou uma empresa de entregas, a EBX Express. E lançou a ideia com a humildade de sempre: declarou ao jornal *O Estado de S. Paulo* que, até 2005, a EBX Express logo estaria faturando R$ 600 milhões por ano. "E essa é uma expectativa modesta", completou Eike, antes de afirmar que esperava mesmo R$ 1 bilhão anuais.

Bom, uma companhia de entregas tão portentosa precisava de uma bela frota de veículos para fazer as entregas, certo? E quem forneceria isso para a FedEx do Eike? A montadora do Eike, oras. "Visão 360 graus."

A JPX até montou um protótipo de veículo de entregas barato e de baixo consumo – um triciclo à imagem e semelhança dos riquixás motorizados que enxameiam o Sudeste Asiático. Poderia até ser uma solução bem pensada para o Brasil, mas não houve tempo. Eike cansou das vendas que nunca decolavam e fechou as portas da JPX em 2002, terminando com um prejuízo na casa das dezenas de milhões de dólares. Nos oito anos de JPX, a companhia vendeu 2.800 jipes. Não foi tão pouco: uma média de 29 por mês. Mas Eike perdeu a paciência e achou melhor jogar a toalha. Com a EBX Express foi a mesma coisa. A empresa não teve fôlego para concorrer com os Correios. E fechou as portas também, no mesmo ano da JPX.

Enquanto isso, no Canadá, as coisas não estavam melhores. As ações da TVX, que tinham chegado a valer US$ 74 cada, tinham caído para US$ 0,27, em grande parte pelos fracassos na Grécia e na Rússia.

Justamente por isso, os sócios canadenses forçaram o brasileiro a abrir mão da presidência da companhia. Eike estava sendo demitido da empresa que fundara, ainda que continuasse como acionista minoritário – exatamente como aconteceria mais tarde.

O século 21 começava, e Eike estava ferido. Mas não exatamente quebrado. Em sua autobiografia, ele afirma que deixou a TVX já com US$ 1 bilhão em patrimônio pessoal. Segundo as fontes de Malu Gaspar, eram "só" US$ 100 milhões. Mesmo assim, mais que suficientes para fazer o que seu DNA mandava: abrir mais empresas e ver no que dava.

"De cada dez negócios que ele faz, sete fracassam", disse um diretor de banco estrangeiro à revista *Exame*, em 2002, com a condição de manter o anonimato. "Mas os que dão certo resultam em ganhos espetaculares." Foi exatamente o que aconteceu com outro negócio que ele abriu, também em 2002: uma termelétrica.

O governo FHC estava traumatizado com o fantasma da noite de 11 de março de 1999 – quando 50 milhões de pessoas em dez estados ficaram sem luz e a palavra "apagão" entrou para o léxico popular. Se havia um momento para tentar investir em usinas de energia era aquele. Eike, então, propôs ao tucano Tasso Jereissati a criação de uma termelétrica a gás no estado do Ceará, capaz de fornecer energia para 20% do estado, fizesse chuva ou sol.

Eliezer ajudou no meio de campo com Brasília, e logo o projeto ganhou US$ 150 milhões do BNDES e um contrato de pai para filho com a Petrobras, que garantiria o fornecimento de gás para a usina abaixo do preço de mercado, em troca de uma fatia do que gerasse de caixa vendendo energia para o Estado – tudo para que a termelétrica saísse logo do papel.

Saiu. E a termelétrica cearense não só passou a dar lucro como viraria a base para a primeira empresa da nova encarnação do grupo X: a MPX, sua companhia de energia. Depois, num breve retorno ao mundo do ouro, emendou outro negócio "de ganhos espetaculares". Em maio de 2003, comprou uma mina no Amapá, a de Pedra Branca, por US$ 3 milhões. No fim do ano, vendeu a mesma mina para a mineradora canadense Wheaton River, cujo CEO já tinha trabalhado com Eike na TVX, por US$ 161 milhões. Um ganho repentino de 5.266%, impulsionado pela alta do ouro em 2003.

Nesse episódio, Eike mostraria outra de suas características: a de recompensar bem seus principais executivos. O negócio com a mina foi feito pela EBX, a empresa que criou para centralizar seus negócios. Três dos diretores da EBX ganharam US$ 10 milhões de bônus no ato. Bem mais tarde, já com o império X na lona, o colunista Lauro Jardim, então na revista *Veja*, divulgou que nove executivos teriam saído do barco com US$ 100 milhões cada. E outros cinco, mais próximos, com US$ 500 milhões.

Mas a venda da mina não foi nada perto do que viria um pouco mais tarde, quando Eike decidiu entrar de cabeça no negócio em que seu pai havia sido o melhor do país: minério de ferro. Eike apostou pesado. Na verdade, foi um *all-in* – a jogada do pôquer em que você coloca todas as suas fichas num lance só. Ele usou quase todo o patrimônio que tinha na época adquirindo minas no Quadrilátero Ferrífero, a maior zona de produção de Minas Gerais.

O risco de um *all-in* é óbvio o bastante. Mas Eike estava na hora e no lugar certo. Era 2005. Bom, entre 2003 e 2007, a economia mundial passava por sua fase mais exuberante em décadas, puxada pelo crescimento da China. Era um mundo sedento por matéria-prima, coisa que, em se cavando, no Brasil dá. E o carro-chefe das nossas exportações era justamente o minério de ferro, a *commodity* que tinha enriquecido Eliezer Batista.

"Agora é a minha vez", Eike pode ter pensado. E foi mesmo. Com a compra das minas, surgia a segunda grande empresa do império X: a mineradora MMX. Em julho de 2006, ele colocou 37% da MMX à venda na Bovespa. Era sua primeira operação do tipo no Brasil. E, sem que a mina tivesse entrado em operação, levantou R$ 1,1 bilhão. Era o primeiro IPO da história da Bovespa a ultrapassar a barreira do bilhão.

Mas ainda era pouco. Um ano depois, a MMX tinha minas no Quadrilátero Ferrífero, no Amapá e no Mato Grosso. E com as duas primeiras Eike fez o maior negócio de sua vida: vendeu uma parte das minas do Quadrilátero, mais as do Amapá, para a Anglo American. Preço: US$ 5,5 bilhões.

Pelo menos US$ 3,4 bilhões foram para as contas de Eike – o resto, para os acionistas da empresa. Era o negócio mais lucrativo da história do país. Foi fechado em 17 de janeiro de 2008, meses antes de a crise mundial acabar com a festa dos anos 2000 e deixar claro para a Anglo American que havia feito um dos piores negócios de sua história.

Ruim para os gringos, perfeito para Eike. O mercado passou a enxergar o empresário de 51 anos como um rei Midas. Ele deixava de ser só um nome na coleira da fantasia de carnaval da Luma para virar o homem mais rico do Brasil. A grande esperança dos investidores. Então aproveitou a maré para financiar sua ideia mais ambiciosa: a de construir uma concorrente da Petrobras.

Era a OGX. Eike usou seu caixa pessoal, que agora tendia ao infinito, para roubar os melhores executivos da estatal e colocá-los em sua companhia de petróleo (ou, mais precisamente, de óleo e gás, como indicam as iniciais "OG"). Para ser seu Bobby Moore, o copiloto experiente que o ajudara a vencer o mundial de *offshore*, ele chamou o geólogo Paulo Mendonça, figura-chave da descoberta do pré-sal. Mendonça, com 34 anos de Petrobras, foi ser o diretor de exploração da nova empresa, em troca de um salário de R$ 900 mil anuais (o dobro do que ganhava na estatal), mais bônus. Para chefiar a companhia toda, chamou Francisco Gros, economista formado em Princeton que tinha sido presidente da Petrobras no governo Fernando Henrique.

E saiu para lançar as ações da OGX na bolsa também. Na prática, estava vendendo 40% da empresa antes de torná-la uma realidade. Levantou R$ 6 bilhões na operação, batendo o recorde de maior IPO de todos os tempos, que era dele mesmo.

A essa altura, passou a ser tratado como um herói. Eike já tinha uma Vale e uma Petrobras para chamar de suas. Ainda que a MMX não dispusesse sequer de um naco das reservas da Vale, e a OGX ainda não tivesse saído do PowerPoint, já era algo de que nenhum empresário brasileiro jamais havia imaginado chegar perto. Mas ainda era pouco, pelo menos na mente de Eike. Ele queria uma coisa bem maior: montar um ecossistema de empresas, em que uma sustentasse a outra.

Uma mineradora sempre precisa pagar para que algum porto escoe sua produção – de preferência para a China. Então, por que, além da mineradora, não ser dono do porto também? Assim foi criada a LLX, uma empresa de logística dedicada à construção de portos. Mais: mineradoras e portos precisam de energia. E pagam caro por isso. Portanto, valia a pena ser dono da companhia de energia também. Opa. Eike já tinha a MPX, certo? Sendo assim, a MPX faria as usinas que alimentariam as minas da MMX, os portos da LLX e as instalações da OGX. A própria MPX seria também alimentada por outra empresa de Eike: a CCX, uma companhia de mineração de carvão dedicada a fornecer combustível para suas termelétricas.

Ah: a OGX precisava de um fornecedor de equipamentos de perfuração e de plataformas marítimas. Quem fabricaria tudo isso para Eike? Ele mesmo, ué. Para isso fundou a OSX, com um estaleiro sob medida para alimentar as necessidades da OGX. E onde instalar a OSX? No porto da LLX. Porto que, de quebra, também pode estocar petróleo da OGX...

No papel, a ideia é irresistível: uma companhia ajudando a outra, num círculo virtuoso sem fim. O mercado gostou. E cada uma dessas empresas-satélite teve seu IPO bilionário. Foi isso que levou Eike aos seus US$ 34,7 bilhões e à sétima posição na lista da Bloomberg em 2012. Só tem um problema: os mesmos elementos que moldam um círculo virtuoso também podem trazer um círculo vicioso. Foi o que aconteceu.

A OGX saiu do papel produzindo só 25% do que esperava. E pior: logo depois anunciou que seus principais poços eram "economicamente inviáveis". Tirar o petróleo exigiria um investimento maior que o valor a ser obtido com a venda dos barris. Detectar esse tipo de inviabilidade é comum na indústria do petróleo. Só 30% dos poços perfurados têm um preço de extração que compensa. Se o óleo estiver espalhado em vários pequenos reservatórios, por exemplo, você precisa de uma broca de milhões de dólares para cada um. Não compensa. E era esse o caso dos poções da OGX. O petróleo estava lá, mas o custo para produzi-lo em grandes quantidades era proibitivo.

Mas Eike, para variar, tinha ido no *all-in*. Apostou tudo o que tinha para investir. E, quando teve de lidar com a realidade, não havia mais fôlego financeiro para sair furando mais poços.

Nisso, a OSX enfraqueceu também, claro: a petroleira de Eike tinha encomendas no valor de US$ 800 milhões com o estaleiro; se a OGX extrai pouco petróleo, não tem como pagar a OSX. Sem essas duas funcionando a contento, a viabilidade da LLX fica em dúvida, já que o estaleiro e a petroleira são clientes do porto. Se a LLX não deslancha, complica para a MPX, que vende energia para ela. E aí quem fica sem cliente é a CCX...

Então o mercado passou a ver a interconexão das empresas X mais como vício do que como virtude. E o valor de mercado delas despencou, levando junto a fortuna de Eike. O auge do preço da ação da OGX foi em 13 de outubro de 2010. Cada uma custava R$ 23,32. Elas foram baixando gradualmente nos anos seguintes, mas o buraco mesmo só veio no meio de 2013, depois do anúncio de que os poços eram inviáveis. Nisso, o preço caiu para R$ 0,40 – uma queda de 98,2%. O próprio Eike chegou a vender R$ 197 milhões em ações da empresa dias antes do anúncio, o que o levou ao banco dos réus. Pela tramoia, ele mais tarde acabaria obrigado a pagar um total de R$ 559,5 milhões em multas.

Mas quem perdeu mesmo foi quem caiu na conversa do ex-bilionário. Quem investiu R$ 5 mil em ações da OGX em 2010, quando o papel era fortemente recomendado pelas corretoras, se viu com R$ 90 em 2013. Uma perda digna de um Isaac Newton. Na poupança, o mais comedido dos investimentos, os mesmos R$ 5 mil teriam virado R$ 5.967 no mesmo período. E mais: a OGX tinha R$ 13,8 bilhões em dívidas que estavam para vencer. Os credores, de acordo com Malu Gaspar, iam de bancos e fundos de investimento estrangeiros a fornecedor de cafezinho (dívida de R$ 10 mil), cooperativa de táxi (R$ 9 mil) e papelaria (R$ 4 mil).

De onde tirar o dinheiro para pagar todo mundo? Bom, a produção de petróleo estava na faixa de 20 mil barris diários. Não era pouco: representava US$ 2 milhões por dia. Mas não era o bastante para pagar pelos custos operacionais da empresa, muito menos para quitar a dívida.

O que restou a Eike, então, foi passar o controle da OGX para uma nova empresa, formada por uma associação dos credores, que ficou com 70% da companhia. Outros 25% acabaram com os acionistas que tinham comprado as ações em bolsa, e Eike manteve 5% – sem poder apitar na administração da nova companhia, que passou a se chamar OGPar. Mais tarde, depois de outras rodadas de renegociação de dívidas e entrada de novos investidores, a empresa mudou de nome para Dommo Energia, e a participação de Eike caiu para 0,64%. No final de 2018, a Dommo extraía 6 mil barris de petróleo por dia e seguia amargando prejuízos.

As outras empresas de Eike fizeram acordos parecidos com seus credores. A MPX passou para as mãos do banco BTG Pactual, da Cambuhy Investimentos, fundo pessoal do bilionário Pedro Moreira Salles, um dos donos do Itaú. Passou a se chamar Eneva, e segue como a maior companhia privada de termelétricas do país.

A LLX passou para as mãos de uma empresa americana, a EIG Global Energy Partners, e mudou de nome para Prumo Logística. Hoje opera o Porto do Açu, criado por Eike no litoral norte do Rio, que entrou em funcionamento em 2014 com escoadouro para a exportação de minério de ferro e petróleo. Outro projeto que surgiu na cabeça de Eike desemboca ali: uma megaestrutura tubular com 525 quilômetros de extensão trazendo minério de ferro direto de Minas Gerais até o Porto do Açu, de onde o material segue de barco para a China. A administração do mineroduto, o maior do mundo, está nas mãos da Anglo American.

A OSX e a CCX seguiam em recuperação judicial em 2019 – ou encontram investidores a fim de assumir as instalações e pagar as dívidas que deixaram, ou decretam falência. Outra que permanece em recuperação judicial é a MMX. Eike passou a parte que tinha na empresa para seu maior credor, o Mubdala, fundo estatal de Abu Dabi, junto com os 10% que haviam lhe restado da antiga LLX.

***

Hoje Eike vai empurrando suas dívidas com a barriga. O Bradesco, por exemplo, mandou uma notificação de cobrança de R$ 1 bilhão para o fórum de Bangu, quando Eike estava detido no presídio local. Não adiantou.

Ele foi solto em abril de 2017 por ordem de Gilmar Mendes, do STF, para responder em liberdade pelo caso da propina a Sérgio Cabral. Nesse meio-tempo, abriu uma empresa de consultoria, a Eike Batista Consulting. "Nesta semana mesmo recebi seis jovens. Me pagam muito bem", ele disse numa entrevista à *Veja* em 2018. Eike diz receber US$ 1 milhão mensais por seus serviços. Pelos cálculos da Bloomberg, teria US$ 104 milhões em patrimônio, quase tudo bloqueado em processos judiciais.

Em julho de 2018, porém, foi condenado a trinta anos de prisão pelo caso envolvendo Sérgio Cabral. Enquanto a atual edição deste livro era escrita, Eike seguia solto, aguardando a segunda instância do julgamento em sua mansão de 3.500 metros quadrados na Floresta da Tijuca, desfrutando da melhor vista da Lagoa que o dinheiro pode comprar. Caso confirmada sua condenação, voltará para Bangu.

A queda de Eike Batista é digna de virar lenda. Só se compara a casos extremos da história da humanidade, como o de John Law no século 18. Sua ascensão lá atrás, porém, não foi um fenômeno isolado. Entre 2000 e 2008, o número de bilionários no mundo quadruplicou. E o responsável por isso não foi só o crescimento da China, mas também uma alucinação coletiva que começou nos EUA e tomou conta da economia global. Vamos a ela.

13

O DIA EM QUE A TERRA PAROU

Homer Simpson vende a casa para bancar uma festa no quintal. E explica a maior crise global desde a Grande Depressão.

OS BANCOS AMERICANOS tinham descoberto como plantar dinheiro. O sistema bancário em si já é lucrativo o bastante: nenhum negócio tem tanto potencial de lucro como emprestar dinheiro que não é seu e cobrar juros por isso. Só que o risco de calote é sempre razoável. E tomar calote depois de ter emprestado dinheiro dos outros é indigesto até para bancos. Mas e se alguém descobrisse um jeito de continuar lucrando no mercado de empréstimos sem correr esse risco?

Eles descobriram. A fórmula? Dividir o risco dos empréstimos entre vários investidores. Imagine que um banco empresta R$ 1 milhão e fica com R$ 2 milhões em dívidas para receber dali a alguns anos. Lucro de 100%. O que não é 100%, porém, é a garantia de que o banco vá mesmo embolsar essa grana. E se o devedor sumir? Se você fosse o banco, ficaria feliz de repassar esse direito de receber os R$ 2 milhões em troca de, digamos, R$ 1,5 milhão? O ponto negativo é óbvio. Mas o positivo faz com que a operação seja tentadora. Você, banqueiro, dormiria tranquilo, com um lucro de R$ 500 mil na mão, sem nunca mais se preocupar com a possibilidade de calote no caso desse empréstimo.

Foi isso que os bancos começaram a fazer. O risco de não receber a grana ficava com quem comprou a dívida. O banco transformava os R$ 2 milhões que tinha a receber em um título – entenda isso como um papel em que está escrito "vale R$ 2 milhões, mas só a partir do dia tal". Aí vendia esse vale no mercado financeiro por

R$ 1,5 milhão. Quem comprasse ficava com o direito de receber tudo lá na frente. Simples.

Mas espera aí: quem compra essa dívida? Não existe tanta gente assim a fim de desembolsar milhões numa aplicação dessas. Só que é aí que está o pulo do gato. O banco não transforma a dívida em um único título. Ele a quebra em "titulozinhos": transforma aqueles R$ 2 milhões em, vá lá, mil títulos que dão direito a receber R$ 2 mil e coloca todos à venda no mercado. Por R$ 1,5 mil.

Aí a coisa muda de figura. É mais fácil arranjar mil pessoas que queiram arriscar R$ 1,5 mil para receber R$ 2 mil no futuro do que achar um único sujeito a fim de apostar milhões. Assim, o risco do empréstimo fica espalhado entre vários investidores. Ninguém vai morrer se rolar o calote, já que o investimento de cada um foi pequeno.

Agora imagine um banco fazendo isso não uma vez, mas o tempo todo. Ele fecha um empréstimo com alguém e, em vez de ficar esperando para receber, já lucra no ato com a grana de quem comprou os "titulozinhos" da dívida. Aí faz isso de novo e de novo. E de novo. Consegue lucrar milhões por dia sem gastar nada, já que a grana que financia os empréstimos, na prática, está vindo dos pequenos investidores. Foi o que aconteceu no começo do século 21.

Mas surge uma questão: existe tanta gente no mundo para ficar assumindo risco de banco? Não. Então esse esquema só funciona quando o empréstimo tem um risco baixo. Se o banco quiser emprestar para algum Zé Mané que pretende gastar tudo em pinga e jogo do bicho, é problema dele. Ninguém vai querer dividir o risco de uma aposta dessas. O banco só consegue fazer isso quando existe algum bem palpável para servir de garantia. Se o Zé Mané deixa o Fiat Uno dele para que o banco possa vender em caso de calote, já ajuda. Mas onde esse lance de pulverizar títulos de dívida deu certo mesmo foi num mercado cuja garantia fica lá, paradinha, e sem que o devedor tenha como dar sumiço nela: o mercado de hipotecas, no qual um imóvel serve para cobrir o empréstimo em caso de calote.

Esses títulos com imóveis como garantia ganharam um nome complicado: Collateralized Debt Obligations. "*Debt obligation*" é "nota promissória" – um pedaço de papel, um título que dá o direito de receber a quantia descrita numa determinada data. E "*collateral*" é "garantia" (um falso cognato, do mesmo jeito que "*eventually*" não significa "eventualmente", mas "no fim das contas"...). A tradução menos estapafúrdia para a coisa, então, é "título de dívida com uma garantia por trás" (no caso, o imóvel é a garantia). Seja como for, vamos chamar esses títulos pela sigla em inglês mesmo, que fica mais fácil: CDOs.

Eles foram criados em 1987, mas bombaram mesmo nos anos 2000. E basicamente por um motivo: a bolsa tinha acabado de sair do estouro da bolha da internet. Com medo das ações, muita gente passou a considerar os CDOs com carinho.

Além disso, outra forma tradicional de investimento estava mal das pernas. Eram os debêntures – os títulos de dívida corporativa, com os quais você empresta R$ 1.000 para uma companhia e recebe um título de, digamos, R$ 1.100, que pode ser resgatado dali a algum tempo. É um investimento bem seguro, já que a empresa só não paga de volta se falir. O problema era que algumas companhias que antes eram consideradas indestrutíveis tinham acabado de quebrar – não por crise na economia, mas por incompetência administrativa mesmo. Quando isso aconteceu com a Enron (veja no capítulo zero), o povo ficou com medo de emprestar para *qualquer* companhia. Para completar, chineses, russos, árabes e o escambau estavam com os bolsos cheios e viam os EUA como um porto seguro para aplicações financeiras.

Num cenário assim, os CDOs caíram no gosto dos investidores. Afinal, eram garantidos por coisas realmente sólidas – as casas. E casas não abrem falência. Com gente a rodo para comprar os CDOs e dinheiro chovendo do exterior, crédito imobiliário virou carne de vaca. E os bancos deixaram de se preocupar com risco de calote. Agora o banco comprava o imóvel, vendia os CDOs atrelados a ele no mercado, embolsava uma grana maior do que a investida para adquirir a casa e ia dormir com o lucro. Se o sujeito que recebeu o financiamento não pagasse, problema dele – e de quem tivesse comprado os CDOs.

Como os bancos não estavam arriscando a própria pele no negócio, ficaram estupidamente generosos. Mesmo as pessoas que não tinham renda para obter financiamento imobiliário passaram a conseguir empréstimos sem dificuldades – e sem o incômodo de ter de apresentar bateladas de documentos comprovando que eram boas pagadoras. Os devedores de classe média alta para cima eram chamados de "*prime*". Esse pessoal de renda mais minguada, então, era o "*subprime*" (um eufemismo equivalente a chamar décimo colocado de "vice-campeão número nove"). Esse foi o grupo que mais aproveitou a onda dos CDOs.

E foi ótimo. Os Estados Unidos e outros países ricos com mecanismos de financiamento semelhantes estavam virando nações cuja maioria da população era dona do próprio teto, com até 83% das casas pertencendo às pessoas que moravam dentro delas. Era algo inédito na história da humanidade.

A coisa chegou a um ponto em que a construção de novas habitações nem conseguia acompanhar o ritmo da demanda. E o que acontece quando tem mais gente para comprar do que casas para vender? O preço sobe, claro. E nesse caso subiu muito: nas dez áreas metropolitanas mais valorizadas entre 1996 e 2006, a arrancada foi de 17% ao ano. Isso foi ruim? Que nada. A elevação dos preços fez *aumentar* mais ainda a quantidade de gente com condições de comprar uma casa. É isso aí. Parece um desafio ao bom senso, mas não é bem assim.

Numa dívida de hipoteca, a casa é a garantia, certo? Do ponto de vista de quem faz o empréstimo, uma garantia que sobe de preço quase 20% ao ano é o paraíso. Se algum Zé Mané der calote na dívida, não chega a ser um problema. Em cinco anos, o valor de mercado da garantia já terá dobrado. Aí é só o banco vender a casa e pronto: recupera o que investiu para financiar a compra com um lucro de 100%.

Claro que isso não era certeza: ninguém tinha como prever quanto o preço dos imóveis subiria a cada ano. Havia um risco embutido na operação. Mas lembre-se: esse risco nem ficava com os bancos – era dividido entre os milhões que compravam os CDOs. E esse povo queria continuar na dança. Os títulos de hipoteca, nesse cenário, pareciam um investimento de risco zero: como a garantia subia de preço sem parar, era impossível deixar de lucrar com eles. Então, quanto mais estratosférico ficava o preço das casas, mais gente queria aplicar nos CDOs.

É o inverso da lógica natural. Se os preços sobem nas prateleiras dos supermercados, por exemplo, as pessoas tendem a comprar menos. Mas, quando isso acontece com imóveis ou com papéis do mercado financeiro, o aumento deixa todo mundo mais atiçado para comprar, na esperança de lucrar quando os preços subirem mais ainda.

Com mais e mais compradores para os CDOs, os bancos faziam mais e mais financiamentos de casas. A demanda por imóveis crescia, o preço subia junto, mais gente comprava títulos, os bancos financiavam mais casas... Era a versão financeira do sonho do moto-perpétuo, uma máquina que funcione para sempre sem precisar de nenhuma fonte de energia. As leis da física, infelizmente, não permitem isso. Mas e as das finanças?

Vamos ver. Quando esse moto-perpétuo dos CDOs estava a todo vapor, com os imóveis subindo quase 20% ao ano, só uma parte dos empréstimos imobiliários era destinada a comprar residências novas. A maioria estava usando suas casas como caixa eletrônico: hipotecava imóveis que estavam em seu nome. Na prática, isso significa vender sua casa para um banco e comprá-la de volta na mesma hora. Com isso, você embolsa o dinheiro da venda e paga em parcelas o valor da compra.

A casa original nem precisava estar quitada. Digamos que faltassem R$ 100 mil para você matar o financiamento. Você puxava um empréstimo de R$ 200 mil, pagava o que faltava e deixava a residência quitada como garantia do segundo empréstimo. Parecia dinheiro de graça. Tanto que até Homer Simpson refinanciou a casa dele para bancar uma festa (no 12º episódio da 20ª temporada de *Os Simpsons*).

Em tempos normais, só quem está precisando desesperadamente de dinheiro vivo entra numa dessas. Qual é a lógica de ficar com, digamos, US$ 200 mil na mão em troca de uma dívida de US$ 400 mil, que é mais ou menos o que o banco vai cobrar? Mas aqueles não eram tempos normais para os americanos. O círculo virtuoso do aumento dos preços dava uma esperança para os tomadores de empréstimo: a de que, dentro de alguns anos, o imóvel já valeria mais de US$ 400 mil no mercado. Fazia sentido. Em 1996, o valor somado de todas as casas nos Estados Unidos era de US$ 10 trilhões. Em dez anos de valorização turbinada pelos CDOs, esse valor pulou para US$ 21,8 trilhões. Na mé-

Em dez anos o valor somado de todas as casas dos Estados Unidos saltou de US$ 10 trilhões para US$ 21,8 trilhões. Era como se cada proprietário de uma residência tivesse ficado US$ 200 mil mais rico.

dia, era como se cada proprietário de uma residência tivesse ficado US$ 200 mil mais rico. O Papai Noel do mercado financeiro foi generoso com os lares americanos.

E eles aproveitaram o presente. Nesse período em que o preço das casas mais do que dobrou, o povo "sacou" US$ 9 trilhões do caixa eletrônico que era a indústria do refinanciamento. E esse era um dinheiro que não ficava guardado. A grana era usada para trocar de carro, colocar uma TV de 52 polegadas no quarto das crianças, conhecer o Rio de Janeiro... Cada família americana chegou a ter, em média, quase 15 cartões de crédito para sustentar a gastança.

E quem disse que era ruim? Caramba. Quando o sujeito troca de carro, é bom para as montadoras, ótimo para quem produz o aço que as montadoras usam nos carros e sensacional para as mineradoras que escavam o minério de ferro usado para forjar esse aço. Além disso, a montadora pode estar nos Estados Unidos; a siderúrgica, no México; e a mineradora, no Brasil. Quando o sujeito vai comprar o terceiro iPhone em três anos, é bom para as fábricas de iPhone. Também é ótimo para os chineses que deixam o campo e vão ganhar mais na cidade, trabalhando nas fábricas de iPhone. E é sensacional para as mineradoras brasileiras, que fornecem a matéria-prima para o aço das vigas dos prédios de alto padrão onde os gerentes das fábricas chinesas vão morar depois que enriquecem.

O círculo virtuoso do jogo imobiliário criou uma corrente pra frente num mundo bem mais concreto que o da especulação com títulos de siglas complicadas. Ele deu combustível para a economia palpável, aquela feita de ferro, fogo, carne, soja. No mundo todo. Ajudou a China a crescer 14% ao ano, e o Brasil a sonhar que estava virando um país desenvolvido.

BOOM

A confiança de que todo tipo de empresa iria se dar bem num cenário desses era tanta que o Dow Jones disparou a partir de 2003. E partiu para um rali de alta que durou até outubro de 2007. Qualquer ação era disputada a tapa. O valor de mercado somado das quinhentas maiores empresas dos EUA duplicou. Era o efeito cascata dessa grana que inundava o mundo.

Nos países emergentes, a coisa foi ainda mais pulsante. Se as companhias americanas dobraram de valor, as nossas triplicaram. Foi aí que algumas empresas brasileiras subiram mais que as tulipas holandesas, com valorização na casa dos 1.000% em poucos anos. E que milhares de trabalhadores brasileiros viram suas contas de FGTS atreladas a ações renderem mais do que uma noite de sorte no cassino. De quebra, foi também nessa época que a classe média virou maioria no Brasil, com 51,8% da população.

E, se o andar de baixo ascendeu, o de cima foi para a termosfera. A quantidade de bilionários no mundo praticamente quadruplicou entre 2000 e 2008, pulando de 306 pessoas para 1.125. Boa parte desses magnatas internacionais procurava os Estados Unidos para investir suas fortunas recém-adquiridas. Os lucros em outros lugares podiam até ser maiores, mas aí entra a lição número um do Manual do Bilionário: sempre mantenha uma parte considerável dos seus bilhões investidos em algum lugar seguro.

Sendo assim, os EUA receberam US$ 5,7 trilhões em dinheiro vivo, diretamente dos bolsos de investidores de fora. E boa parte dessa grana foi parar naquela aplicação que parecia ser tão segura quanto rentável: os nossos amigos CDOs. Isso retroalimentava o ciclo de alta nos imóveis. E o efeito cascata no resto da economia mundial começava de novo. O que poderia dar errado? Nada. Tudo parecia funcionar como um relógio suíço.

Só tem um detalhe: o que estava sustentando a pirâmide de ganhos nessa história toda? O aumento dos preços nas casas. Quanto mais eles subiam, mais gente entrava no negócio dos títulos imobiliários, o que fazia o valor dos imóveis crescer mais ainda. Os americanos viam seu patrimônio engordar com uma dieta de 5 mil calorias por dia e "sacavam" suas riquezas com refinanciamentos. Consumindo o ganho, alimentavam o crescimento do país e, de quebra, o do resto do planeta, turbinando toda a cadeia produtiva global, criando novos mercados de consumidores e tudo o mais. Só que uma hora a casa caiu. Nesse caso, de preço. A ideia de que o valor das casas aumentaria para sempre era o que sustentava a especulação imobiliária. Sem isso, era o fim do castelo de cartas. A economia perderia as pernas. Hora de tudo desmoronar.

CRASH!

Fazer análises com o fato consumado é fácil. Depois da falência do Lehman Brothers, uma das instituições bancárias mais sólidas dos EUA, todo mundo começou a repetir que a situação era insustentável mesmo. Mas saber de antemão que o efeito cascata da queda dos preços das casas daria início a um colapso do sistema financeiro global e à maior crise depois da Grande Depressão era tão improvável quanto prever, com um ano de antecedência, se choveria ou não na sua cidade em 15 de setembro de 2008, o dia da falência do banco.

Vamos aos fatos: por que o preço dos imóveis começou a cair? Hora de pensar de novo na crise das tulipas. Naquele caso, a quantidade de nobres a fim de pagar o preço de uma mansão por uma flor era um recurso escasso, certo? Já em 2008, o recurso que parecia ilimitado era a quantidade de gente disposta a pegar um financiamento para comprar uma casa. Obviamente, não era.

Não que os bancos não soubessem disso. O problema foi que, em vez de mudar o rumo de seus negócios quando a quantidade de consumidores atrás de crédito imobiliário começou a rarear, eles continuaram forçando a barra. Para atrair mais gente, começaram a oferecer crédito para praticamente qualquer um. Foi quando pessoas de baixa renda (e às vezes renda nenhuma) foram convidadas pelo sistema financeiro a entrar na dança. Elas aceitaram o convite, e graças a esse novo público o preço das casas continuou subindo num momento em que, em condições normais, já deveria estar caindo pela falta de novos compradores.

Por um lado, essa liberação do crédito era positiva, já que dava às pessoas mais pobres a chance de realizar o sonho da casa própria. Mas, se casa própria fosse algo fácil de conseguir, não seria o prêmio máximo dos carnês do Silvio Santos. E não era mesmo. Nem naquelas circunstâncias. O crédito estava fácil, mas, como o preço dos imóveis subia sem parar, os juros dos financiamentos não eram dos mais amigáveis – ficavam próximos da taxa de valorização dos imóveis, que estava em 17% ao ano. Num país com a inflação sob controle como os EUA, encarar juros desse tamanho é quase tão suicida quanto dever para agiota. E duro de pagar.

Os bancos sabiam disso também, então criaram um truque para fazer com que pagar esses juros brutais parecesse mais fácil. O valor típico que alguém precisava dar de entrada num imóvel financiado nos EUA sempre tinha sido em torno de 20% (como aqui). Em 2007, no entanto, a média caiu para 9% do valor total. E um terço dos compradores não pagava entrada nenhuma. Outro truque era cobrar juros menores (ou zero) nas primeiras parcelas. E depois meter a faca.

Quando chegava a hora dos juros escorchantes, o que os compradores de baixa renda faziam? Imprimiam dinheiro em casa para pagar? De certa forma, era isso mesmo. Eles refinanciavam o imóvel – pegavam emprestado o dinheiro para quitar o financiamento e acabavam com uma nova hipoteca na mão. O problema era empurrado com a barriga. E com a ajuda do sistema financeiro. Operadores de telemarketing de vários bancos ligavam para oferecer refinanciamentos a basicamente qualquer um que tivesse uma residência hipotecada em seu nome.

Isso só acontecia porque o preço das casas não parava de subir, claro. Depois de um ano ou dois, o valor de mercado do imóvel já era maior que o da hipoteca original – então valia a pena para as instituições financeiras bancar esses refinanciamentos. A residência, agora valorizada, estava lá para servir de garantia, como sempre. Em tempos normais, os refinanciamentos são relativamente raros – se o tomador do empréstimo não consegue pagar a primeira hipoteca, o que garante que ele vai honrar a segunda? Mas naquele cenário, no qual o preço dos imóveis subia ao mesmo tempo que os moradores não conseguiam pagar por eles, isso dava certo.

Se não houvesse os refinanciamentos, os bancos que fizeram as hipotecas originais deixariam de receber e teriam de leiloar as casas que financiaram. Isso colocaria mais imóveis no mercado, a oferta e a demanda entrariam em equilíbrio e os preços deixariam de aumentar. Como isso não acontecia, estava claro: o preço das casas estava inflado artificialmente. Ao prover os refinanciamentos em vez de vender as casas daqueles que não pudessem pagar, o sistema financeiro estava mantendo o preço dos imóveis num patamar em que já não deveria estar havia muito tempo.

Mas a quantidade de refinanciamentos também era finita. E uma hora o número de casas construídas finalmente se tornou maior que a demanda. E o que era para ser só uma flutuação normal de preços virou uma tragédia nessa realidade ultra-alavancada, na qual tudo era pago com empréstimos.

Uma pequena queda inicial no valor dos imóveis tornou os refinanciamentos impossíveis. Nenhuma instituição financeira queria bancar a quitação de uma hipoteca quando o valor da garantia, o da casa, já não era maior que o do refinanciamento. E aí não teve jeito: os bancos correram para leiloar as casas de quem não conseguia mais pagar as prestações. Só que muitas instituições fizeram isso ao mesmo tempo. A quantidade de casas no mercado foi lá para cima – e o preço lá para baixo.

Em 2007, o Merrill Lynch, um dos bancões americanos que estavam na ciranda, pegou de volta o equivalente a US$ 800 milhões em imóveis e colocou tudo em leilão. Levantou só US$ 100 milhões, já que não havia tanta gente interessada em casas a ponto de justificar o valor de US$ 800 milhões projetado pelo banco.

Mas, ei: se as casas são a garantia dos títulos hipotecários, o que acontece se o valor delas desaba? Os títulos perdem valor também, é óbvio. Nisso, os CDOs mostraram o que realmente eram: uma aposta extremamente arriscada, com uma garantia que só parecia sólida, mas era tão vulnerável quanto um castelo de areia. Uma aposta que estava sendo vendida como algo tão seguro quanto títulos públicos escancarou toda a sua vulnerabilidade.

Havia outro problema que ajudou a criar essa ilusão de segurança dos títulos hipotecários. Os bancos estavam fazendo com eles exatamente o que os traficantes fazem com cocaína: batizando os danados. Existiam vários tipos de CDOs no mercado. Os mais caros estavam atrelados às dívidas dos mais ricos. Ou seja, se o cara tem mais dinheiro, a chance de dar calote no financiamento da casa é menor, então os títulos que davam direito a receber as dívidas desse pessoal eram os mais cobiçados. Para deixar isso bem claro para o mercado, esses títulos ganhavam uma espécie de selo de qualidade.

É mais ou menos como acontece com o leite. Os títulos *premium*, que traziam menos risco, formavam o tipo A. Os títulos das hipotecas do pessoal "*subprime*" eram do tipo B. Esses, que traziam um risco mais alto de calote embutido, não eram tão queridos assim pelo mercado, claro.[1]

Mais aí veio o truque. Mesmo dentro dos tipos A e B, havia um leque de devedores com rendas diferentes. A dívida de um sujeito que ganhava US$ 3 mil por mês podia estar dentro do tipo B junto com a de um que ganhava US$ 5 mil. Então tiveram uma ideia: pegaram as dívidas dos que ganhavam mais entre o pessoal do tipo B e promoveram para o tipo A.

A coisa não foi tão assim na cara dura, claro. Na verdade, inventaram títulos com outros nomes para fazer o mercado engolir a ideia. Esses recém-promovidos ao tipo A faziam parte dos agora chamados CDOs "Mezanino". O charme italiano do nome escondia uma ideia sórdida: vender gato por lebre. Ou título do tipo B por título do tipo A. E, como o tipo A era mais fácil de vender, rendia mais dinheiro. Estavam botando água no feijão para a festa continuar.

Mas tinha um problema óbvio nessa história: gente que estava com a corda no pescoço refinanciando sua casa em algum rincão dos Estados Unidos acabava classificada como tão boa pagadora quanto a rainha da Inglaterra. Aí não dá. Quando a torneira do refinanciamento secou e os primeiros calotes começaram, a sujeira escondida debaixo do tapete apareceu.

O mercado entrou em pânico. No fim das contas, ninguém sabia ao certo se os títulos que tinha na mão eram ou não dos mais arriscados. E a maior parte dos investidores quis se livrar de todos eles antes que o pior acontecesse. Mas e para achar comprador? Com pouca gente a fim de assumir o risco de comprar essas bombas, os títulos perderam valor com mais força e rapidez que as próprias casas que lhes serviam como garantia.

Então os bancos ludibriaram investidores, o pessoal ficou com as calças na mão, e a economia mundial acabou com um rombo trilionário? Quem dera fosse só isso. O buraco ali era mais embaixo.

PLOFT

Mais ou menos US$ 2 trilhões. Essa era a quantia metida em títulos podres quando a bomba estourou.[2] É mais dinheiro do que parece. A casa dos trilhões é um universo cuja imensidão nosso cérebro nem consegue assimilar direito. Há 2 trilhões de *segundos* a espécie humana era um amontoado de tribos que viviam nas redondezas de onde hoje fica a Etiópia, e a Europa era povoada exclusivamente por Neandertais (dá 63.092 anos). Nunca subestime o trilhão.

Ainda assim, um rombo desses não seria suficiente para abalar as estruturas da economia mundial. O PIB global na época era de US$ 60 trilhões, mais ou menos. A perda de uma fração equivalente a um trigésimo disso até seria um baque. Mas não meteria tanto medo. O estouro da bolha da internet, como vimos, fez com que US$ 5 trilhões evaporassem. E isso não jogou o mundo numa recessão.

Mas a crise de 2008 foi diferente. Em certo sentido, era parecida com a morte de Ayrton Senna. Explico. A batida do piloto no GP de San Marino de 1994 a 211 km/h foi violenta. Bem violenta. Mas não deveria ser letal. A carroceria de fibra de carbono do carro era forte o bastante para aguentar a pancada e deixar Ayrton ileso. Mas aconteceu um imprevisto: uma barra da suspensão do carro se soltou e entrou como uma lança no capacete de Senna. Isso não é algo que acontece automaticamente depois de uma batida – a peça poderia ter voado para qualquer lado. No fim, a pancada do carro foi menos determinante para a morte do brasileiro do que o detalhe de ter ocorrido um incidente improvável com a barra de suspensão.

A batida dos títulos hipotecários a US$ 2 trilhões foi violenta. Bem violenta. Deletar um PIB do Brasil da economia mundial é motivo para quebrar empresas, formar filas de desempregados... Mas não para deixar o sistema financeiro mundial à beira do colapso. Para entender o que foi a "barra de suspensão" que deixou o mundo moderno na berlinda, vamos voltar um pouco. A lógica dos CDOs era pulverizar o risco entre vários investidores, certo? Só que não funcionou bem assim.

Se quisermos ter uma visão mais clara da coisa, temos de penetrar mais a fundo nas entranhas desse mundo dos CDOs. Até agora você teve uma ideia simplificada de como tudo funcionava. Vamos para a mais complexa: a emissão desses títulos envolvia mais de um banco. Um era o que fazia o empréstimo para o financiamento da casa. Beleza. Mas não era esse que emitia o CDO. Quem ficava com esse serviço eram os megabancos, as maiores instituições financeiras do mundo (como Bear Stearns, Goldman Sachs, Merrill Lynch e Lehman Brothers). Esses pesos-pesados faziam o meio de campo entre a instituição que bancava a hipoteca e os investidores. Ganhavam uma comissão pelo serviço de emitir os títulos e oferecê-los para o mercado financeiro. Um negocião, mas eles cometeram um erro fatal.

No auge da farra imobiliária, quando o preço das casas não parava de subir e comprar um CDO era lucro garantido, os megabancos pensaram: "Pra que passar esses títulos para a frente? Vamos ficar nós mesmos com eles". Até os títulos do tipo B promovido para A eram negócio. Como traziam um risco maior, rendiam juros maiores também – é a lei do mercado, quem pode menos paga mais caro pelo crédito. Mas, com todo mundo refinanciando suas casas, mesmo as dívidas com juros maiores estavam sendo pagas. Assim, quem tinha os títulos batizados ficava com um lucro mais gordo.

Era uma inversão da lógica, já que os CDOs foram inventados justamente para diluir riscos. Só que naquele momento estavam dando um lucro danado. E tem um detalhe sórdido aí: quem garantia esses ganhos era a própria indústria do refinanciamento do sistema financeiro, já que os mais pobres estavam pagando suas dívidas com novos empréstimos, a juros maiores. Observando esse cenário todo a distância, fica claro que a bolha estouraria. Os executivos dos bancos, porém, preferiram garantir lucros de curto prazo – e bônus de milhões de dólares injetados em suas contas-correntes no final do ano como prêmio. A lógica dos bônus anuais, afinal, estimula o ganho imediato, não a criação e a manutenção de um ambiente econômico saudável.

Outra coisa que ajudava a piorar tudo: os títulos recém-promovidos para a categoria A acabavam sendo mais cobiçados pelo mercado, certo? Então, quando um banco precisava de mais dinheiro, era só vender alguns desses CDOs (geralmente para outros bancos mesmo) e embolsar a grana. Comprador era o que não faltava durante a bonança.

Mas, como você sabe, uma hora a tempestade veio. E quebrando tudo, sem deixar título sobre título. Quando isso aconteceu, os bancos estavam com os cofres cheios de títulos mequetrefes. E isso é muito, mas muito pior para a economia do que se esses títulos estivessem comigo ou com você. A gente simplesmente perderia tudo o que investiu. Mas eles se complicariam muito mais. E levariam o resto da economia junto.

Para deixar claro como isso aconteceu, voltemos a falar de flores. Vamos de novo para a Holanda do século 17. Enquanto a mania das tulipas rolava por lá, existia aquele jeito aparentemente sem noção de fazer dinheiro, que vimos no capítulo zero: a alavancagem. Os ganhos no mercado de títulos de tulipa eram tão altos que valia a pena aplicar com dinheiro emprestado, multiplicar a grana fazendo compras e vendas ao longo do dia e no fim do expediente do mercado pagar o que devia e ir dormir com os lucros. A questão aqui é justamente que esse artifício nunca deixou de existir. Os bancos ainda usam a alavancagem para fazer dinheiro, e sempre vão usar. Nos primeiros anos do século 21, com o mercado indo muito bem, obrigado, os grandes bancos pegavam emprestado mais de dez vezes o que tinham de patrimônio, com o intuito de investir.

Isso por si só não é um problema. Afinal, o próprio dinheiro que está na sua conta bancária não está lá de verdade. Se der uma louca e todo mundo resolver sacar ao mesmo tempo, é aquela história: não vai ter para todo mundo. O sistema bancário só funciona porque as instituições não costumam fazer investimentos arriscados com o dinheiro dos correntistas. Mas, nessa época, os maiores bancos do mundo estavam agindo como se fossem investidores comuns.

BRINCANDO COM FOGO

Investidores comuns colocam a grana do próprio bolso em risco, não a dos outros. Não fazem piruetas especulativas com dinheiro que serve para multiplicar a moeda corrente, para conceder crédito para quem precisa montar negócios ou financiar a maior compra de uma vida. Só que os bancos estavam fazendo essas piruetas com os CDOs.[3] Estavam arriscando um dinheiro que, além de não ser deles, deveria servir para manter a economia respirando.

Mas, não custa repetir, uma hora a casa caiu. E a economia foi para a UTI. O primeiro banco dos grandes a admitir que estava afogado na lama dos CDOs foi o Bear Stearns, em maio de 2008. Lembre-se de quando falamos da queda no preço dos títulos: os investidores correram para vendê-los e, por falta de compradores, o preço desabou, certo? Certo. Mas, quando o investidor é um banco, esse processo é turbinado.

Todo banco tem dívidas para pagar todo dia com outros bancos, já que vive de rolar empréstimos e precisa cobrir os rombos de eventuais calotes de vez em sempre. Quando o mercado percebeu que os CDOs eram um investimento mais arriscado do que pareciam, eles caíram de preço. Nesse momento, bancos que estavam cheios desses títulos na mão, como o Bear Sterns, se viram com um problemão. A grana que levantavam vendendo os títulos não cobria as despesas do dia a dia. No começo, até dá para levar: eles pegam mais dinheiro emprestado com outras instituições e ficam de pagar depois. Mas e para cobrir essas dívidas? O jeito era vender cada vez mais CDOs.

Detalhe: estamos falando de bancos que trabalham com cifras na casa dos bilhões. Para levantar esses bilhões, eles colocavam quantidades imensas de CDOs para vender. A enxurrada de títulos à venda fazia o preço derreter mais ainda. Quanto mais o valor caía, mais títulos os bancos eram obrigados a vender. E, quanto mais vendiam, mais o preço caía. Era uma bola de neve que só fazia a dívida do banco crescer enquanto seu patrimônio minguava. Depois de meses tentando sobreviver desse jeito, o Bear Sterns finalmente jogou a toalha, com uma dívida de US$ 100 bilhões e sem ter de onde tirar mais dinheiro.

Quando isso aconteceu, estava claro que a crise dos títulos poderia destruir mais bancos. E nada pode ser mais danoso do que uma sequência de falências bancárias. Sem um sistema financeiro, não existe crédito, e, sem crédito, não existe economia.

O governo dos Estados Unidos, então, decidiu tomar uma providência para que isso não virasse realidade: deu US$ 30 bilhões para arrefecer as perdas e ajudou outro banco, mais saudável, a comprar o que tinha restado do Bear Sterns. O JP Morgan foi a instituição que fez esse papel. A doença era feia, mas parecia que o governo e os bancos maiores sabiam como tratá-la. Parecia...

Mas chegou setembro, e outro bancão quebrou, o Lehman Brothers. E com uma dívida bem maior, de US$ 613 bilhões. Aí o governo não ajudou, o que também fazia sentido. Se o Estado começar a socorrer toda instituição financeira que resolver aplicar dinheiro dos correntistas em mesas de pôquer, nenhuma jamais vai operar de forma responsável nesta vida.

Dependendo do ponto de vista, resgates do governo podem ser o pior dos mundos. Dar dinheiro público para remendar estragos de banqueiros incompetentes só serviria para semear novos estragos no futuro. Alguém tem de servir de exemplo. E foi o Lehman Brothers. Sem ajuda do governo nem outro banco com bala na agulha para assumir a dívida de mais de meio trilhão, o Lehman deixou de existir.

Aí o pânico foi geral. Se um banco mastodôntico podia quebrar por causa dos CDOs, então *qualquer* instituição financeira do mundo poderia estar na berlinda. E agora? Quem seria o próximo a falir? Entre os grandes investidores, ninguém quis esperar para saber. Era o câncer se espalhando: "Lembro que liguei para a minha mulher dizendo para ela ir ao caixa eletrônico e sacar tudo", disse Mohamed El-Erian, presidente da Pacific Investment Management, um dos maiores fundos de investimento do mundo. "O sistema estava congelando diante dos nossos olhos."[4]

Parecia mesmo uma nova Era Glacial financeira, a mais gelada desde a Grande Depressão. E alimentada pela frente fria do medo. Um dos credores do Lehman Brothers, por exemplo, era o Reserve Primary Fund, o fundo de investimento mais antigo dos Estados Unidos, que tinha emprestado US$ 785 milhões para o banco. Uma bolada, óbvio, mas que representava só 1,2% do que o fundo tinha na mão. Mesmo assim, foi o suficiente para que milhares de clientes do Reserve Primary Fund limpassem suas contas. As retiradas passaram de US$ 30 bilhões – 60% do caixa. E o fundo, sem ter como liberar mais grana, foi obrigado a proibir os saques. Pronto. Era o que bastava para o medo virar pânico.

A Goodyear, fabricante de pneus, ficou com US$ 360 milhões travados lá, e não pôde pagar os salários de seus funcionários. Em outros fundos e bancos foi a mesma coisa. E é aquela história de sempre: se desse uma louca e todo mundo corresse aos bancos para sacar tudo, não existiria dinheiro suficiente, certo? Foi justamente isso que aconteceu. E dezenas de bancos faliram pelo mundo na esteira do Lehman.

Depois disso a coisa só piorou. Quem tinha perdido dinheiro com os títulos imobiliários ou com as falências bancárias precisou vender ações para pagar dívidas. E quem queria comprar ações com o mundo à beira do colapso? O preço dos papéis de basicamente todas as empresas do planeta foi para as cucuias. Queda de ações significa perda de valor de mercado. A companhia passa a valer menos e fica com mais dificuldade para se financiar – quanto menor o preço de mercado, menos bancos se dispõem a emprestar para elas. E o tombo foi feio. Somadas, as ações das quinhentas maiores empresas dos EUA perderam metade do valor. Aqui, foi pior ainda. A queda foi de 60% em questão de meses. Sem conseguir empréstimos nem para tocar as despesas básicas, as empresas ficam sem saída. E tome cortes de funcionários. Só no Brasil, 1,3 milhão de pessoas perderam o emprego. Provavelmente nenhuma delas sabia o que era um CDO.

Tudo indicava o início de uma nova Grande Depressão. Mas não foi o que aconteceu. Na década de 1930, o grande erro do governo dos EUA tinha sido entender que uma quebradeira bancária seria algo positivo para "expurgar o sistema", como disse o então secretário do Tesouro, Andrew Mellon. Poderia até fazer sentido em termos morais, mas o fato de o Estado não ter ajudado o sistema bancário lá atrás destruiu a economia americana e, por consequência, a do resto do mundo, aplainando o terreno para a Segunda Guerra Mundial.

Para evitar outro apocalipse, decidiram ajudar dessa vez: tascaram dinheiro novo por tudo quanto é lado. Compraram CDOs que não valiam mais nada e emprestaram a fundo perdido para bancos que estavam com a corda no pescoço. Até gente como a gente recebeu dinheiro na mão direto do governo: foi o programa Cash for Clunkers ("grana por sucata"). O Estado pagava US$ 4.500 pelo seu carro usado na troca por um novo para ver se a economia pegava no tranco. E o dinheiro entrava mesmo se o possante já tivesse 25 anos de estrada. Nos EUA, onde carros com essa idade não valem o bilhete de metrô que você paga para ir até a concessionária, era um negocião, e 700 mil pessoas trocaram de carro. O programa custou US$ 3 bilhões. Perto do que o governo gastou para salvar os bancos e empresas que se viram com as calças na mão, porém, isso não foi nada. Liberaram US$ 632 bilhões.[5]

Para manter o fluxo de empréstimos, baixaram os juros básicos da economia para perto de zero. As instituições financeiras pegavam dinheiro novo praticamente de graça com o banco central dos EUA, então as pessoas e as empresas que precisassem de fundos para cobrir seus rombos conseguiam levantar a grana a juros baixíssimos. Tem coisas que só a impressora de dinheiro faz por você. Tanto que, em 2009, o primeiro ano cheio após a falência do Lehman Brothers, a queda no PIB americano foi relativamente baixa, de 2,7% (contra uma queda de 8,5% em 1930, o primeiro ano cheio após o Crash de 1929). Em 2010 já veio um crescimento de 2,5%, e dali em diante o PIB seguiu crescendo.

O Brasil também baixou seus juros, de 13,75% em 2008 para 8,75% em 2009, de modo a arrefecer os efeitos da crise por aqui. Aliado a cortes nos impostos para a indústria, isso ajudou a reverter uma queda de 0,1% em 2009 para uma alta de 7,5% em 2010. Sem a redução agressiva dos juros nos EUA e a liberação de centenas de bilhões de dólares para tirar os bancos americanos do vermelho, porém, essa recuperação rápida não teria acontecido – nem aqui nem em lugar nenhum do mundo.

A oferta abundante de dinheiro novo fez com que a quantidade de moeda corrente nos Estados Unidos, somando dinheiro em circulação e depósitos bancários, saltasse de US$ 8 trilhões em 2008 para US$ 14,5 trilhões em 2019. Uma subida de 81%. Mas a produção de bens e serviços se manteve em alta, então quase não houve inflação – a taxa ficou sempre abaixo dos 3% ao ano e, em algumas ocasiões, abaixo de 1%. Na Zona do Euro, que também derrubou seus juros para perto de zero, foi a mesma coisa. Enquanto não houver sinais de inflação no horizonte do mundo desenvolvido, os juros seguirão baixos por lá.

No fim, o mundo se safou de uma segunda Grande Depressão. Mas o remédio deixou uma chaga moral. Bancos que tinham feito investimentos porcos acabaram salvos da própria incompetência, e seus executivos mantiveram os bônus que tinham ganhado lá atrás. Uma das reações a esses disparates veio na forma de um sonho: criar uma moeda global que não fosse emitida por governo nenhum e que não dependesse de bancos para circular. Essa utopia saiu do papel pela primeira vez no começo de 2009, poucos meses após a falência do Lehman Brothers. O nome dela é "bitcoin", assunto do nosso próximo capítulo.

14

CONTOS DA CRIPTO

Um grupo de idealistas tenta reinventar o dinheiro, e dá origem à maior febre da história das finanças: a mania do bitcoin.

VOCÊ INVESTE EM QUÊ? – *perguntei para uma amiga no dia 7 de dezembro de 2017.*

– Ah, em tesouro direto, bitcoin...

– Pô, que sofisticado. Quantos bitcoins?

– Tenho três. Comprei em 2015 por uns mil reais cada um.

Uau. No momento da nossa conversa, os R$ 3 mil que ela tinha colocado já valiam R$ 165 mil. O prêmio máximo numa roleta de cassino é de 35 vezes aquilo que você jogou. A aposta dela já estava pagando 55 vezes. E seguiria subindo.

Escrevi o trecho acima em uma reportagem da *Superinteressante*[1] sobre bitcoins. A cotação avançava tão rápido naquele final de 2017 que não dava para "fechar o texto", como se diz no jargão dos jornalistas. A matéria era para a edição impressa da revista. Não queríamos publicar que cada bitcoin valia, por exemplo, R$ 55 mil, se havia o risco de estar a mais de R$ 60 mil quando a revista chegasse aos assinantes.

Então fizemos uma gambiarra na redação. Escrevemos tudo, revisamos, encaixamos as ilustrações e deixamos os valores dos bitcoins em branco, para preencher nos momentos derradeiros do fechamento – segundos antes de apertar o botão que manda a revista para a gráfica. Tarde da noite, como num pregão daqueles das antigas, a editora-assistente Ana Carolina Leonardi me gritou a cotação mais recente. Pronto. Agora o gráfico que ilustrava a matéria mostraria o bitcoin subindo de US$ 1.000, seu valor no início de 2017, até quase US$ 20 mil. No texto corrido, escrevi: "No dia 17 de dezembro, o pico até o momento em que esta edição foi para a gráfica, o bitcoin bateu em US$ 19.857. Isso dá 1.880% de aumento em um ano. 7.800% desde 2015. E fica a pergunta: é bolha?".

Era bolha. Por uma coincidência absurda, o preço usado na matéria foi justamente o auge histórico do bitcoin. Dali em diante o valor começaria a desabar. Em 31 de dezembro, a moeda já tinha caído para US$ 13 mil. Um ano depois, estava na casa dos US$ 3 mil. Uma queda de 85%.

Mas não foi o suficiente para acabar com o bitcoin. Em 2019, a criptomoeda entrou em uma nova trajetória de subida, ainda que não tão vertical quanto a anterior. E, nos últimos momentos antes de este livro ir para a gráfica, estava em US$ 9,6 mil. Haja resiliência. Para entender essa montanha-russa, o primeiro passo é assimilar *o que é* de fato um bitcoin, e qual a ideia que está por trás dele. É o que vamos ver agora.

A MOEDA SEM BANCO

Para compreender uma criptomoeda, não pense nela como uma moeda. Pense como se cada bitcoin fosse uma foto que você carrega no celular. Só que uma foto diferente, meio *Black Mirror*: trata-se de uma imagem que não dá para copiar. É impossível subi-la para o Instagram ou mandá-la para grupo de WhatsApp. É uma "imagem" que só existe dentro do seu celular, na forma de uma única cópia. Não adianta dar *print screen*, nada. Não vai funcionar.

Aí você decide mandar essa foto mágica para um amigo. Beleza. Só tem uma coisa: ela vai sumir do seu celular para sempre, sem deixar vestígios. Dali em diante, passa a morar no celular do seu amigo, e só vai sair de lá se ele quiser.

O sistema do bitcoin consiste em 21 milhões dessas fotos mágicas, cada uma divisível em 100 milhões de partes. Ou seja: você também pode dar um centésimo de milionésimo da sua foto mágica para um amigo. Aí ele fica com 0,00000001 dela, e 0,999999999 da imagem original permanece com você. Dê um terço do que sobrou para outra pessoa, e vai restar 0,666666666 na sua carteira.

A palavra "carteira" pode ser usada aqui porque as propriedades dessa "foto mágica" são exatamente as mesmas do dinheiro. Se você tem R$ 1.000 na conta e transfere um centavo para um amigo, sobram R$ 999,99. Dê um terço do que sobrou para outro e vão restar R$ 666,33. Perdão pelo excesso de didatismo. Este exemplo óbvio tem a intenção apenas de mostrar que o bitcoin emula a propriedade definidora daquilo que conhecemos como "dinheiro": cada unidade é única mesmo. Não dá para copiar uma nota de R$ 50, muito menos os números que aparecem na sua tela de saldo no internet banking. Dinheiro você não copia. Você transfere.

Com o bitcoin, é a mesma coisa. Entendendo bem esse conceito, você não precisa mais pensar em cada bitcoin como se fosse uma foto, e sim como é na prática: um arquivo criptografado. Criptografia é a arte de criar códigos secretos, invioláveis, para armazenar alguma informação. Por isso o bitcoin é chamado de criptomoeda.

O dinheiro que você tem na sua conta-corrente também é uma espécie de "criptomoeda". Os reais que aparecem na tela do aplicativo do seu banco também são ao mesmo tempo transferíveis e impossíveis de copiar. Só tem uma diferença: no sistema convencional, o banco centraliza tudo. Se você só faz pagamentos no crédito e no débito, o banco sabe quanto e com que você gastou. E o governo também, caso peça a quebra do seu sigilo bancário.

Com uma criptomoeda "artesanal", não existe esse problema. Ela dispensa o banco como intermediário – mais adiante vamos ver como isso é feito. Por enquanto, o que importa é o seguinte: sem banco no meio, qualquer transação eletrônica se torna tão privada quanto uma feita com dinheiro de papel. Para a maior parte das pessoas, esse tipo de privacidade é inútil. E daí que o banco sabe qual padaria você frequenta?

Os pagamentos eletrônicos começaram no final da década de 1960, quando a IBM inventou a tarja magnética dos cartões de crédito. E o fato é que, desse momento em diante, surgiu uma paranoia. Não faltou quem achasse que era uma ferramenta projetada para impor o totalitarismo, uma distopia na qual os bancos e os governos fazem o papel de Grande Irmão, no sentido orwelliano do termo: entidades que tudo sabem e que, dessa forma, controlam tudo.

Delírios persecutórios à parte, a ideia de criar uma moeda eletrônica que permitisse transações anônimas veio de um entusiasta da privacidade digital, um professor de ciência da computação chamado David Chaum. Num artigo de 1983, escrito quando ele tinha 28 anos e dava aulas na Universidade da Califórnia, Chaum avisou: "A automação da forma como pagamos por bens e serviços já começou. Essa estrutura pode ter um impacto substancial na privacidade das pessoas". Nessa época, ele tinha começado a desenvolver um sistema de criptografia com o objetivo de tornar as transações eletrônicas com dinheiro comum invisíveis aos bancos. Alguma instituição financeira que se interessasse poderia, por exemplo, adotar esse sistema e vender para os clientes como um diferencial competitivo – algo na linha "aqui, não sabemos onde você usa seu cartão, nem temos como saber". Não rolou. Mas Chaum não se deu por vencido, e decidiu dar um passo adiante: criar sua própria criptomoeda. A ideia era oferecer ainda mais vantagem em relação ao dinheiro eletrônico convencional: além de a transação não passar por bancos, não haveria governo nenhum por trás.

Em 1989, então, Chaum criou a primeira criptomoeda da história, o digicash. Mas faltou combinar com os russos. Para que sua "moeda" seja algo digno desse nome, você precisa de alguém que a aceite em troca de bens e serviços. Sem isso, não importa se a tecnologia por trás de tudo é uma maravilha: ela terá o mesmo valor que papel higiênico picado – até menos, já que o papel higiênico pelo menos *serve* para alguma coisa.

E foi o que aconteceu com o digicash. A empresa que Chaum abriu para administrar sua criação acabaria falindo em 1998. Só que deixou um fruto no meio do caminho: um monte de programadores apaixonados pela ideia de criar uma moeda independente de bancos e de governos. E esse pessoal fundou uma espécie de seita no início dos anos 1990: o movimento "cypherpunk" – "cypher" de "cifra", ou "código", e "punk" de punk mesmo. Entre eles estavam os cientistas da computação Hal Finney, Adam Black, Wei Dai e Nick Szabo. Um ajudou o outro na criação de métodos de criptografia mais confiáveis, que impedissem o "gasto duplo" – a possibilidade de o usuário transferir a mesma unidade duas vezes (da mesma forma que você não tem como gastar a mesma moeda de R$ 1 em duas transações distintas).

Em 1997, Adam Back criaria uma criptomoeda para chamar de sua, o hashcash. No ano seguinte, Wei Dai e Nick Szabo viriam com o b-money e o bitgold. Hal Finney não inventou uma moeda, mas notabilizou-se por desenvolver novos sistemas de checagem de gasto duplo usando uma novidade da época: a internet. Como as redes de computadores de usuários anônimos espalhados pelo mundo poderiam trabalhar juntas, havia como reunir o poder computacional necessário para a tarefa – coisa que, antes, só os supercomputadores supercaros dos bancos eram capazes de fazer.

Mas tudo isso ficou só no mundo das ideias mesmo. O hashcash, o b-money e o bitgold nunca saíram do papel, e as propostas de Hal Finney para a criação de uma criptomoeda tão segura quanto o dinheiro de verdade eram vistas como mera curiosidade acadêmica. Só que essa história mudaria depois da crise de 2008.

CYPHERPUNKS

Enquanto a poeira dos escombros do Lehman Brothers ainda turvava os mercados financeiros, um certo Satoshi Nakamoto postou um artigo em PDF no Metzdowd.com, um fórum de desenvolvedores de software, com o seguinte título: "Bitcoin: A Peer-to-Peer Electronic Cash System" [Bitcoin: Um sistema *peer-to-peer* de dinheiro eletrônico].

A expressão "peer-to-peer" se refere a redes descentralizadas, como as de trocas de arquivos no modelo *torrent*. O Pirate Bay é uma dessas redes. Os filmes pirateados que aparecem no site deles não estão guardados em nenhuma central. Ficam espalhados nos computadores de todo mundo que faça parte do sistema. Você baixa um software de *torrent*, acessa o Pirate Bay, procura algum filme e começa a baixar. O arquivo, porém, não vem das máquinas do Pirate Bay. Vem do computador de algum outro usuário que tenha baixado o filme a partir de lá – ou que tenha sido o primeiro a produzir a cópia pirata. O sistema do Pirate Bay só conecta o seu computador ao do outro sujeito. Quando você já tiver baixado o arquivo, outras pessoas vão poder acessar o seu computador para baixar o filme do seu HD. Isso é um sistema *peer-to-peer* ("de par para par").

A diferença, no caso da proposta de Satoshi, é que cada "filme" é um bitcoin – ou uma fração de bitcoin, já que a criptomoeda é divisível até a casa dos centésimos de milionésimo. Se você "baixa" um bitcoin do computador de outro usuário, o arquivo dele é apagado e passa a existir só no seu computador. E ainda mais importante: o computador de cada usuário conectado ao sistema, de acordo com o modelo apresentado no artigo, faria uma parte do trabalho de verificação – aquele necessário para todo mundo ter certeza de que não está rolando gasto duplo. No fim, todas as máquinas juntas funcionariam como um hipercomputador.

Era lindo: uma releitura da obra de Hal Finney, Nick Szabo e dos outros cypherpunks feita à luz da internet do século 21 – a internet dos *torrents*, que só foram inventados em 2001. O Hashcash, de Adam Back, e o B-Money, de Wei Dai, foram citados no artigo de Satoshi, inclusive. O ideal "antissistema" desses programadores estava de volta, e dessa vez tinha tudo para dar certo: usando o *peer-to-peer* e outras ferramentas que vamos ver mais para a frente, o bitcoin parecia ser a proposta mais sólida de criptomoeda já inventada.

Tinha isso. E também a questão do timing. O que não faltava no final de 2008 era gente a fim de acabar com o poder dos bancos. Não era mais uma questão de privacidade pura e simples. Com bancos falindo um atrás do outro na esteira da crise do *subprime*, a ideia de construir uma moeda eletrônica artesanal, que não dependesse de instituições financeiras nem de governos, parecia uma questão de sobrevivência.

Era só uma questão de colocar a mão na massa e criar a moeda eletrônica para valer. Adam Back e Wei Dai foram as primeiras pessoas para quem Satoshi mandou e-mails pessoais em busca de ajuda. Hal Finney também entrou no bolo, com mais um punhado de programadores dispostos a desenvolver o software necessário para o nascimento do bitcoin. Seria a história típica de uma *startup* – um grupo com conhecimento técnico na mão e uma ideia de fato revolucionária na cabeça. Não fosse por um detalhe, que quem está familiarizado com a história do bitcoin conhece bem: ninguém sabe se Satoshi Nakamoto existe.

A primeira aparição de seu nome foi na assinatura daquele artigo intitulado "Bitcoin" num fórum de desenvolvedores de software. Até então, ninguém da comunidade de programadores, nem nenhum dos cypherpunks, tinha ouvido falar ou lido qualquer post dele. Também não adiantava dar um Google. Não aparecia nenhum cientista da computação chamado Satoshi Nakamoto. Nada. Para piorar, esse é um nome muito comum no Japão. Seria como dar um Google em "Enzo da Silva" – já que "José da Silva" não é mais tão parâmetro de nome comum assim (*rs*).

Tudo o que o pessoal do fórum sabia sobre Satoshi era seu endereço de e-mail, satoshin@gmx.com – e a gmx.com é uma provedora de e-mails como outra qualquer, portanto não revelava nenhuma pista sobre o remetente da mensagem. Depois da publicação do artigo, vários programadores começaram a trocar mensagens com ele, para ajudar no projeto do bitcoin. Mesmo assim, nunca se revelou nada sobre sua identidade. Gavin Andersen, o programador que mais se aproximou de Satoshi na gênese do bitcoin, chegou a perguntar numa mensagem: "Seu nome é Satoshi Nakamoto mesmo? Ou é pseudônimo?". E nada de resposta. "Ele ignorou. Só falava sobre programação comigo", diria Andersen mais tarde.

A pessoa real por trás de Nakamoto poderia ser algum dos cypherpunks usando um pseudônimo, talvez porque não quisesse ser incomodado por bancos e governos caso a ideia de criar uma moeda independente do Estado e do sistema bancário desse certo. Seja como for, vamos seguir chamando o criador do bitcoin de "Satoshi" mesmo. O mistério em torno da identidade do criador, porém, não atrapalhou a troca de ideias para colocar a criptomoeda de pé. E, no dia 9 de janeiro de 2009, nasceu o software destinado a cumprir essa missão, o Bitcoin v0.1.0.

Se você quisesse ter um bitcoin, precisava baixar esse programa. Nos próximos parágrafos, explico como ele funciona, como produz moedas eletrônicas. Agora é o momento de destacar a grande novidade em sua criação: um sistema que acabou batizado como "blockchain", ou cadeia de blocos. É o *blockchain* quem dá ao sistema do bitcoin uma característica parecida com as redes de *torrent*.

Como mencionei antes: quando alguém baixa um filme pirateado, não existe um computador central de onde sai o arquivo de vídeo. A coisa começa quando alguém copia o filme de um DVD (ou de qualquer outra fonte) pela primeira vez e sobe o arquivo para o Pirate Bay (ou qualquer outro site de *torrents*). Digamos então que cem usuários do Pirate Bay mundo afora baixem esse arquivo. O filme, então, passa a residir em outros cem computadores. Aí você vai lá e resolve baixá-lo. O que acontece, então? O download não vai mais partir do só computador original, mas de outras cem máquinas. Cada um sobe para você um pedacinho do filme. Se sua conexão for bem rápida, você baixa o filme em segundos, mesmo que a velocidade de upload dos outros cem computadores seja baixa. Cada um deles, afinal, está cedendo só alguns megabytes do arquivo.

No fim, a rede de *torrents* transforma uma série de computadores comuns com conexões convencionais em uma espécie de superservidor de velocidade quase infinita, do qual qualquer um consegue baixar o filme quase instantaneamente. Mais do que isso: dá segurança ao sistema. Se cinquenta desses cem computadores saírem do ar, o filme continua disponível do mesmo jeito. O *blockchain* funciona de forma parecida, ainda que mais complexa. Dá para resumir assim: o segredo para eliminar a possibilidade de gasto duplo, ou seja, para fazer com que cada unidade de moeda eletrônica seja realmente impossível de copiar, é manter um "livro registro" de cada transação. Por exemplo:

1) Enzo, um vendedor de pantufas, pagou 7 bitcoins (todos os que tinha) para José em troca de um corte de cabelo na barbearia dele.

2) José pagou 4 bitcoins para Paula por uma pizza da pizzaria dela.

3) Paula pagou 3 bitcoins para Enzo por uma pantufa da loja dele.

No final dessa rodada de transações envolvendo bens e serviços, Enzo terá 3 bitcoins, José terá 3 e Paula, 1. Se José, além de barbeiro, for hacker, poderia, em tese, invadir o sistema que gerencia os bitcoins, apagar a transferência que fez para Paula, colocar os 4 bitcoins da compra da pizza de volta na carteira virtual dele e usá-los para comprar pantufas na loja de Enzo. Assim, teríamos um duplo gasto.

Se esse tipo de hackeamento fosse possível, a moeda eletrônica seria um fiasco. Paula veria seus bitcoins sumirem de sua carteira virtual e perderia completamente a confiança no sistema. O boca a boca sobre a picaretagem chegaria logo a Enzo, e sua loja de pantufas deixaria de aceitar bitcoins como pagamento. Pronto. Acabou. Ninguém mais usaria a moeda eletrônica.

O bitcoin, portanto, só é viável porque o sistema do *blockchain* é capaz de verificar toda e qualquer transação. Cada software do bitcoin baixado por cada um dos usuários é capaz de verificar se alguém tentou burlar o sistema. Grossíssimo modo, é como se cada transação fosse um "bloco" dessa cadeia de blocos. Quando José paga 4 bitcoins para Paula, adiciona-se um novo bloco à cadeia, e a coisa acaba funcionando como um registro de todas as transações pelas quais cada bitcoin passou. Quando Paula paga para Enzo, temos mais outro bloco de informação no registro. Se José tentar pegar seus bitcoins de volta para gastá-los de novo, não vai conseguir, porque todo o sistema agora sabe que aqueles bitcoins agora estão com outra pessoa.

Nem o próprio Satoshi Nakamoto, o criador da coisa toda, teria condições de burlar esse sistema. Cada registro em um bloco é imutável. Fica impresso ali para sempre. No fim, é como se o sistema do bitcoin tivesse vida própria e fosse naturalmente imune a tentativas de gasto duplo.

Isso faz com que cada unidade de bitcoin tenha as propriedades descritas no início deste capítulo: ser algo tão impossível de copiar quanto uma moeda convencional. Você não consegue dar Ctrl+C no dinheiro que tem no Itaú e, depois, dar um Ctrl+V para a sua conta no Bradesco. Só é possível fazer transações que ficam registradas num sistema – se o dinheiro entra no Bradesco, precisa ter saído de outro lugar (nesse caso, do Itaú). Com o bitcoin é a mesma coisa. A criptomoeda consegue emular a principal característica do sistema financeiro sem fazer parte do sistema financeiro.

Pense no real, a nossa moeda. Aquilo que chamamos de *real* é um sistema financeiro composto, neste momento, por 2,3 trilhões de unidades (os reais na forma de papel e depositados em contas-correntes), cada uma delas divisível por até um centésimo. O bitcoin é um "sistema financeiro" composto por 21 milhões de unidades (os bitcoins), divisíveis cada uma até um centésimo de milionésimo. É isso. Escrevi "sistema financeiro" entre aspas porque, de novo, não basta inventar algo que você chame de "moeda" para que a coisa se torne efetivamente uma moeda. Esse fenômeno só acontece com o real brasileiro, o zloty polonês, do dólar canadense e as outras 174 moedas reconhecidas pela ONU porque existe uma demanda por elas.

O dinheiro de papel, vale recapitular, começou sua carreira como um mero recibo para alguma quantidade de ouro ou prata guardada em algum lugar. A moeda em si continuava sendo o ouro e a prata. Com o tempo, os próprios governos passaram a fabricar esses recibos, sempre lastreados por metais preciosos guardados nos cofres do Estado, e a usá-los como meio de pagamento.

Num segundo momento, os governos passaram a aceitar esses mesmos recibos para o pagamento de impostos. Pronto. Os recibos de papel assumiram de vez o papel de dinheiro. Mais tarde, todos os governos do mundo deixariam de usar qualquer espécie de lastro. E hoje dinheiro é aquilo que um governo imprime, distribui pelo sistema bancário e aceita como pagamento de impostos. Na Armênia, o que o governo imprime se chama “dram”. No Azerbaijão, “manat”. No Brasil, já foi “cruzeiro”, “cruzado” e agora atende pelo nome que você conhece.

O bitcoin é diferente. A ideia ali é simular o material mais usado pela humanidade na forma de dinheiro: o ouro. E, de certa forma, conseguiu isso. Essa foi a proeza que conferiu valor à moeda eletrônica de Satoshi. Sem isso, por mais seguro que o sistema fosse, o bitcoin nunca passaria a valer mais do que papel higiênico picado. Hora de entender como Satoshi Nakamoto, seja ele quem for, conseguiu essa façanha. Primeiro passo: responda a pergunta a seguir.

BITGOLD

De onde vem o ouro?

De minas de ouro, claro. Minas de baixíssima produtividade, já que o metal amarelo é estupendamente raro. Para escoar a produção diária de uma mina de ferro, são necessários trens. Para fazer o mesmo com a de uma mina de ouro, basta o porta-luvas de um Fiat Uno.

Por ser ao mesmo tempo raro e bonito, o ouro sempre serviu como moeda universal. Ao longo da história da civilização, nunca faltaram interessados em trocar sacas de trigo, vacas, espadas, pessoas ou reinos por alguma quantidade de ouro. E essa regra ainda vale, de certa forma. O governo brasileiro mesmo guarda 67 toneladas do metal amarelo para o caso de alguma catástrofe no sistema financeiro mundial – se tudo der errado, o Estado ainda terá ouro para dar em troca de alguma coisa. A China é ainda mais prevenida. Mantém 1.842 toneladas do metal amarelo em seus cofres. Os Estados Unidos, 8.133.

É aí que o bitcoin queria entrar. A criptomoeda foi criada para ser algo tão valioso quanto ouro. Como? Satoshi provavelmente pensou: "Se ouro é algo que requer um baita trabalho para ser minerado, que seja assim com o bitcoin". Para ter bitcoins, portanto, você precisa trabalhar duro. Não exatamente você, na verdade, mas o seu computador. E a esse trabalho duro foi dado, não por coincidência, o nome de "mineração". Mineração de bitcoins.

O software da moeda eletrônica, aquele que surgiu com o nome de Bitcoin v0.1.0, é um programa que funciona como um game. Ele coloca o seu computador para resolver quebra-cabeças matemáticos. Para dar uma ideia melhor: do ponto de vista do seu computador, o game é como um quebra-cabeça matemático. Quanto mais complexos os gráficos do jogo, mais o processador da máquina ferve. Resolvê-los, do ponto de vista da máquina, é um trabalho físico, que demanda energia – por isso os computadores esquentam quando você roda algo pesado.

Se você quisesse um bitcoin, precisaria deixar seu computador rodando os problemas matemáticos lançados pelo software. Depois de um certo tempo de fritura de processador, vem o prêmio pelo esforço cibernético: pinga um bitcoin na sua máquina – que você pode transferir para o celular, se quiser, ou deixar armazenado numa nuvem para usar quando bem entender. Esse esforço cibernético é a "mineração" de bitcoins.

Quanto mais a máquina labuta, maior a recompensa, numa analogia à prospecção de minérios da vida real. A ideia não era original, diga-se. Esse sistema de mineração já estava presente nos rascunhos do bitgold, a moeda eletrônica que Nick Szabo tinha projetado nos anos 1990.

Não é só na parte da "mineração" que o bitcoin busca emular as características do ouro. Outro fator fundamental nesse jogo de imitação é a raridade do metal. A quantidade total de ouro minerado na história da humanidade é de 190 mil toneladas, segundo dados do World Gold Council. E basicamente tudo isso segue circulando, já que ouro não é jogado fora, é reciclado. Parte do ouro que enfeita as alianças de casamento do século 21 provavelmente já foi usada para comprar trigo na Mesopotâmia, ou já repousou sobre a cabeça de alguma rainha da Dinamarca. Já fiz uma comparação assim neste livro, mas vale outra: 190 mil toneladas é o saldo de duas semanas da produção mundial de cobre – e olha que cobre não é exatamente um metal barato.

A produção anual de ouro não é irrelevante. As minas mundo afora extraem 3 mil toneladas anuais. Isso faz a quantidade de ouro disponível na economia crescer a uma taxa de 1,5% ao ano. Trata-se de um ritmo baixo. Baixo o bastante para que, na prática, a quantidade de ouro disponível seja entendida como algo constante. Até porque o valor do ouro é medido em dólar, e a quantidade de dólares no planeta sobe mais rápido do que isso. Em 1999, havia 600 bilhões de dólares circulando pelo mundo na forma de notas e moedas. Vinte anos depois, eram 1,7 trilhão – um crescimento anual de 5,4%, bem maior que o da quantidade de ouro.

Por essas, o preço do ouro tende a bater a inflação do dólar. E qualquer coisa que bata a inflação do dólar sistematicamente é um investimento seguro. Se a produção de ouro fosse de 200 mil toneladas ao ano e a demanda permanecesse exatamente igual à de hoje, o preço do ouro passaria a cair 50% ao ano – o suficiente para reduzir o valor atual de um quilo de ouro (US$ 4.200) para US$ 0,01 em vinte anos.[2]

De volta ao bitcoin. A quantidade de ouro no mundo é relativamente constante. A de dinheiro não. Tende a aumentar aos poucos no longo prazo. A ideia, então, é que a quantidade de bitcoins no planeta também seja constante. Essa é a grande propriedade do metal amarelo que o bitcoin tenta emular.

Assim, Satoshi "enterrou" uma quantidade limitada de bitcoins nas profundezas do sistema: 21 milhões de unidades. Ou 21 milhões de BTCs (a sigla do bitcoin). Esse é o suprimento total de bitcoins daqui até a eternidade. Ninguém jamais vai "imprimir", criar, um bitcoin novo, como acontece com dinheiro de papel. É dessa forma que a criptomoeda pretende simular o ouro e se tornar imune a inflação – logo, mais atraente que o dinheiro de papel.

O criador do sistema também estipulou que a quantidade de novas moedas mineradas deveria obedecer a um limite de 6.400 por dia, não importando quantos mineradores houvessem na rede do software. Se só houvesse um computador rodando o programa, ele conseguiria no máximo 6.400 moedas a cada 24 horas. Se houvesse dez, os problemas matemáticos se tornariam automaticamente mais complexos, e cada máquina só conseguiria tirar 640 por dia. Havendo mil máquinas minerando, cada uma só obteria 6,4 BTCs diários.

O próprio Satoshi minerou os primeiros bitcoins de seu programa, e fez a primeira transferência da história da criptomoeda eletrônica, no dia 12 de janeiro de 2009: mandou 10 BTCs para Hal Finney, o programador que fazia parte dos cypherpunks e que ajudou Satoshi a transformar sua ideia num sistema de verdade.

A brincadeira de minerar esse ouro virtual acabou pegando nas comunidades de programadores. Mas no início era só isso mesmo: uma brincadeira. Lá no início, em 2009 e 2010, o número de gente interessada em vender algum produto ou serviço do mundo real em troca de BTCs era praticamente zero. A primeira transação desse tipo foi pura chacota: aquela do capítulo introdutório – Laszlo Hanyecz, um programador americano pegou 10 mil BTCs que tinha minerado e deu para um amigo, Jeremy Sturdivant, em troca de duas pizzas. A pizzaria que fez o delivery para a casa de Laszlo recebeu os US$ 25 que lhe eram devidos em dinheiro de verdade mesmo. O bitcoin, afinal, não tinha valor nenhum.

Um real vale 3,70 rands sul-africanos porque o real pode ser útil a um sul-africano. Se um morador da Cidade do Cabo quiser passar as férias em Fernando de Noronha, vai poder usar reais para pagar pelas lagostas e pela taxa de proteção às tartarugas do arquipélago. O rand sul-africano, por outro lado, tem algum valor em reais porque, com os papéis coloridos impressos pelo governo da África do Sul, um turista brasileiro pode comprar vinho na Cidade do Cabo e pagar a taxa cobrada por uma escola de mergulho para nadar com os tubarões.

Ao bitcoin, faltava essa propriedade. Essa utilidade básica. Vai comprar o que com essa pitomba? Era o equivalente a tentar pagar o caixa do McDonald's com os gols que você marcou no Fifa Soccer. Só tem um detalhe: uma hora os bitcoins começaram a ser aceitos.

A ARRANCADA

O ponto de virada aconteceu em 2011, quando surgiu um site de comércio eletrônico peculiar, o Silk Road, que operava na dark web, uma "internet paralela", acessível via softwares específicos. A navegação na dark web é praticamente anônima. Não é simples rastrear quem acessa o que há lá dentro. O Silk Road se aproveitou dessa característica para servir como uma espécie de Mercado Livre proibidão, em que qualquer um podia vender qualquer coisa – drogas, principalmente.

Desnecessário dizer que, num ambiente como esse, não existem transações com cartão de crédito, que são facilmente rastreáveis pelas autoridades. Os pagamentos costumavam acontecer em dinheiro de papel mesmo. Vendedor e comprador se encontravam na rua para efetuar a transação ilegal.

Em pouco tempo, porém, alguns traficantes passaram a aceitar bitcoins. Afinal, a criptomoeda tem uma vantagem sobre os outros meios eletrônicos de pagamento: é irrastreável. Toda transação envolvendo bitcoins fica registrada no sistema. O sistema sabe que tal bitcoin (ou fração de bitcoin) saiu de uma carteira virtual e entrou em outra. Só que não existe registro sobre quem é o dono de cada carteira. O anonimato é total – de acordo com a filosofia dos cypherpunks, que pregava a privacidade absoluta e inviolável.

Por que um pequeno traficante aceitaria gols do Fifa Soccer como pagamento? Porque outros pequenos traficantes estavam aceitando. Se um sujeito vendesse dez gramas de cocaína em troca de bitcoins, não teria como comprar Big Macs com a criptomoeda, mas poderia entrar no Silk Road e adquirir pílulas de ecstasy. E o vendedor do ecstasy poderia usar as moedas eletrônicas que recebeu para pegar cocaína.

Surgiu assim uma nanoeconomia. O bitcoin passava a ter uma demanda, ainda que fora da lei. Isso bastou para que surgisse um mercado paralelo de câmbio. Agora havia interessados na moeda, já que, para alguma coisa, ela servia. Em junho de 2011, vendia-se 1 BTC por até US$ 30. Ou seja: em um ano, os 10 mil BTCs que Laszlo tinha dado para Jeremy já valiam US$ 300 mil. Você quer trocar duas pizzas por um apartamento? "Siiiiiim."

Não demorou para a notícia chegar ao grande público. A história de uma moeda misteriosa que não parava de se valorizar, e que ainda por cima alimentava o crime numa "zona proibida" da internet, já dava um filme. Nisso, a palavra "bitcoin" começou a se popularizar pelo mundo, e o ideal por trás dela também.

Usos criminosos à parte, a ideia de uma moeda eletrônica que circulava por fora do sistema financeiro e não era emitida por governo nenhum tinha um charme revolucionário. Em pouco tempo, brechós, pousadas e cafés começaram a aceitar bitcoins, como uma forma de dar força à moeda "rebelde". A partir de então, o dono de um sebo em Berlim podia pagar por um hostel em Nova York com os bitcoins que levantou vendendo discos de vinil, e o dono do hostel podia usar as criptomoedas para tomar uma mimosa num bar de São Francisco.

Uma outra economia era criada ao redor do bitcoin, agora lastreada pelo comércio hipster. Gente que aceitava bitcoin para ir "contra um sistema" inventava um novo sistema – não necessariamente melhor que o velho, diga-se. É que, ainda em 2011, surgiu a primeira corretora de bitcoins, a Mt. Gox, com sede em Tóquio. Ela passou a funcionar como se fosse um banco – justamente o que os cypherpunks mais detestavam. A Mt. Gox comprava bitcoins dos mineradores e revendia ao público, cobrando uma comissão pelo serviço. Em pouco tempo, 70% das transações envolvendo BTCs passavam pela Mt. Gox.

Agora a criptomoeda tinha um sistema financeiro em torno de si. Nascia a ideia de comprar bitcoins não para trocar por livros usados ou maconha, mas para tentar lucros exorbitantes. A essa altura, a história da "pizza de US$ 300 mil" estava famosa. E, se você chegou até aqui neste livro, já sabe: esse tipo de relato é mais do que suficiente para criar aquele clima de "tem bagulho bom aí". Cada vez mais gente comprava bitcoins na esperança de vender mais caro depois. E, com o aumento na demanda, aí é que o preço subiu mesmo. Em 2013, a coisa "tulipou" de vez. Em questão de meses, o bitcoin saltou daquele patamar de US$ 30 para US$ 1.200. Uma arrancada *semper augustiana* de 3.900%.

A coisa teria ido mais longe, não fosse uma surpresa. No início de 2014, a Mt. Gox abriu falência. A alegação era de que hackers tinham invadido o sistema da corretora e roubado 850 mil bitcoins das suas carteiras virtuais. Era a primeira notícia de que o bitcoin talvez não fosse tão inviolável assim. E o mercado deu uma arrefecida.

O BTC passou por uma queda lenta e constante, passando a maior parte de 2015 relativamente estável, com um preço médio de US$ 250.

No ano seguinte a escalada começou de novo, e no início de 2017 a criptomoeda já tinha quadruplicado de valor, voltando ao pico de US$ 1.000. Aí a porteira abriu de vez. Uma manada de investidores entrou na onda, e o preço subiu até desaparecer de vista. No meio do ano estava a US$ 2.500. Em setembro, US$ 4.500. Chegou a US$ 7.000 em novembro. No dia 17 de dezembro, bateu naqueles US$ 19.857, o pico histórico. Àquela altura, as duas pizzas de Laszlo valiam US$ 100 milhões cada.

Essa arrancada de quase 8.000% em dois anos criou uma febre. O número de corretoras de bitcoin se multiplicou. Surgiram derivativos de BTC, para quem quisesse apostar em cotações futuras. E a mineração de bitcoins se tornou uma indústria. Sim. Lembra que só existem 21 milhões de BTCs? Então. Em 2017, 17 milhões já tinham sido desenterrados pelos mineradores. Restavam 4 milhões – o equivalente a US$ 80 bilhões pela cotação recorde. E a nada desprezíveis US$ 34 bilhões pela cotação de meados de 2019. Se Satoshi Nakamoto queria que sua moeda emulasse as propriedades do ouro, tinha conseguido. Começou uma corrida do ouro.

O número de bitcoins que o sistema libera por dia, como já vimos aqui, é limitado. Começou em 6.400 lá em 2009. O algoritmo do sistema diminui essa quantidade máxima paulatinamente. Em 2012, o limite estava em 3.200 bitcoins por dia. Em 2019, 1.800. E o software seguirá reduzindo esse limite até o ano 2140 – a época em que, segundo estimativas, o último bitcoin será minerado (caso ainda haja algum interessado pela criptomoeda daqui a 120 anos). A corrida do ouro, então, é uma briga para ver quem fura a fila e consegue pegar o que o sistema libera. Ganha quem tiver mais poder de computação.

Em 2009, dava para minerar uns 200 bitcoins com um PC comum em questão de dias. Em 2014, um computador caseiro já levaria 98 anos para retirar um único bitcoin das profundezas do sistema. Hoje, pode esquecer: os problemas são tão absurdos que só dá para resolvê-los com vários computadores robustos trabalhando juntos 24 horas por dia.

Quem consegue minerar bitcoins atualmente são empresas que operam milhares de máquinas em conjunto. John McAfee, o fundador da companhia de antivírus que carrega seu sobrenome, é dono de uma delas. E afirma ser capaz de minerar 100 bitcoins por mês, gerando US$ 800 mil mensais de faturamento de acordo com a cotação de 2019. Mas não de lucro. A mineração consome uma quantidade brutal de energia, o que custa dinheiro.

McAfee e outros donos de mineradoras eletrônicas não costumam divulgar seus gastos, mas dá para fazer uma conta de padaria, para dar pelo menos uma ideia. A produção de 1 bitcoin demanda 33 megawatts-hora (mWh) de energia. O preço do mWh residencial em São Paulo gira em torno de R$ 500. Extrair um único bitcoin sob essa tarifa significa R$ 16.500 a mais na conta de luz – fora o investimento em maquinário. Toda a mineração hoje é feita com máquinas projetadas especialmente para esse fim, e que não servem para absolutamente nada além disso. É o caso da Antminer S9, que na época em que este livro foi escrito estava à venda por R$ 10 mil no Mercado Livre. Uma boa mineradora de bitcoins tem pelo menos quinhentas dessas operando ao mesmo tempo. Uma ótima, bem mais.

É o caso da chinesa Bitmain, que mantém 21 mil computadores num galpão no interior da Mongólia, para aproveitar a energia elétrica mais barata de lá – cortesia das minas de carvão que pipocam pelos desertos do país. E haja carvão, aliás. A mineração de bitcoins mundo afora consome 38 terawatts-hora por ano de eletricidade. É um terço da produção de Itaipu, e seria o suficiente para abastecer o Brasil por 29 dias.

A mineração de bitcoins, de qualquer forma, tem uma utilidade maior do que desenterrar novas moedas eletrônicas. Depois que as máquinas do minerador resolvem os tais problemas matemáticos que o software gera, passam a fornecer capacidade de processamento para o próprio sistema do bitcoin. Por exemplo, se você compra uma garrafa de vinho usando bitcoins em São Paulo, minha transferência para o dono do empório será processada por alguma máquina mineradora – talvez na Mongólia. Em troca do serviço, o minerador por trás da máquina recebe uma fração das suas criptomoedas.

Tudo parece ser bem redondo. Mas o fato é que *ainda* falta combinar com os russos. A aceitação do bitcoin segue ínfima. Existem 14 mil estabelecimentos no mundo que aceitam a criptomoeda, de acordo com o CoinMap, o site que faz essa contabilidade. É pouco: só o McDonald's tem 37 mil lojas – e não aceita bitcoin.

A taxa que vai para os mineradores também é uma pedra no sapato da moeda de Satoshi. Normalmente, o valor é pequeno (pode ficar abaixo de R$ 1). Mas, quando o fluxo de transações está alto, a história é outra. No auge da bolha de 2017, com milhões de pessoas comprando bitcoins planeta afora o tempo todo, a taxa para uma transferência equivalente a R$ 20 ou R$ 30 podia passar de R$ 100 (isso mesmo, R$ 100) – pelo menos nas épocas de demanda mais alta pela criptomoeda. Aí complica.

E tem o problema das flutuações de preço. Se você tivesse comprado um carro de R$ 60 mil com bitcoins em setembro de 2017, ficaria chateado ao ver que, em dezembro, a mesma quantidade de criptomoedas pagaria um de R$ 260 mil. Três meses depois, seu Sandero teria virado um BMW. Conversível. Na ponta de quem vende é o mesmo problema. Como aceitar 3 ou 4 bitcoins por um BMW conversível da sua concessionária se em questão de meses as criptomoedas recebidas podem ter perdido 80% do valor? Seria o mesmo que jogar o carro no lixo. Não surpreende, então, que a aceitação do bitcoin no comércio seja quase nula. E tem um detalhe: o bitcoin é só uma entre mais de 2 mil criptomoedas.

ICOS

Todas as criptomoedas existentes hoje são clones do bitcoin. Desde que a moeda de Satoshi Nakamoto começou a chamar alguma atenção, em 2011, começaram a surgir outras, com seus próprios sistemas de *blockchain* e suas próprias redes de mineração.

Natural: os 17 milhões de bitcoins que estavam em circulação em 2017 chegaram a valer US$ 340 bilhões. Hoje são 17,7 milhões (outros 700 mil BTCs foram minerados desde então). E o valor total do bolo segue polpudo: US$ 154 bilhões em junho de 2019. Nada mau para algo que até outro dia, em 2010, valia rigorosamente zero.

Como a criação de novas criptomoedas é livre, e Satoshi e seus colegas já tinham colocado o ovo em pé ao criar o sistema de *blockchain*, a porteira abriu de vez. Todo dia surge uma criptomoeda diferente. Não é modo de dizer. No final de 2017, havia 1.356 delas no mercado. Em junho de 2019, já eram 2.216. Existe toda uma fauna de clones: ethereum, monero, dash, iota, bytom, qtum, ravencoin, status, stratis, golem, ardor, skycoin… Só os 15 milhões de unidades de skycoin "em circulação" valem US$ 30 milhões. E ela é a menos valiosa da lista.

A malandragem por trás disso é uma ferramenta financeira criada por um certo J. R. Willet. Em 2013, ele montou um clone do bitcoin, a mastercoin. A diferença: em vez de deixar as mastercoins enterradas dentro de um sistema esperando até que alguém as minerasse, Willet distribuiu milhares de unidades de sua moeda eletrônica que nada valiam em troca de doações para seu projeto – em dinheiro de verdade, claro.

Parece imbecil. É imbecil. Mas o fato é que Willet achou um monte de gente a fim de apostar sua grana na mastercoin. O pessoal esperava lucrar quando a cotação da mastercoin começasse a subir. Mas por que isso aconteceria? Não se sabe. Mesmo assim, Willet levantou US$ 500 mil. Sua mastercoin mudou de nome. Hoje chama-se omni. E segue completamente inútil. Willet ganhou US$ 500 mil vendendo gols do Fifa Soccer.

Essa mágica de vender vento em forma de criptomoedas ganhou um nome bonito no mercado: ICO (Initial Coin Offer), numa referência ao tradicional IPO (Initial Public Offer), que é quando uma empresa lança ações no mercado. Mas vale ressaltar: uma ação dá o direito sobre o lucro de uma empresa. Um ICO, a chance de revender a criptomoeda por um preço maior caso ela vingue. Dada a chance minúscula de que um dia dê para encher o tanque pagando o frentista com uma não-sei-o-quê-coin da vida, entrar num ICO tende a ser tão lucrativo quanto jogar dinheiro no vaso sanitário e puxar a descarga.

Mas não falta gente a fim de arriscar. Todas as moedas citadas aqui levantaram dinheiro desse jeito. Algumas são projetos relativamente sólidos. O ethereum, por exemplo, nasceu em 2014 com o objetivo de ser uma criptomoeda com taxas de mineração menos voláteis, e mais baixas, que as do bitcoin.

Também não falta picaretagem descarada. É o caso da skycoin, criada por uma empresa sediada na China. A moeda é vendida com o argumento de que está sendo construída uma "nova internet", seja lá o que isso signifique, e que a skycoin será a grande unidade monetária lá dentro. O me-engana-que-eu-gosto vai mais longe. A mesma companhia também vende máquinas "mineradoras de skycoins" a módicos US$ 8 mil cada. Foi em razão de casos como esse que a China proibiu os ICOs em 2017, por se tratar de "uma forma ilegal de levantar fundos". De fato, comprar algo como skycoins equivale a adquirir lotes de terreno na Lua.

Seja como for, hoje o próprio bitcoin tem só 55% do mercado das criptomoedas. Em segundo lugar, vem o ethereum, com 10%. Depois aparecem o ripple (6%), o bcash (2,8%) e o litecoin (2,5%). As outras duas mil e tantas formam uma longuíssima cauda de criptomoedas nanicas, e às vezes picaretas.

BLOCKCHAIN

Se o futuro das criptomoedas, incluindo o bitcoin, segue nebuloso, não dá para dizer o mesmo do sistema por trás delas, o *blockchain*. Pense de novo em um bitcoin como se fosse uma foto única, impossível de copiar. Essa imagem pode representar uma criptomoeda, como vimos. Mas pode representar também outro objeto produzido por uma Casa da Moeda: o seu passaporte. A Casa da Moeda produz passaportes porque é especialista em dificultar falsificações. O *blockchain* leva essa propriedade para o mundo virtual: um hacker não consegue produzir "bitcoins falsos" para usar. Se todos os passaportes do mundo um dia forem arquivos dentro de uma rede global de *blockchain*, a falsificação desse tipo de documento será no mínimo mais difícil do que é hoje.

Vendeu o carro e precisa transferir os documentos? Um sistema de *blockchain* poderia dispensar o cartório. Quando você transfere um bitcoin, a moeda passa a ser propriedade da outra pessoa, certo? Com os documentos de um carro seria a mesma coisa. Hoje você precisa reconhecer firma num cartório para ratificar a transferência. Numa realidade em que documentos de posse fossem arquivos de *blockchain*, bastaria mandar o registro do carro para o comprador, e pronto. O veículo já estaria registrado no nome do novo dono, sem a necessidade de um intermediário para ratificar a transação – assim como acontece com o bitcoin, que dispensa a necessidade de um terceiro (o banco, no caso) para realizar a transferência.

Vários ICOs, na verdade, foram criados para financiar empresas com projetos de *blockchain* nessa linha. São companhias que sonham vender sistemas que substituam cartórios e outras entidades burocráticas. O que segue turvo, porém, é o seguinte: algumas companhias podem até ter bons projetos de *blockchain*, mas que nada têm a ver com as moedas que emitem. Se essas empresas prosperarem, vão vender seus serviços dentro da economia convencional, em troca de dólares e euros mesmo. Comprar as criptomoedas que elas "cunharam" para se capitalizar não dará direito a uma eventual fatia do lucro dessas companhias. Podem até dar acesso a serviços prestados por elas – como fazer a transferência dos documentos de um carro sem ter de passar pelo cartório. Mas aí é como se você tivesse comprado créditos de celular antes de os celulares terem chegado ao mercado, ou selos dos correios antes do nascimento dos serviços postais (caso essas possibilidades tivessem existido). Não se trata exatamente de investimentos sólidos.

Quem tem colocado dinheiro em criptomoedas nos últimos anos, porém, não se importa com isso, nem com problemas básicos, como o fato de nem o bitcoin ter vingado como um meio de pagamento. A grande maioria não está comprando bitcoins, ethereums e afins para usar, e sim para tentar vender no futuro por um valor maior. E, assim, o grande fenômeno financeiro deste século 21 não é nada diferente daquele ocorrido na Holanda do século 17. Criptomoedas, até que se prove o contrário, são tulipas.

A culpa nesse caso não é do bitcoin. A filosofia libertária por trás da invenção das criptomoedas tem sua beleza. Mas com um detalhe: os programadores do bitcoin o projetaram para que fosse uma moeda usada no dia a dia. E o fato é que, até agora, essa ideia não vingou. E nada indica que vingará.

Há quem defenda o bitcoin argumentando que a ideia não é usá-lo como moeda no dia a dia. Seu grande papel na economia seria o de servir como "reserva de valor". Não faz sentido. Se o comércio não aceita determinada coisa em troca de bens e serviços, ela não vale nada. Um dos que defendem esse ponto de vista é Warren Buffett. "O bitcoin não tem valor. É uma ilusão", ele disse numa entrevista no início de 2019. O maior investidor da história já tinha dito que criptomoedas eram "veneno de rato; ao quadrado". E ele não costuma errar, como você vai ver no próximo capítulo.

QUEM É SATOSHI NAKAMOTO?

A primeira transferência da história do bitcoin foi aquela que Satoshi fez para o programador Hal Finney, como vimos neste capítulo. Por isso não falta quem pense que Finney era a identidade secreta por trás do criador do bitcoin. Digo "era" porque Finney morreu em 2014, aos 58 anos, vítima de uma doença degenerativa – a esclerose lateral amiotrófica, mesma condição da qual padecia o físico Stephen Hawking (1942-2018).

Satoshi, diga-se, "morreu" antes disso. Em abril de 2011, mandou um e-mail para Gavin Andersen e outros programadores que o tinham ajudado até ali. A mensagem dizia: "Parti para me dedicar a outras coisas. O bitcoin está em boas mãos com Gavin e todos vocês".

E c'est fini. *Acabou. A figura que tinha surgido do nada com um projeto maduro de criptomoeda voltava para o limbo, para não retornar nunca mais.*

Quem acreditava que Satoshi Nakamoto era Hal Finney viu aí uma pista. O ano de 2011 foi justamente aquele em que sua doença se agravou. Finney, porém, morreu afirmando não ser Satoshi. Dizia que apenas ajudou o sujeito que se apresentava com esse nome a desenvolver o bitcoin, lá em 2008.

Hoje, o principal suspeito é outro: Nick Szabo, aquele do bitgold. As evidências são significativas. Primeiro, porque o bitcoin é o bitgold reencarnado. Além do sistema de mineração, quase todas as ideias para impedir o gasto duplo – ou seja, para tornar a moeda segura sem a necessidade de um banco como intermediário – já estavam lá. E mais: no início de 2008, Szabo publicou um post num fórum de desenvolvedores de software perguntando se alguém poderia ajudá-lo em um projeto novo. E nunca se soube qual era esse projeto – a não ser, claro, que fosse o bitcoin.

As evidências não param por aí. Um estudo linguístico feito em 2013 comparou o estilo de escrita de Szabo, nos fóruns e em seus blogs, com o do artigo de Satoshi, e encontrou mais do que semelhanças. Foi constatado que os dois usavam termos pouco usuais, e idênticos, como se referir aos bancos como "trusted third parties" ("terceiros nos quais depositamos nossa confiança"). Nesse contexto, aliás, trata-se de uma crítica, já que a ideia do bitcoin (e do bitgold, lá atrás) é propiciar um sistema financeiro inviolável, que não requer confiança na lisura de uma instituição bancária.

O estudo também pegou certos maneirismos de estilo, como usar espaço duplo para abrir parágrafos. De fato, parece coincidência demais o cara do bitgold e o cara do bitcoin adotarem exatamente a mesma estética, ainda mais levando em conta que Satoshi Nakamoto desapareceu em 2011, menos de três anos depois de ter surgido do nada com uma ideia idêntica à que Szabo vinha maturando publicamente desde os anos 1990.

A hipótese mais aceita, então, é que Nick Szabo seja mesmo a pessoa real por trás de Satoshi Nakamoto. E mais: que Hal Finney foi o sujeito que decidiu ajudá-lo naquele "novo projeto". Se foi isso mesmo que aconteceu, Finney talvez tenha sido a única pessoa a saber quem estava por trás do pseudônimo, e morreu deixando o segredo bem guardado.

Hoje, Nick Szabo é dono de uma empresa chamada "Global Financial Access", que presta serviços de consultoria para empresas interessadas em desenvolver projetos de blockchain. No site da companhia, que contém só um mísero parágrafo de texto e um endereço de e-mail, Szabo apresenta-se como sendo "reconhecido no mundo todo como criador do conceito mais recente de blockchain e de criptomoedas". Mesmo assim, ele nega ser Satoshi Nakamoto.

Caso não seja mesmo, o mistério segue. Se for ele, talvez siga omitindo isso por uma razão filosófica, afinal a grande ideologia por trás do bitcoin é a criação de um sistema que não requer a "confiança em terceiros" para que o sistema financeiro funcione – ou seja, que dispense bancos e governos. Talvez, então, Szabo não queira ser visto como esse "terceiro", e sim que o bitcoin seja encarado como uma entidade com vida própria, sem um "dono".

Isso é apenas uma suposição, claro. O fato é que existe uma conta com 980 mil bitcoins, criada nas origens do sistema. Essa conta, que enquanto este texto era escrito valia US$ 8 bilhões, nunca foi movimentada. Acredita-se, então, que pertença ao próprio Satoshi Nakamoto. Seja ele quem for.

15

WARREN BUFFETT: FAÇA O QUE ELE DIZ, NÃO O QUE ELE FAZ

O maior investidor de todos os tempos mostra o que você pode fazer com o seu dinheiro. Só tem um problema: copiar a tática dele pode arruinar sua vida.

WARREN BUFFETT estava com oitenta anos e particularmente empolgado. Era início de 2011. Um ano antes, ele tinha cometido o despautério de gastar US$ 27 bilhões numa ferrovia. Era a estrada de ferro Burlington Northern Santa Fe, a segunda maior dos Estados Unidos e a mais endividada: US$ 10 bilhões no vermelho, um ônus que Buffett assumiu, além do capital que já estava investindo. Ouviu críticas de todos os cantos: teria pagado caro demais por um negócio morto. Mas não.

No primeiro ano sob a gestão de Buffett, a ferrovia deu US$ 4,5 bilhões de lucro. O maior da história dela. "Nosso destaque de 2010 foi a aquisição da Burlington. Está indo melhor do que eu mesmo esperava", disse ele no encontro anual que faz com os milhares de acionistas da Berkshire Hathaway, sua companhia de investimentos, num ginásio.

E a Berkshire começava o ano com US$ 38 bilhões em caixa para gastar em novas aventuras. Buffett poderia brincar à vontade: "Nossa espingarda de elefante está carregada", avisou. "E o meu dedo do gatilho está coçando..."

O mercado financeiro é um esporte para Buffett. Ele coleciona os bilhões, em vez de gastá-los. Ou pelo menos em vez de esbanjá-los como poderia. Mesmo com US$ 82 bilhões na mão,[1] continua morando na mesma casa que comprou em 1958, em Omaha, Nebraska, uma cidade de 460 mil habitantes encravada no coração dos Estados Unidos. O imóvel vale US$ 650 mil – o preço de um apartamento nem tão palaciano assim na zona oeste de São Paulo ou na zona sul do Rio. Quem passa na calçada pode até ver pela janela o bilionário andando até a cozinha.

Na verdade, ele é como aqueles pescadores que viajam até o Pantanal, pescam, mas não comem: dão um beijo no peixe e jogam o bicho assustado de volta para a água. E, além de levar uma vida frugal, Buffett já prometeu doar praticamente tudo o que juntou para a fundação que Bill Gates mantém com a mulher, Melinda (Bill está doando sua fortuna também, só que mora em uma casa de US$ 150 milhões).

Quando não quis entrar no trem da alegria da Nasdaq, dez anos antes, foi visto como o que havia de mais ultrapassado no mercado financeiro – pudera, já estava com setenta anos nas costas. Alegou que não colocaria dinheiro em empresas de tecnologia simplesmente porque não conhecia aquele mercado suficientemente bem.

Enfim, Buffett pode até agir como esportista, um caçador de dinheiro, mas poucos tomam tanto cuidado na hora de mirar o alvo. Sua estratégia com ações sempre foi a do menor risco: só comprar papéis que rendessem dividendos gordos, de companhias bem estabelecidas no mercado. Ele é tão avesso à ideia de tentar lucrar com subidas de curto prazo que aconselha outros investidores a "comprar suas ações como se a bolsa fosse ficar fechada por dez anos". E defende que o melhor prazo para manter o dinheiro nos papéis de uma boa empresa é "para sempre".[2]

Quando a bolha estourou e ele não perdeu um centavo, Buffett foi alçado à condição de semideus. E manteve firme sua opinião pelos anos seguintes. Em 2011, diria numa entrevista à Bloomberg: "É fácil para mim prever como a Coca-Cola estará financeiramente daqui a cinco ou dez anos. Mas não acho simples chegar a uma conclusão assim sobre a Apple, por exemplo".

Sua relação com a Coca-Cola é antiga. Antes dos dez anos de idade, na década de 1930, vendia garrafas de Coca de porta em porta. Não que precisasse: seu pai era um comerciante bem-sucedido e foi quatro vezes eleito congressista (deputado federal). Mas, nas férias, Warren aproveitava para vender Coca aos banhistas. Investiu seu dinheiro em ações pela primeira vez aos doze anos e... Vamos parar por aí. Do mesmo jeito que o Tio Patinhas ficou rico com ouro, não como engraxate (a primeira profissão do pato), Buffett também não virou o que virou juntando migalhas.

Tudo começou com uma formação sólida. Ele entrou na faculdade de administração aos dezesseis anos, na Wharton School, uma espécie de Fundação Getulio Vargas dos EUA. Depois, fez mestrado em economia na Universidade Columbia. Em seguida, veio um belo primeiro emprego. Aos 24 anos, foi trabalhar na companhia de investimentos de Benjamin Graham, um guru das finanças que viraria seu mentor. Graham achava que a especulação financeira, o "comprar na baixa e vender na alta", não levava a nada; para ele, as ações eram o grande investimento de longo prazo por definição – e "longo prazo", nesse contexto, não significava anos, mas décadas.

Com bons salários e comissões gordas na empresa de Graham, e mais investimentos pessoais bem-sucedidos na bolsa, Buffett levou só dois anos para juntar US$ 1,5 milhão em valores atualizados (US$ 174 mil na época). Acabaria tão grato a Benjamin Graham, aliás, que batizaria os dois primeiros filhos de Howard Graham e Thomas Graham, em homenagem ao chefe.

Com o pé-de-meia mais ou menos garantido já aos 26 anos, em 1956, resolveu parar de bater ponto e abriu sua própria companhia. Companhia, não. Um clube de investimentos bem caseiro. Seus primeiros sócios foram a irmã, o cunhado, o sogro e a tia, que deixaram US$ 70 mil (US$ 570 mil de hoje) para Buffett administrar. Entraram dois amigos também: Chuck Peterson, seu companheiro de quarto na Wharton, e Dan Moren, advogado e colega de infância, com US$ 5 mil (US$ 40 mil) cada um. A mãe de Chuck inteirou mais US$ 25 mil (US$ 205 mil). E Warren entrou só com uma participação simbólica, de US$ 100 (US$ 800). Pronto. Estava inaugurada a Buffett Associates Ltd., com capital equivalente a US$ 856 mil em valores atualizados.

Ele cobrava metade do rendimento que excedesse 4% ao ano pelo trabalho como administrador do clube. E, para que os associados não fugissem na primeira queda de ações, pagava do próprio bolso um quarto do que ficasse abaixo dessa porcentagem. "Se eu empatasse, perderia dinheiro. E minha obrigação de cobrir os prejuízos não estava limitada ao meu capital. Ia além", explicou Buffett.[3] Corajoso.

Por essas, a fama de Buffett como um cara com quem você podia deixar seu dinheiro e dormir sossegado foi se espalhando. Em vez de abrir a Buffett Associates Ltd. para mais sócios, resolveu não mexer em um time que estava ganhando e manteve a fórmula de clubinho: foi montando mais grupos separados, sempre com ele na chefia. Em 1957, já gerenciava três desses. Em 1960, sete. Dois anos depois, tinha juntado o primeiro milhão de dólares (US$ 7,3 milhões de hoje). Buffett comprou uma tecelagem nessa época, como um negócio paralelo, a Berkshire Hathaway. Mas depois deixaria os tecidos de lado e transformaria a companhia numa megafirma de investimentos, centralizando todas as sociedades que gerenciava.

Em 1979, apareceu pela primeira vez na lista dos quatrocentos americanos donos das maiores fortunas pessoais da revista *Forbes*. O primeiro bilhão veio aos sessenta anos, em 1990. Em 2008, ele assumiria o trono de homem mais rico do mundo, tomando o lugar de Bill Gates, que tinha ocupado a posição por treze anos seguidos.

Hoje a Berkshire Hathaway é ela própria uma empresa com ações no mercado. Vale quase US$ 1 trilhão (US$ 800 bilhões em junho de 2019). Buffett tinha quase sessenta anos há três décadas. Pelos padrões convencionais, já era um sujeito "velho para o mercado". Pois bem. Nesses trinta anos, as quinhentas maiores empresas dos EUA (que formam o índice S&P 500) ganharam 750% em valor de mercado. A Berkshire, 4.000%.

A Berkshire também funciona como uma seguradora e controla uma *holding* de companhias de transporte, energia e bens de consumo, mas seu maior patrimônio continua sendo o mesmo dos clubes de investimento de Buffett: ações de outras empresas. Quando saiu a primeira edição deste livro, em 2011, Buffett seguia avesso a empresas de tecnologia. Na época, a Coca-Cola e a Procter & Gamble (dona de marcas globalmente estabelecidas, como Pampers e Gillette) formavam 45% dos investimentos de sua companhia em ações. Buffett dizia: "Não sei se as empresas de tecnologia têm futuro, mas sei que homens jamais vão deixar de fazer a barba".

Hoje os homens não fazem tanto a barba, e a Coca-Cola perdeu parte de seu espaço para o suco verde da padaria. Mas não, Buffett não ficou para trás. Nos últimos anos, vendeu todas as suas ações da

Procter, diminuiu bem a participação na Coca-Cola e, mais importante, mudou radicalmente de opinião sobre a Apple. Em 2019, Warren Buffett já era o terceiro maior acionista da fabricante do iPhone, detendo 5% da companhia da maçã. É mais do que parece. Afinal, essa fatia vale US$ 40 bilhões – duas vezes o valor de mercado do Banco do Brasil. À frente de Buffett na lista dos maiores acionistas da Apple estão dois fundos institucionais, um com 7% e outro com um pouco mais de 5%. E isso porque Warren começou a comprar papéis da companhia outro dia, em 2016.

Mantendo esse ritmo, ele logo assume a ponta e torna sua Berkshire a maior acionista da companhia fundada por Steve Jobs, o qual, diga-se de passagem, nunca foi um grande acionista da empresa que criou. Tinha só 11% das ações em 1980, quando a Apple abriu seu capital na bolsa. Não muito mais tarde, vendeu tudo – e usou parte do dinheiro para comprar um estúdio de animação chamado Pixar, mas essa é outra história.

Em 2018, quando a Apple se tornou a primeira companhia a ultrapassar US$ 1 trilhão em valor de mercado, Buffett já estava lá dentro. Sua ideia de "como a Apple estará daqui a cinco ou dez anos" certamente mudou. Tanto que hoje ele diz que, se pudesse, compraria 100% das ações da empresa. Não que tenha sido um oceano de rosas. Entre o final de 2018 e o início de 2019, os papéis da Apple caíram num certo descrédito. As vendas de iPhone tinham estagnado, e quem fazia brilhar os olhos dos investidores era uma concorrente chinesa, a Huawei. As ações da Apple tomaram um tombo espetacular, de 40%. Mas Buffett não perdeu o sono. Ele já tinha dito: "Quero mais é que as ações da Apple caiam mesmo, para eu poder comprar mais".

Com a Coca-Cola, lá atrás, foi a mesma coisa. Ele começou a aumentar sua participação na empresa numa época em que ninguém estava dando muita bola para a fabricante de bebidas. Os papéis estavam em baixa: a Pepsi ganhava cada vez mais mercado, e a Coca tinha até mudado de sabor para ficar mais parecida com a concorrente – isso foi em 1986, mas depois voltaram atrás.

Pesquisas de opinião mostravam que a Pepsi ganhava da Coca em testes cegos. O *hype* estava todo na eterna número dois. A Coca parecia prestes a perder seu trono. Buffett, porém, confiou no poder da marca. Ele defende que, às vezes, uma ação fica "fora de moda" sem motivo nenhum. As vendas continuam bem, a empresa está sem dívidas, os lucros continuam saudáveis... mas o mercado dá de ombros. Para Buffett, o importante é detectar esses momentos de baixa injustificada e ir às compras.

No meio da quebradeira de 2008, ele seguiu essa premissa à risca ao comprar US$ 5 bilhões em ações do Goldman Sachs. Em três aninhos, já tinha levantado US$ 1,25 bilhão limpos com a brincadeira só em dividendos. Para estancar o vazamento de grana, o Goldman propôs recomprar as tais ações especiais por US$ 500 milhões a mais do que o dono da Berkshire tinha gastado. Um prêmio de 10%. Buffett aceitou. E saiu da operação US$ 1,75 bilhão mais rico.

Warren também aproveitou a onda de descrédito no sistema financeiro para comprar ações de outros bancos. Em 2019, o Bank of America e o JP Morgan estavam no top 10 do portfólio de Buffett, junto com o Goldman e a Moody's, uma agência de classificação de risco que, como todas as demais, tinha saído em baixa da crise de 2008.

Outra área em que Buffett entrou de cabeça nos últimos anos foi a de companhias aéreas. Foi uma surpresa, já que elas sempre foram o exemplo mais bem-acabado daquilo que Buffett desprezava. Essas empresas, afinal, costumam operar com margens de lucro famélicas, e bastam fatos pontuais, como uma subida inesperada no preço do petróleo, para dar início a séries de falências no setor. É a antítese da estabilidade que Buffett afirma buscar. Tanto que, em 2007, Buffett chegou a dizer que o melhor investimento possível em aviação seria voltar no tempo e matar Santos Dumont (brincadeira: ele disse que seria matar os irmãos Wright, claro).

Bom, as companhias aéreas continuam parecendo um negócio mais arriscado que a média. Buffett, porém, mudou de ideia. Hoje ele é dono de 8% da Southwest Airlines, primeira companhia *low cost* do mundo, e de 7% da Delta – o que faz dele sócio da Gol, pois a Delta é dona de um naco da empresa brasileira. Para justificar sua mudança de posição, Warren disse: "As companhias aéreas tiveram um primeiro século ruim. Mas o próximo me parece promissor". Isto é Buffett.

Outra coisa que é a cara de Warren: manter um portfólio particularmente concentrado, pelo menos para um investidor de seu porte.

Em 2018, 76% dos investimentos da Berkshire estavam em apenas sete companhias. O fato é que Buffett nunca seguiu a máxima dos analistas de mercado, que mandam "não colocar todos os ovos na mesma cesta" – ou seja, defendem a compra de um pouco de ações de cada setor da economia, para diversificar o portfólio e correr menos riscos. Ele concentra severamente.

Por outro lado, o próprio Buffett já disse: "Para 99% dos investidores, o certo é diversificar ao máximo". O outro 1%, de acordo com seu raciocínio, seria formado pelos que têm tempo, conhecimento técnico e talento para tentar prever se tal empresa ou tal setor da economia vai continuar saudável daqui a dez, vinte, cem anos.

Para Buffett, tão importante quanto concentrar o dinheiro em poucas áreas é deixar a grana quieta. Mesmo com a paixão recente pela Apple e a guinada a favor das companhias aéreas, a espinha dorsal de seus investimentos em 2019 seguia parecida com a de 2010, com Coca-Cola, Kraft, American Express e o banco Wells Fargo se mantendo firmes no top 10. É precisamente o contrário do que faz o resto.

A massa de investidores comuns não só evita o casamento como mal se arrisca a namorar firme um papel. É tudo caso rápido. Um estudo feito nos EUA com 66 mil investidores entre 1991 e 1996 concluiu que a média das pessoas trocava 75% do portfólio de ações a cada ano.[6] Os mais agressivos eram puro *one-night stand*: mudavam *250%* da carteira a cada doze meses – ou seja, trocavam absolutamente todas as ações do portfólio mais de uma vez em um ano.

É um comportamento que traz lá suas emoções – trocar uma ação que acabou de subir 5% por outra que no dia seguinte dá mais 5%, enquanto a primeira está caindo, é um delírio para o centro de recompensa do cérebro. Estimula a produção de dopamina, o neurotransmissor da sensação de prazer, da mesma forma que o sexo ou a cocaína. Só que não compensa no longo prazo. A mesma pesquisa mostrou que, quanto mais um investidor trocava de papéis, maior era a tendência de perder dinheiro. Para um pequeno investidor, vale ressaltar, é suicídio. As corretoras cobram de seus clientes a cada troca de papéis. Quem pula de galho em galho, então, precisa ganhar mais ainda para compensar o gasto extra.

PORTFÓLIO DE WARREN BUFFETT EM 2010:[4]	
1º Coca-Cola (bebidas): 23,4%	**6º Johnson & Johnson** (higiene e cosméticos): 4,8%
2º Wells Fargo (finanças): 21,4%	**7º Wesco Financial** (seguros): 4,1%
3º American Express (cartões de crédito): 13%	**8º Walmart** (varejo): 4%
4º Procter & Gamble (diversos): 9,1%	**9º ConocoPhillips** (indústria química): 4%
5º Kraft Foods (alimentos): 6%	**10º US Bancorp** (finanças): 3,7%

Entre os outros 6,5%, estavam Nestlé (alimentos), Washington Post (mídia), Nike (calçados), Tiffany (joias), Comcast (mídia), Exxon (petróleo), General Electric (tecnologia) e GlaxoSmithKline (remédios).

PORTFÓLIO DE WARREN BUFFETT EM 2018:[5]	
1º Apple (tecnologia): 25,7%	**6º American Express** (cartões de crédito): 7,3%
2º Bank of America (finanças): 11,7%	**7º US Bancorp** (finanças): 4,1%
3º Wells Fargo (finanças): 10,5%	**8º Moody's** (finanças): 1,86%
4º Coca-Cola (bebidas): 8,3%	**9º Goldman Sachs** (finanças): 1,86%
5º Kraft-Heinz (alimentos): 8,1%	**10º JP Morgan** (finanças): 1,82%

Entre os outros 18,8%, estavam quatro companhias aéreas: Delta, United, Southwest e American Airlines, mais a Restaurants Brands International (dona do Burger King) e a General Motors – cada uma com mais ou menos 1% de participação no portfólio.

O melhor a fazer no relacionamento com uma ação, por essa linha de raciocínio, é vocês dois ficarem juntos um tempo, namorarem, ver se a coisa engata... Mas chutá-la depois da primeira noite para ir atrás de outra não costuma dar certo. É a mesma conclusão a que Benjamin Graham tinha chegado lá atrás. E que Buffett deixou entalhada em pedra na história do mercado financeiro.

Se a decisão sobre o momento de terminar a relação é fundamental, a hora certa de entrar não é menos importante. O problema é que aí entra aquele velho inimigo dos investidores: o cérebro. Nossos instintos são tortos para algo imprevisível e amedrontador como o mercado. Às vezes é difícil enxergar o óbvio. Por exemplo: se você compra uma ação, quer que comece a subir ou a cair? Buffett, como vimos aqui, torce para cair. "Só torceria para elas subirem na hora em que quisesse vender." E não esqueça: para Buffett, na prática não existe "a hora de vender". Se ele estiver satisfeito com as perspectivas da empresa, morrerá abraçado com a ação. Só tem um problema: essas táticas podem não servir para você.

O MINISTÉRIO DA ECONOMIA ADVERTE

Nosso mundo é um lugar mais chato que o de Buffett. Aqui existem momentos em que você provavelmente terá de gastar mais do que ganha em anos numa tacada só – na hora de dar entrada em um apartamento, de comprar um carro à vista para evitar os juros do financiamento, no momento de se aposentar... E para isso o mercado de ações é traiçoeiro. Se você perguntar para um gerente de banco qual é o tempo ideal para deixar seu dinheiro em ações, talvez ele responda: "Uns três anos". E será uma resposta inútil.

O mercado de ações é previsível só em parte. Costumam dizer "três anos" (ou um pouco mais, ou um pouco menos) porque em períodos relativamente longos, após ciclos de alta e de baixa, uma aplicação em ações tende a render mais que CDBs, Tesouro Direto etc. Mas tendência é uma coisa, realidade é outra, já que não há como prever a duração de cada ciclo.

Vamos dizer que você tenha investido em ações da forma mais segura e barata possível: entrando num fundo de índice. São fundos que acompanham a variação de diversas ações ao mesmo tempo. Os mais populares por aqui são os que seguem o Índice Bovespa.[7] Esses fundos espalham os ovos em todas as empresas que compõem o índice – ou seja, nas ações das empresas mais sólidas e negociadas da bolsa brasileira, de acordo com a participação de cada uma na bolsa brasileira.

A composição do Ibovespa varia de tempos em tempos. Em junho de 2019, tínhamos 66 companhias ali. Vamos dizer, então, que você colocou R$ 100 mil num desses fundos. Nisso, R$ 12,3 mil virariam ações da Petrobras, já que a variação dos preços das ações da estatal responde por 12,3% da variação do índice. Outros R$ 9,9 mil virariam ações da Vale; R$ 4,8 mil, da Ambev; R$ 180, da Marfrig; R$ 718, da Azul. E assim por diante, tudo bem pulverizado por dezenas de empresas.

Aí é óbvio: se alguma dessas companhias derreter, só uma fração do seu dinheiro ficará comprometida. Claro que é bom torcer para que uma dessas empresas liquefeitas não seja a Petrobras ou a Vale, já que a participação delas no Ibovespa é gordinha. Seja como for, se o mercado como um todo estiver indo bem, seu dinheiro cresce.

Foi o que aconteceu entre 2016 e 2019. Quem colocou R$ 10 mil em um fundo de índice viu o dinheiro se multiplicar em três anos, já que o Ibovespa saltou de 40 mil para mais de 100 mil pontos. Bacana. Mas nos três anos anteriores a 2016 a história foi bem diferente. A bolsa vivia um baita ciclo de baixa. Quem aplicou R$ 10 mil em um fundo de índice em 2013, se viu com R$ 7 mil em 2016. O momento de tirar o dinheiro da bolsa, então, é importante. Claro. Só que essa hora ideal pode vir em três anos, em três meses, em três décadas... A decisão sobre o momento exato para vender suas ações, no fim, depende de dois fatores: quanto você quer ganhar e quanto suporta perder.

A resposta para "quanto você quer ganhar" com ações é óbvia: algo perto do infinito. Para ter uma expectativa um pouco mais realista que essa, porém, você precisa levar em conta outra coisa: quanto o seu investimento rendeu em comparação com as aplicações de baixo risco. Para ter isso claro na cabeça, é só comparar com a taxa Selic, que baliza todas as aplicações seguras (veja o boxe *CDI* no capítulo 11). Se deu razoavelmente mais que a Selic por um certo tempo, já foi um investimento bom.

Digamos que você entrou num fundo que segue o Ibovespa em maio de 2006 e foi acompanhando. Um ano e sete meses depois, ele já tinha rendido o equivalente a três anos dos CDBs, que pagavam pau a pau com a Selic – ou ao que a poupança tinha dado nos seis anos anteriores. O Ibovespa decolou de 40 mil pontos para 65 mil pontos nesse período. Em dezembro de 2007, então, seus R$ 10 mil já tinham se transformado em R$ 16.500 – chegado perto, na verdade, porque os impostos comem um pouco do rendimento. Mas beleza. É o suficiente para tirar o dinheiro? Se você achar que seis anos de poupança em menos de dois anos de bolsa é o bastante e preferir deixar sua grana em algum lugar menos arriscado para tê-la na mão na hora de dar entrada no apartamento, ok.

Você ficaria feliz? Não. Continuaria acompanhando a subida da bolsa e, em maio de 2008, veria o Ibovespa chegar a 73,9 mil pontos. Seus R$ 10 mil teriam virado R$ 18.500. "Otário", você diria para si mesmo. Mas estaria sendo injusto. No fim do ano viria a crise de 2008, e o Ibovespa perderia mais da metade do valor. Cairia para 35 mil pontos em dezembro e continuaria no chão por um bom tempo. Seu saldo estaria em R$ 8.750.

Claro que a melhor coisa seria você ter sacado os R$ 18.500 em maio. Mas dizer que o certo é "tirar no melhor momento" ou "quando você achar que as ações estão supervalorizadas" é tão imbecil quanto aconselhar alguém a ganhar na mega-sena. Este não é um livro de autoajuda, mas, como estamos falando de finanças pessoais, não custa lembrar: a flutuação exata dos preços das ações é imprevisível por natureza.

É 200% impossível prever se daqui a um ano, ou três, ou dez, a bolsa terá rendido 10%, 20% ou 3.000%. O que existem são estatísticas mostrando que, sim, em períodos mais longos é extremamente provável que a bolsa dê mais dinheiro que qualquer outro investimento. Quanto mais longo o período, maior a probabilidade.

Mesmo assim, não é algo líquido e certo. Às vezes um prazo longo demais trabalha contra você. Até na estável economia americana da segunda metade do século 20 isso aconteceu. Alguém que tivesse colocado US$ 10 mil num fundo que acompanha a bolsa de lá em março de 1964 e tirado quase vinte anos depois, em junho de 1982, não teria ganhado rigorosamente nada. Em 10 de março de 1964, o índice Dow Jones estava em 809 pontos. Em 11 de junho de 1982, eram 809 pontos também. Isso num período em que a economia americana tinha crescido cinco vezes. O índice até tinha passado dos 2 mil pontos em duas oportunidades, em 1976 e em 1981. Mas só isso. Quem fez um planejamento de longo prazo, pé no chão, dezoito anos de casamento com as ações, se complicou. E bastante, já que a inflação da época foi alta para os padrões americanos: os US$ 10 mil de 1982 tinham o poder de compra de US$ 3 mil de 1964.

No Brasil aconteceu algo parecido recentemente. A Bovespa só recuperou aquele patamar dos 73 mil pontos de maio de 2008 nove anos depois, em setembro de 2017. Quem tivesse colocado R$ 10 mil num fundo que acompanha o Ibovespa em 2008, então, se veria com os mesmos R$ 10 mil em 2017. Com um detalhe: por conta da magia negra da inflação, os R$ 10 mil de 2017 tinham o poder de compra de R$ 6 mil de 2008. Outra forma de enxergar essa defasagem é pelo efeito da inflação na própria pontuação do índice. Corrigidos pelo IPCA, os 73 mil pontos de 2008 equivaliam a 126 mil pontos em 2017. Pois é. A renovação do pico em valores reais ainda estava longe de acontecer.

Quando o assunto são ações individuais, então, a imprevisibilidade e o perigo são maiores ainda. Empresas sólidas como a General Electric e a Cisco Systems jamais se recuperaram da bolha da Nasdaq. As ações delas, hoje, valem substancialmente menos do que há duas décadas. US$ 10 mil aplicados em ações da Cisco Systems no ano 2000 se transformaram em US$ 675. Em ações da GE, em US$ 172. Perda total, basicamente, mesmo se tratando de um investimento de quase vinte anos em duas companhias que, juntas, faturam mais de US$ 150 bilhões por ano. Eis o tamanho do perigo de colocar muitos ovos na mesma cesta.

Por aqui, a Petrobras já chegou a perder 85% do valor, entre 2008 e 2016. Quem colocou R$ 10.000 na estatal em 2008, então, se viu com magros R$ 1.500 oito anos depois. O Ibovespa também tinha caído nesse meio-tempo, mas "só" 50%. Ruim, mas menos mau.

Entre 2016 e junho de 2019, como mencionei agora há pouco, a história foi mais feliz. O Ibovespa subiu 160% nesse período, o bastante para transformar R$ 10 mil em R$ 26 mil. Legal.

Na mesma época, a Petrobras sozinha subiu 500%. Os R$ 10 mil teriam virado R$ 60 mil. Mas olha só: quem comprou ações da petroleira no pico de 2008 ainda está no prejuízo. A ação valia R$ 40 lá atrás. Onze anos depois, estava em R$ 27. Quem aplicou R$ 10 mil ali em 2008, então, está com R$ 6.800 hoje. Uma perda de 32%, fora o resto que a inflação comeu nesse tempo todo.

Quem investiu num fundo de índice no mesmo período, por outro lado, se deu bem melhor. Teve um ganho de justamente 32% – a diferença entre os 73 mil pontos em que o índice da bolsa estava em 2008 e os 97 mil que ela tinha atingido em junho de 2019. É verdade que não foi um ganho suficiente para bater a inflação acumulada nos onze anos entre 2008 e 2019 – nesse período, o placar ficou em 86% de inflação *versus* os 32% de subida da bolsa. Mesmo assim, trata-se de um prejuízo bem menor do que o amargado por quem decidiu casar de papel passado com as ações da Petrobras.

Por essas, o próprio Warren Buffett diz que os fundos de índice são a melhor forma de investir em ações, pelo menos para quem não é um profissional do mercado financeiro. E, eventualmente, até para quem é profissional. "Ao aplicar periodicamente em um fundo de índice, um investidor que não saiba nada tem condições de bater a maioria dos profissionais do mercado", Buffett escreveu em sua carta anual aos acionistas da Berkshire em 1993.[8] E nunca deixou de repetir esse mantra, mesmo sendo o dono de uma companhia de investimentos que busca, e consegue, obter rendimentos maiores que os dos fundos de índice.

E os fatos, naturalmente, confirmam o que Buffett diz. O Dow Jones mesmo passaria daqueles 809 pontos de 1982 para 10 mil no ano 2000; e, após um novo ciclo de alta, para rechonchudos 25 mil em 2019. Quem pôde esperar se deu estupendamente bem – e talvez o mesmo se aplique à bolsa brasileira nos próximos anos.

Mas haja espera.

Então é isso. Se não dá para casar para a vida toda com ações, já que talvez você precise daquele dinheiro em algum momento e não pode correr o risco de viver todo um ciclo de baixa, o jeito é namorar mesmo. E ficar de olho no melhor momento para cortar a relação. A hora em que a bolsa render o equivalente a alguns anos de poupança ou de renda fixa pode ser um. Quando (e se) ela tiver dado 20%, 30% mais que a inflação pode ser outro. Nunca comprar uma ação e estocar moeda chinesa, bronze ou farinha de trigo pode ser mais outra... Quem decide é você.

Porque Buffett, George Soros, os acionistas da Companhia das Índias Orientais, os bebedores de café da Exchange Alley, os franceses que viraram *millionaires* com John Law, os ingleses que enlouqueceram com a mania das ferrovias, os americanos que passaram pelo crash de 1929 e os brasileiros que transformaram ações e bitcoins em assunto de almoço de domingo têm algo em comum: as decisões deles, certas ou erradas, são as que fizeram o mundo girar. Com as suas decisões não é diferente. Um dia elas serão parte de um novo capítulo da história do dinheiro. O capítulo que está sendo escrito agora.

NOTAS

0: O UNIVERSO EM UM BOTÃO DE TULIPA

1. Edward Chancellor. *Salve-se quem puder: Uma história da especulação financeira*. São Paulo: Companhia das Letras, 2001, p. 30.

1: A ORIGEM

1. Jared Diamond. "Location, Location, Location: The First Farmers". *Science*, v. 278, n. 4, 1997. Disponível em: <http://www.unl.edu/rhames/courses/orig_agri_tur.html>.
2. Milton Friedman. *Free to Choose*. Nova York: Harcourt, 1980, p. 251.
3. World Gold Council (disponível em: <https://www.gold.org/about-gold/gold-supply/gold-mining/how-much-gold>). As primeiras edições deste livro usaram uma estimativa de "Mineral Commodity Profiles – Gold", *US Geological Survey* (disponível em: <http://pubs.usgs.gov/of/2002/of02-303/OFR_02-303.pdf>). Esse documento coloca a quantidade total de ouro em 142 mil toneladas "até o início do século 21". Como a produção anual de ouro fica entre 2 mil e 3 mil toneladas anuais e o século 21 já tem duas décadas, utilizamos nesta edição a estimativa mais recente, de 190 mil toneladas, referente a 2017. Detalhe: dois terços dessas 190 mil toneladas foram extraídos a partir da década de 1950.
4. Catherine Eagleton. *Money: a History*. Richmond Hill, Ontario: Firefly, 2007, p. 20.
5. Sarah B. Pomeroy. *Ancient Greece: a Political, Social and Cultural History*. Oxford: Oxford University Press, 1988, p. 165.
6. Charles Alan Fyffe. *History of Greece*. Londres: Spaight, 2010, p. 39.
7. Total de moeda em M4 segundo o Banco Central, referente ao início de 2019.
8. A prática de captar dívidas para o capital de giro é pouco comum no Brasil, mas amplamente praticada em países com juros tradicionalmente baixos, como os Estados Unidos.

2: EM ROMA, FAÇA COMO OS BRASILEIROS

1. José Júlio Senna. *Política monetária: Ideias, experiências e evolução*. Rio de Janeiro: FGV, 2010, p. 35-36.
2. David M. Smick. *O mundo é curvo: Perigos ocultos para a economia mundial*. Rio de Janeiro: Best Seller, 2009, p. 140.
3. Gustavo Ioschpe. "Brasil: a primeira potência de semiletrados?". *Veja*, 14 abr. 2010.
4. José Júlio Senna, op. cit., p. 36.
5. Don Paarlberg. *An Analysis and History of Inflation*. Londres: Praeger, 1993, p. 10.
6. Milton Friedman, op. cit., p. 253.
7. Raul Juste Lores. "China constrói mais 2.000 km de Metrô até 2015". *Folha de S.Paulo*, 4 jul. 2010.
8. *The Economist. Correspondent's diary, Day Two. Hungary's real problems*, 18 dez. 2010.
9. Don Paarlberg, op. cit., p. 85.

3: TODOS OS FOGOS O FOGO

1. Texto baseado em trechos do Edital de Preços Máximos, de Diocleciano. Versão original em latim reconstituída a partir de fragmentos disponível em: <http://www.hs-augsburg.de/~harsch/Chronologia/Lspost04/Diocletianus/dio_ep_p.html>.
2. Niall Ferguson. *The Ascent of Money: A Financial History of the World*. Nova York: Penguin, 2008, p. 23.
3. Don Paarlberg, op. cit., p. 15.
4. Tim Parks. *O Banco Medici*. Rio de Janeiro: Record, 2008, p. 16.

4: O DESCOBRIMENTO DO MERCADO FINANCEIRO

1. Os R$ 3 milhões do salário de Cabral são só uma estimativa, claro. Porém é a mais realista possível. A base foi uma tabela de conversão cambial do século 16 publicada em James C. Boyajian, *Portuguese Trade in Asia Under the Habsburgs* (Baltimore: Johns Hopkins University Press, 1993). Segundo esses dados, um cruzado valia cerca de um quarto de libra esterlina na época. Depois de converter os valores pelo câmbio de quinhentos anos atrás, o passo seguinte foi incluir a inflação da moeda britânica nos últimos cinco séculos. Pelo Índice de Preços ao Consumidor do Reino Unido, que contabiliza o aumento no custo de vida desde o século 18, ela foi de 52.000% entre 1500 e 2011 (segundo os cálculos da Measuring Worth, uma organização inglesa que se dedica a atualizar valores históricos). Usando outros índices, os valores finais ficam bem diferentes. Outro cálculo, da Measuring Worth, leva em conta o aumento da média salarial de lá para cá, que foi de 500.000%. Desse jeito, o ordenado de Cabral seria de R$ 30 milhões pela viagem toda, e o dos marinheiros, de R$ 30 mil por mês. Isso significa o seguinte: naquela época, arrumar um emprego que proporcionasse um poder de compra equivalente a R$ 3 mil por mês era tão difícil quanto hoje conseguir um que pague R$ 30 mil. Mas a quantidade de comida, bebida e roupas que daria para comprar equivalia mesmo aos R$ 3 mil mensais, já que a produtividade daquele mundo não industrializado era pequena e tudo custava mais caro. Se hoje a quantidade de comida, bebida e roupas que R$ 3 mil mensais compram está ao alcance de boa parte da população, na época era coisa para poucos, e os marinheiros de Cabral estavam entre esses poucos.

2. *The Economist.* "A Taste of Adventure", 17 dez. 1998.

3. Felipe Fernández-Armesto. *Os desbravadores: Uma história mundial da exploração da Terra.* São Paulo: Companhia das Letras, 2009, p. 227.

4. Michael Krondl. *A Taste of Conquest: The Rise and Fall of the Three Great Cities of Spice.* Nova York: Ballantine, 2008. Localização 2169 (edição em e-book sem numeração tradicional de páginas).

5. Angus Maddison. *The World Economy: A Millenial Perspective.* Paris: OECD Publishing, 2001, p. 76.

6. Id., ibid., p. 232.

5: AS APOSTAS ESTÃO ABERTAS

1. A Companhia das Índias britânica já vendia ações desde a sua fundação, em 1600, mas era um lançamento de papéis para cada viagem à Índia. Quando os barcos voltavam, os acionistas dividiam o lucro e pronto. Só virou uma empresa de capital aberto propriamente dita, com ações que valem para sempre, em 1657, meio século depois de a VOC ter feito isso.

2. *The Economist.* "The Internet in a Cup", 18 dez. 2003.

6: CONTOS DA CRIPTA

1. Edward Chancellor, op. cit., p. 52.

2. Niall Ferguson, op. cit., p. 137.

3. Id., ibid., p. 142.

4. Id., ibid., p. 145.

5. Id., ibid., p. 148.

6. Id., ibid., p. 145.

7. Id., ibid., p. 126.

8. Edward Chancellor, op. cit., p. 100

7: DARWIN EXPLICA

1. Richard Dawkins. *The Selfish Gene.* Oxford: Oxford University Press, 1989, p. 24.
2. Adam Smith. *An Inquiry into the Nature and Causes of the Wealth of Nation.* Apple iBooks, 1776, p. 31.

8: O LADO BOM DA LOUCURA

1. Edward Chancellor, op. cit., p. 163.
2. Id., ibid., p. 164.

9: UMA TEMPORADA NO INFERNO

1. Liaquat Ahamed. *Lords of Finance: The Bankers Who Broke the World.* Londres: Penguin, 2009, Localização 4875 (edição em e-book sem numeração tradicional de páginas).
2. Jeffry A. Frieden. *Capitalismo global: História econômica e política do século XX.* Rio de Janeiro: Zahar, 2008, p. 193.
3. A unidade oficial não era o grama, mas uma medida antiga, o grão (equivalente a 0,06 grama). Os valores oficiais, então, eram 113 grãos de ouro para a libra e 23,22 grãos para o dólar. A conversão, logicamente, dá £ 1,00 = US$ 4,86, de um jeito ou de outro.
4. Milton Friedman. *Money Mischief: Episodes in Monetary History.* San Diego: Harvest, 1994, p. 11.
5. Milton Friedman. op. cit., p. 41.
6. Matt Ridley. *The Rational Optimist: How Prosperity Evolves.* Nova York: HarperCollins, 2011, Localização 253 (edição em e-book sem numeração tradicional de páginas).
7. Dados do IBGE.

10: A FÍSICA QUÂNTICA DO DINHEIRO

1. Werner Baer. *A economia brasileira.* São Paulo: Nobel, 2009, p. 224.
2. Werner Baer, op. cit., p. 227.
3. Charles Wheelan. *Naked Economics: Undressing the Dismal Science.* Nova York: W. W. Norton, 2002, p. 175.
4. O Ministério da Economia e o BC formam o Conselho Monetário Nacional (CMN), o órgão que estabelece as metas de inflação.

11: O PAÍS DO FUTURO. E O DO PRESENTE

1. *Veja.* "Pregão agitado", 30 set. 1981.
2. *Veja.* "Um chute no entulho", 5 jun. 1991.
3. Fonte: Loyds Bank. *Veja*, 5 jun. 1991.
4. Leonardo Attuch. "Nahas encara bolsa e BM&F". *IstoÉ Dinheiro*, 4 jul. 2007.
5. Pelo valor de mercado da Petrobras e da Vale em julho de 2019.

6. *Veja.* "O homem que deu um soco na bolsa", 21 jun. 1989.
7. *O Estado de S. Paulo.* "Nahas vendia ações a si próprio", 8 jul. 2008.
8. Id., ibid..
9. Entrevista de Naji Nahas a Leonardo Attuch. *IstoÉ Dinheiro*, 8 jun. 2004.
10. Estatísticas históricas do Ibovespa, disponíveis em: <http://www.b3.com.br/pt_br/market-data-e-indices/indices/indices-amplos/indice-ibovespa-ibovespa-estatisticas-historicas.htm>.
11. Foram dois IPOs separados. Um da BM&F e outro da Bovespa. Depois as duas bolsas se fundiriam para formar a BM&FBovespa. Os R$ 12 bilhões são a soma dos IPOs de cada uma quando ainda eram entidades independentes.
12. O imposto de renda sobre investimentos em títulos públicos, seja via fundos, seja via Tesouro Direto, segue uma tabela regressiva. É de 22,5% sobre o rendimento nos primeiros 180 dias; 20% quando o dinheiro fica parado entre 181 a 360 dias, 17,5% entre 361 e 720 dias e de 15% a partir de 720 dias. Note: as taxas de administração e de custódia são sobre o valor total; a do imposto de renda, apenas sobre o rendimento. Exemplo: se você aplicou R$ 1.000 e retirou R$ 1.200, o imposto de renda recai sobre os R$ 200. Já as taxas de administração e de custódia são sobre os R$ 1.200.
13. Alexandre Versignassi e Felipe van Deursen. *Por que tudo custa tão caro no Brasil.* São Paulo: Editora Abril, 2013. (E-book cujo texto foi publicado originalmente na revista *Superinteressante*, n. 317, abr. 2013).
14. *Folha de S.Paulo.* "Doação oficial é balela, diz Paulo Roberto Costa", 17/03/2015.

12: THE MAN WHO SOLD THE WORLD

1. Malu Gaspar. *Tudo ou nada: Eike Batista e a verdadeira história do grupo X.* Rio de Janeiro: Record, 2014, p. 49.
2. Id., ibid., p. 60.
3. Barbara Lloyd. "Brazilian Superboat Driver Finds Speed 'in the Blood'". *The New York Times*, 6 out. 1981. Disponível em: <http://www.nytimes.com/1991/10/06/sports/boating-brazilian-superboat-driver-finds-speed-in-the-blood.html>.

13: O DIA EM QUE A TERRA PAROU

1 Viral V. Acharya e Matthew Richardson. *Restoring Financial Stability: How to Repair a Failed System.* Hoboken, NY: Wiley, 2009. p. 68.

2. Id., ibid., p. 72.

3. Id., ibid., p. 71.

4. Bob Ivry, Christine Harper e Mark Pittman. "Missing Lehman Lesson of Shakeout Means Too Big Banks May Fail". *Bloomberg News*, 8 set. 2019.

5. ProPublica Bailout Tracker. Disponível em: <https://projects.propublica.org/bailout>.

14: CONTOS DA CRIPTO

1. *Superinteressante*. "Bitcoin: a maior febre da história do dinheiro", n. 384, jan. 2018.

2. Esse é um exemplo exagerado. Conforme o preço do ouro caísse, começariam a fabricar celulares de ouro, lustres de ouro, escapamentos de ouro, o que elevaria a demanda para um patamar bem maior que o de hoje, e o preço acabaria se estabilizando num nível relativamente alto.

15: WARREN BUFFETT: FAÇA O QUE ELE DIZ, NÃO O QUE ELE FAZ.

1. A fortuna pessoal de Buffett em 2019, de acordo com o ranking da revista *Forbes*.

2. Vahan Janjigian. *Even Buffett Isn't Perfect: What You Can – and Can't – Learn from the World's Greatest Investor*. Nova York: Portfolio, 2008, p. 37.

3. *Exame*. "Eu sempre soube que seria milionário", 2 out. 2008.

4. Fonte: Consultoria Seeking Alpha.

5. Fonte: Consultoria Seeking Alpha.

6. James Surowiecki. *A sabedoria das multidões*. Rio de Janeiro: Record, 2006, p. 282.

7. Os fundos que acompanham diretamente o sobe e desce do Ibovespa estão disponíveis nas carteiras de investimentos dos grandes bancos e geralmente são chamados de "Ibovespa Indexado". Também é possível investir em fundos de índice de forma direta, comprando cotas deles na bolsa. Você faz isso via ETFs (Exchange-Traded Funds, ou "fundos negociados em bolsa"). Os ETFs são fundos que investem em ações de diversas empresas. Há ETFs compostos só por ações de empresas financeiras ou de materiais básicos, por exemplo. Os mais populares, de qualquer forma, são os atrelados ao Ibovespa, que espalham suas ações pelas 66 companhias mais negociadas da bolsa (o número de empresas que compõem o índice varia de tempos em tempos). Esses fundos você compra via Home Broker mesmo, como se fossem ações de uma empresa – você abre uma conta numa corretora, vai até o Home Broker e busca o papel. Existem vários ETFs atrelados à Bovespa, cada um administrado por uma instituição financeira. Os mais conhecidos são o BOVA11, da Black Rock, o BOVV11, do Itaú, e o XBOV11, da Caixa. Em julho de 2019, cada cota saía por um valor próximo de R$ 100. Escolhido o ETF, você indica a quantidade de cotas que deseja e compra. O valor da cota vai subir ou descer de acordo com o Ibovespa. Para resgatar, basta vender o fundo a preço de mercado. Nessa linha, também há os fundos IBRX 50 e IBRX 100, oferecidos por diversas instituições financeiras e que acompanham, respectivamente, a variação das cinquenta e das cem maiores empresas listadas na bolsa.

8. Carta de Warren Buffett aos acionistas da Berkshire (1993). Disponível em: <https://www.berkshirehathaway.com/letters/1993.html>.

BIBLIOGRAFIA

LIVROS

ACHARYA, Viral V.; RICHARDSON, Matthew. *Restoring Financial Stability: How to Repair a Failed System*. Hoboken, NJ: Wiley, 2009.

AHAMED, Liaquat. *Lords of Finance: The Bankers Who Broke the World*. Londres: Penguin, 2009. [Ed. bras.: *Os donos do dinheiro: Os banqueiros que quebraram o mundo*. Rio de Janeiro: Campus Elsevier, 2010.]

AKERLOF, George A.; SHILLER, Robert J. *Animal Spirits: How Human Psychology Drives the Economy, and Why It Matters for Global Capitalism*. Princeton; Oxford: Princeton University Press, 2009.

ARIELY, Dan. *Predictably Irrational: The Hidden Forces that Shape Our Decisions*. Nova York: HarperCollins, 2008.

BAER, Werner. *A economia brasileira*. São Paulo: Nobel, 2009.

BATISTA, Eike. *O x da questão*. Rio de Janeiro: Sextante, 2011.

BOYAJIAN, James C. *Portuguese Trade in Asia Under the Habsburgs, 1580-1640*. Baltimore: Johns Hopkins University Press, 1993.

CAVALCANTE, Francisco; MISUMI, Jorge Y.; RUDGE, Luiz Fernando. *Mercado de capitais*. Rio de Janeiro: Campus Elsevier, 2005.

CHANCELLOR, Edward. *Salve-se quem puder: Uma história da especulação financeira*. São Paulo: Companhia das Letras, 1999.

CHISHOLM, Andrew M. *Derivatives Demystified: A Step-by-Step Guide to Forwards, Futures, Swaps and Options*. Hoboken, NJ: Wiley, 2004.

COOPER, George. *The Origin of Financial Crisis*. Nova York: Vintage, 2008.

COX, Simon. *Economics: Making Sense of the Modern Economy*. Nova York: Bloomberg, 2006.

DAWKINS, Richard. *The Selfish Gene*. Oxford: Oxford University Press, 1989. [Ed. bras.: *O gene egoísta*. São Paulo: Companhia das Letras, 2007.]

DIAMOND, Jared. *Guns, Germs and Steel: The Fates of Human Societies*. Nova York: W. W. Norton, 2005.

EAGLETON, Catherine; WILLIAMS, Jonathan. *Money: A History*. Richmond Hill, ON: Firefly, 2007.

FERGUSON, Niall. *The Ascent of Money: A Financial History of the World*. Nova York: Penguin, 2008.

FERGUSSON, Adam. *When Money Dies: The Nightmare of Weimar Inflation*. Nova York: Public Affairs, 2010.

FERNÁNDEZ-ARMESTO, Felipe. *Os desbravadores: Uma história mundial da exploração da Terra*. São Paulo: Companhia das Letras, 2009.

FOX, Justin. *The Myth of the Rational Market: A History of Risk, Reward, and Delusion on Wall Street*. Nova York: HarperCollins, 2011.

FRIEDEN, Jeffry A. *Capitalismo Global: História econômica e política do século XX*. Rio de Janeiro: Zahar, 2008.

FRIEDMAN, Milton. *Free to Choose: A Personal Statement*. Nova York: Harcourt, 1990.

________. *Money Mischief: Episodes in Monetary History*. San Diego: Harvest, 1994.

FURNHAM, Adrian; ARGYLE, Michael. *The Psychology of Money*. Nova York: Routledge, 1998.

FURTADO, Celso. *Formação econômica do Brasil*. São Paulo: Companhia das Letras, 2007.

FYFFE, Charles Alan. *History of Greece*. Londres: Spaight, 2010.

GASPAR, Malu. *Tudo ou Nada: Eike Batista e a verdadeira história do grupo X*. Rio de Janeiro: Record, 2014.

JANJIGIAN, Vahan. *Even Buffett Isn't Perfect: What You Can — and Can't — Learn from the World's Greatest Investor*. Nova York: Portfolio, 2008.

KINDLEBERGER, Charles. *Manias, Panics and Crashes: A History of Financial Crises*. Hoboken, NJ: Wiley, 2005.

KRONDL, Michael. *The Taste of Conquest: The Rise and Fall of the Three Great Cities of Spice*. Nova York: Ballantine, 2007.

KRUGMAN, Paul. *The Return of Depression Economics and the Crisis of 2008*. Nova York: W. W. Norton, 2009.

LEFÈVRE, Edwin. *Reminiscences of a Stock Operator*. Hoboken, NJ: Wiley, 2010.

LOWENSTEIN, Roger. *Buffett: The Making of an American Capitalist*. Nova York: Random House, 2008.

MADDISON, Angus. *The World Economy: A Millennial Perspective*. Paris: OECD Publishing, 2001.

MÜNCHAU, Wolfgang. *The Meltdown Years: The Unfolding of the Global Economic Crisis*. Nova York: McGraw Hill, 2010.

OWEN, Deborah; GRIFFITHS, Robin. *Mapping the Markets: A Guide to Stock Market Analysis*. Nova York: Bloomberg, 2007.

PAARLBERG, Don. *An Analysis and History of Inflation*. Londres: Praeger, 1993.

PARKS, Tim. *O Banco Medici*. Rio de Janeiro: Record, 2008.

POMEROY, Sarah B. et al. *Ancient Greece: A Political, Social and Cultural History*. Oxford: Oxford University Press, 1988.

RIDLEY, Matt. *The Rational Optimist: How Prosperity Evolves*. Nova York: HarperCollins, 2010.

ROBINS, Nick. *The Corporation That Changed The World: How the East India Company Shaped the Modern Multinational*. Londres: Pluto, 2006.

SCHROEDER, Alice. *A bola de neve: Warren Buffett e o negócio da vida*. Rio de Janeiro: Sextante, 2008.

SENNA, José Júlio. *Política monetária: Ideias, experiências e evolução*. Rio de Janeiro: FGV, 2010.

SHILLER, Robert. *Irrational Exuberance*. Princeton, NJ: Princeton University Press, 2000.

SHIRREFF, David. *Dealing with Financial Risk*. Nova York: Bloomberg, 2004.

SIEGEL, Jeremy J. *Stocks for the Long Run*. Nova York: McGraw Hill, 2008.

SMICK, David M. *O mundo é curvo: Perigos ocultos para a economia mundial*. Rio de Janeiro: Best Seller, 2009.

SMITH, Adam. *An Inquiry into the Nature and Causes of the Wealth of Nation*. Apple iBooks, 1776.

SOWELL, Thomas. *Basic Economics: A Common Sense Guide to the Economy*. Nova York: Basic, 2007.

STANYER, Peter. *Guide to Investment Strategy: How to Understand Markets, Risk, Rewards and Behaviour*. Nova York: Bloomberg, 2006.

SUROWIECKI, James. *A sabedoria das multidões*. Rio de Janeiro: Record, 2006.

TETT, Gillian. *Fool's Gold: How the Bold Dream of a Small Tribe at J.P. Morgan Was Corrupted by Wall Street Greed and Unleashed a Catastrophe*. Nova York: Free Press, 2009.

VERSIGNASSI, Alexandre; VAN DEURSEN, Felipe. *Por que tudo custa tão caro no Brasil*. São Paulo: Editora Abril, 2013.

WHEELAN, Charles. *Naked Economics: Undressing the Dismal Science*. Nova York: W. W. Norton, 2002.

ARTIGOS DE JORNAIS, REVISTAS E SITES

ATTUCH, Leonardo. "Nahas encara bolsa e BM&F". *IstoÉ Dinheiro*, 4 jul. 2007.

________. "Nahas está de volta... E com sede de vingança". *IstoÉ Dinheiro*, 8 jun. 2004.

BUTTERMAN, W. C.; AMEY III, Earle B. "Mineral Commodity Profiles – Gold". *US Geological Survey*, 2002. Disponível em: <http://pubs.usgs.gov/of/2002/of02-303/OFR_02-303.pdf>.

DIAMOND, Jared. "Location, Location, Location: The First Farmers". *Science*, v. 278, n. 4, 1997.

EXAME. "Eu sempre soube que seria milionário", 2 out. 2008.

GASPAR, Malu. "AOL compra Time por US$ 166 bi". *Folha de S.Paulo*, 11 jan. 2000.

________. "Como é a vida do 'classe média' Eike Batista". *Veja*, 21 set. 2014.

IOSCHPE, Gustavo. "Brasil: a primeira potência de semiletrados?". *Veja*, 14 abr. 2010.

IVRY, Bob; HARPER, Christine; PITTMAN, Mark. "Missing Lehman Lesson of Shakeout Means Too Big Banks May Fail". *Bloomberg News*, 8 set. 2009.

JUSTE LORES, Raul. "China constrói mais 2.000 km de metrô até 2015". *Folha de S.Paulo*, 4 jul. 2010.

LLOYD, Barbara. "Brazilian Superboat Driver Finds Speed 'in the Blood'". *The New York Times*, 6 out. 1981.

NASSIF, Luís. Coluna "Dinheiro Vivo". *Folha de S.Paulo*, 30 dez. 1984.

O Estado de S. Paulo. "Nahas vendia ações a si próprio", 8 jul. 2008.

SUPERINTERESSANTE. "A crise vai acabar. E voltar", n. 264, abr. 2009.

SUPERINTERESSANTE. "Crash!", n. 258, nov. 2008.

SUPERINTERESSANTE. "Enciclopédia super das finanças", n. 266, jun. 2009.

SUPERINTERESSANTE. "Enlarge Your PIB", n. 277, abr. 2010.

SUPERINTERESSANTE. "Por que tudo custa tão caro no Brasil", n. 317, abr. 2013.

SUPERINTERESSANTE. "Bitcoin: a maior febre da história do dinheiro", n. 384, jan. 2018.

THE Economist. "A Taste of Adventure", 17 dez. 1998.

THE Economist. "Fibre in Paradise", 18 fev. 2010.

THE Economist. "The Internet in a Cup", 18 dez. 2003.

THE *Economist*. Correspondent's diary, Day Two. Hungary's real problems, 18 dez. 2010.
VEJA. "Euforia no pregão", 13 fev. 1991.
VEJA. "Fundo 157: tamanho certo", 19 mar. 1980.
VEJA. "O homem que deu um soco na bolsa", 21 jun. 1989.
VEJA. "Pregão agitado", 30 set. 1981.
VEJA. "Um chute no entulho", 5 jun. 1991.

ÍNDICE REMISSIVO

Este livro foi impresso em 2023,
pela Arcangel Maggio Uruguay, para a HarperCollins Brasil. A fonte usada no miolo é Noticia, corpo 9,5. O papel do miolo é bookcel 65g/m².